旅游调查研究的方法与实践

第四版

METHODS AND PRACTICE OF TOURISM RESEARCH

李享 等 ■ 编著

中国旅游出版社

目　录

第二部分 旅游研究的数据分析方法——基础篇

第四部分 旅游调查研究实践

第四版前言

2005 年 9 月这本书诞生了，此前国内尚无专门的旅游研究方法类教材；2009 年 12 月第 2 版出版；2013 年 4 月第 3 版发行；2018 年我们迎来第 4 版……正逢一个眼球被深深“嵌入”手机的时代，还有那么多读者看这本书，还有那么多教师用这本书，唯有感谢、感恩!

尽管当年第 3 版已经获得了“国家旅游局优秀旅游学术成果教材类成果奖”和“北京高等教育精品教材”奖，我们仍然在努力，第 4 版着眼于新思维、新案例、新数据的引入，这些更新涉及 10 章内容。

虽然今天大学对教师的评价体系里，教材写作已不再占有一席之地，而我们团队的同事们一如既往地高效率、高质量地完成了修改任务，令我感动！我的同事陈文力教授、吴泰岳博士负责编写和修改第 6 章，林峰副教授负责编写和修改第 7 ~ 10 章，时少华副教授负责编写和修改第 11、13、14 章及第 12 章的第 2、3 节，本书的其余部分均由我本人编写和修改，我的研究生李梦露同学也参与了第 4 版的修改工作。

初衷未改，《旅游调查研究的方法与实践》是一本侧重于调查研究的旅游研究方法类著作；定位没变，即面向旅游经营管理者、旅游研究工作者，针对研究生和本科高年级学生，满足旅游教学一线的需求，令使用者能够快速、容易地领会“怎么做”。我还将继续聆听大家的声音，在书之外的网络上与您互动、沟通(lytlixiang@ buu. edu. cn)。

最后，还要感谢为推广销售付出辛勤努力的中国旅游出版社发行部门的老师们以及其他发行渠道，包括网上书店的老师们！感谢北京联合大学及旅游学院的各级领导一直以来对我们教学及科研工作不遗余力地支持！感谢多年来帮助我并与我合作的历任编辑老师!

李　享

2018 年暑假

于北京

第一部分

旅游调查研究的设计与实施

第一章

旅游信息搜集

【本章导读】

在信息社会，信息就是机会和财富，甚至是希望和未来。当然，我们只有首先获取并占有信息，才能“享用”信息。作为旅游从业人士，在进行旅游调查研究实践中，搜集旅游信息应当是第一步。本章将教会大家怎样进行二手资料的收集，讲解原始资料获取的途径，以及在搜集旅游信息时应注意的问题。

第一节　旅游信息搜集的地位、成见、控制与宣传

1　旅游信息搜集的地位

旅游信息搜集是经营管理的一个重要职能，在旅游企业的经营管理中占有十分重要的地位。及时搜集、加工和提供全面、准确、适用的信息，是企业开展营销活动的前提和基础，市场调查是营销决策的基础。决策是经营管理的重要职能，直接关系到经营管理的成败优劣。决策正确与否，在很大程度上取决于是否占有充分的资料和信息，是否对决策问题的内部关系和外部状况有正确的认识和了解，所以，国外流传这样的说法：科学决策 = 90% × 情报信息 + 10% × 判断。

在市场经济条件下，所有的营销决策都必须占有充分的市场信息。随着我国社会主义市场经济的不断发展深化，市场关系日趋复杂，通过市场调查人们不但可以了解市场的过去和现在，而且能够预见其发展变化的趋势，从而正确把握市场的现状及其运行规律，做出正确的决策，促进旅游经济工作的发展。

2 对旅游信息搜集的成见

由于市场调查的各参与方在立场、目的、认识等方面的差异，在行动中难免产生分歧、矛盾和冲突。又由于旅游信息搜集具有间接性与复杂性并涉及各方利益的相互关系等，因此有时人们对旅游信息搜集有成见是可以理解的。

一个缺乏规范的市场难免产生问题。目前，在市场调查行业方面存在的问题主要有：由于普遍的低价等原因而弄虚作假；为了追求个人利益而违背伦理道德出卖用户的个人信息，甚至是个人隐私……

正确规范市场调查各参与方的行为，协调各方的关系，化解各种矛盾和冲突，不但是保证市场调查活动正常进行、取得良好效果的基本条件，也是维持正常的社会经济秩序、保证市场经济健康发展的基本条件，并有利于消除人们对旅游信息搜集的成见。

规范市场调查各参与方的行为，协调他们之间的关系，可以采用法律法规的手段和途径，但是，这绝不意味着可以忽视伦理道德的作用。事实上，市场经济发达的国家在实践中早已认识到伦理道德在规范行为和协调关系方面不可替代的作用，并不断加以完善。如美国早已对市场调查伦理道德进行了总结、归纳，并由市场营销调研协会以准则的形式颁布，其内容涉及参与市场调查的各个方面，以及市场调查活动的各个环节。

3 旅游信息法规控制

3.1 旅游市场调研从业人员的伦理道德规范

旅游市场调查者是指承担市场调查任务并实际运作的组织和个人，其伦理道德的主要规范有以下几点：

（1）注重商业信誉。商业信誉是市场调查者的行为表现和工作结果给客户和社会留下的印象。商业信誉是企业重要的无形资产，商业信誉的好坏，不仅是衡量一个企业、一个组织或个人伦理道德水平高低的重要尺度，也是能否顺利开展市场调查活动、在竞争中立于不败之地、市场调查业务不断发展的关键。注重商业信誉也是社会主义伦理道德的本质要求。

信守合同是商业信誉的基本要求。合同是各类市场主体在自愿的原则下，为维护各自的合法权益，保证商务活动顺利进行，明确各方的权利和义务关系的契约。信守合同，是一个市场主体的基本要求，是构建商业信誉的基础。市场调查者在承担市场调查业务时，最好通过订立业务合同来明确自己与他方的权利和义务。不管是口头合同还是书面合同（应尽量采用规范的书面合同），都必须切实加以执行，绝不无理违约。

诚实经营是商业信誉的又一基本要求。杜绝弄虚作假、欺瞒哄骗，坚持实事求是、诚实经营是市场调查者的基本伦理道德，也是提高商业信誉的必要条件。

（2）旅游市场调查的保密性原则。在旅游市场调查中，要遵循保密性原则，特别是不能侵犯他人的隐私和人身权利；不能任意使用被调查者和信息提供者所提供的信息资料；更不能曲解、编造被调查者和信息提供者的意见和反应。

（3）提供优质服务。服务是市场调查的基本职能。市场调查者有义务和职责向客户以及被调查者和信息提供者提供优质的服务。市场调查者要按照市场调查原理和原则的要求，遵循科学合理的程序，采用各种有效的、先进的方法和手段开展市场调查活动，向客户提供适用、详尽、正确的信息资料和高质量的市场调查报告，为客户正确地认识市场、做出正确的决策提供可靠的依据，这是优质服务的关键。此外，还要根据客户的具体要求，提供其他有关的服务，如咨询、策划等服务。还要注意按时完成调查任务，加强与客户的沟通，千方百计地使客户满意。

（4）坚持公平交易。公平交易是市场经济运行规律的体现和要求。坚持公平交易，首先要坚持公平竞争，坚决反对把同行视作敌人，给予不正当对待的做法。其次要坚持平等自愿、等价交换的原则，在法律许可的范围内，参与者完全按自己的意愿进行有关活动，不可强迫。市场调查作为一种商务活动，必然是有偿的。市场调查者同委托方之间的关系是一种经济关系，为此，要按照等价交换的原则，平等协商费用标准。同样，对提供劳动的被调查者和信息提供者，也应给予合理的报酬。

3.2 旅游市场调研应遵循的职业伦理道德与行为准则

所有参与市场营销与调研活动的人员都要遵守本职业道德规范与行业准则。伦理道德由一定的社会经济基础所决定，并为一定的社会经济基础服务。我们应该借鉴国外的经验，尽快地建立与完善市场调查方面的法律、法规。坚决杜绝在市场调查信息搜集方面的不道德做法与违法行为，逐渐地消除人们对市场调查的成见与顾虑，使市场调查信息搜集行业步入良性发展的轨道。

在市场营销与调研过程中，保持高水平的竞争力与良好的信誉。

（1）保持商业与职业道德的最高水准，遵守适用于个人商业惯例和公司规章制度的法律、法规及法令（包括国家及当地政府制定的一切法律、法规及法令）。

(2) 行事小心谨慎，在设计、搜集、分析和报告市场营销和调研信息的过程中保持高度的客观性及准确性。

(3) 为被访者保守个人隐私等一切个人信息，所有的信息只用于某一特定研究领域。

(4) 依据研究规范和一般调研技巧，对自己负责管理的员工进行细致的指导和全面的监督。

(5) 尊重一切材料的所有权，无论是委托人自己的材料还是为其设计的材料，所有者认为机密的一切研究技巧、数据和其他信息都应为其保密。

(6) 为委托人提供某一任务的具体研究方法与技巧，合理解释数据可能需要这些材料，但是材料的提供不能破坏回应人或委托人的私密性。

(7) 提高公众对于市场营销与调研活动的信任度，避免任何歪曲市场营销与调研活动的事情发生，比如关于回应者所做的事情，相互合作或提供数据所得的报酬。

(8) 避免提及本组织的会员资格作为可以胜任的证明，本组织并不能证明任何组织和个人的任何能力。

3.3　市场调查委托方的伦理道德规范

市场调查委托方是指为解决某些市场营销问题而需要了解和掌握相关的市场信息，并由此产生市场调查需求，提出市场调查任务和要求，承担市场调查费用，最终使用市场调查结果的企业、组织和个人。

市场调查委托方除了同样必须注重商业信誉、尊重市场调查者和被调查者的意愿并保护其利益、公平交易等伦理道德规范外，还应注意以下伦理道德规范：

(1) 委托方不能以市场调查为由误导公众，不能借助市场调查的方式或借助市场调查的机构和人员达到某种不公开的目的，不能借助市场调查进行不正当的竞争。

(2) 委托方应与市场调查者保持开诚布公的关系，应该把自己委托进行市场调查的真正目的，所需解决的真实问题，所受到的时间、费用、资源等方面的限制如实地告诉承接者。

(3) 委托方应该恰当地使用市场调查者提供的各种信息资料，不应该对市场调查者提供的信息随意夸大、断章取义、篡改、曲解或强加。

(4) 委托方不应该要求市场调查者做正常市场调查以外的事情，特别是不能要求市场调查者搜集竞争对手的商业秘密以及党和政府、有关组织机构尚不公开的情报、信息和资料。

（5）委托方应该尊重市场调查者的劳动，不能以委托市场调查为借口，诱使市场调查者为其提供免费的信息资料、调查方案或获取免费咨询。

（6）委托方有权从市场调查者处获得相应的信息资料、调查报告和有关建议，但是这只能作为决策的参考，真正的决策由委托方自己做出，决策的后果由委托方自负，不能要求市场调查者负决策责任。

4　旅游信息的宣传

4.1　旅游信息宣传的分类

（1）从宣传目的出发，可以把旅游信息宣传分为两大类：以为本部门营利为目的的旅游信息宣传，比如旅游企业的宣传；不以为本部门营利为目的的旅游信息宣传，比如政府有关部门、组织、机构的宣传，旅游者个人的宣传，如在网上发帖子等。

（2）从宣传的主导方出发，可以把旅游信息宣传分为三大类：第一类是政府有关部门的旅游信息宣传，旨在宣传该政府所辖地区，推动本国家或本地区的旅游及全面工作，提高知名度。第二类是与旅游相关的企业、组织、机构等的旅游信息宣传，旨在宣传本单位、提高知名度、追求利润等。第三类是个人的旅游信息宣传，旨在传播旅游信息、互相帮助等。

（3）从宣传形式出发，可以把旅游信息宣传分为两大类：以广告形式的旅游信息宣传和以非广告形式的旅游信息宣传。以广告形式的旅游信息宣传多为以营利为目的的，也有不以营利为目的的公益广告；采用的途径主要有报刊、电视、广告牌、网络等。以非广告形式的旅游信息宣传多是不以营利为目的的，采用的途径主要有网络、口传等；若是政府行为，也有采取行政管理渠道的旅游信息发布形式，比如政府下达文件等形式。

4.2　旅游信息宣传的作用

（1）提高知名度。无论对政府还是对旅游企业、组织、机构或者是个人，都或多或少地具有这样的作用。

（2）沟通作用。通过宣传进行旅游信息的互相传输、交换，实现信息的沟通，在这个过程中，还可以实现双向互动、互惠。

（3）营利作用。如果旅游信息的宣传做到位的话，是可以有效地帮助旅游企业增加收入的。

4.3　旅游信息宣传与旅游广告

在现代旅游信息宣传中，旅游广告宣传及其手段的合理使用均对形成旅游者消费需要或激发其购买动机，以及获取相关利润等起着重要的作用。据调查，海外旅游者了解中国旅游信息的途径主要有：广告信息（占36%）、旅行社推荐（占22%）、亲友介绍（占16%）、其他（占26%）。因此，大部分的旅游信息媒介是来自于广告信息。鉴于广告的强大和互联网的便捷作用，旅游广告正在被越来越广泛地使用。比如近几年流行于国外的TripAdvisor中有大量旅游信息，其中关于中国的旅游目的地宣传资料真实全面。

第二节　二手资料的搜集途径与使用提示

1　什么是二手资料

1.1　概念

在旅游信息的搜集过程中，往往从一些易于取得的、现成的资料做起，这些信息是由他人为某一研究事先搜集好的，而又恰巧对本次研究活动有价值的信息。

1.2　特点

（1）没有时空的限制。二手资料具有超越时间的特点，表现为它可以研究几十年甚至几百、几千年前的历来现象，它可以研究任何一个国家与地区的社会状况。使用二手资料的研究者可以研究那些不可能亲自接近的研究对象。例如，我们现在要想研究托马斯·库克时代旅游对当时社会生活的影响，只有通过查阅大量史籍才能具体进行描述与分析。使用二手资料，可以在相当大的程度上打破财力、人力的限制，研究比较大量的他人观察实验所涉及的旅游现象。通过网络等现代信息技术手段，使二手资料的获取在空间上变得更加自由。

（2）较少反应性问题。使用二手资料较少发生被调查者掩饰、改变行为等反应性问题。二手资料不会因研究者的主观偏见而改变，也不会因研究者不同而改变，它始终是一种稳定的存在物。二手资料中有许多现场参与者的回忆、专家的评论等资料，在千般的问询与观察调查中还难以形成这样有价值的资料，这就为研究者客观地分析一定的社会历史现象提供了条件。

（3）运用二手资料比较方便与节省。二手资料一般集中存放在档案馆、图书馆等地方，随时可以去查阅、摘录，花费主要是时间、车费与复印费等。

（4）没有个人的局限性。对于特定研究者来说，个人获得第一手资料的范围总是有限的，而文献是许多人形成的资料，涉及范围广泛，从而使用二手资料可以克服研究者亲身调查的局限性，扩大视野，进行更加全面的分析与概括。

（5）具有不完全性。二手资料具有不完全性，并难于排除非真实成分。二手资料对于社会调查研究来说，总是一种不完全的资料，因为二手资料的各个作者并不都是按照同一个主题与要求记录各种旅游经济现象。有时研究者所需要的材料找不到很多，即便找到资料也比较简单，反而不需要的资料却很详细；有时二手资料之间可以相互补充；有时任何二手资料都没有特定内容的专门记载。除了具有不完全性之外，二手资料的主要缺点还在于某些二手资料的作者夹带着个人偏见，有时甚至是虚假成分。这可能是某些二手资料的作者为了一定的个人私利而有意地掩盖或歪曲某些事实真相。此外，通常我们能够取得的二手资料都在某种程度上具有时间的滞后性。

1.3 价值

（1）操作简单。二手资料只需调研者按照某种分类标准，到可能保存二手资料的地方去询问，或亲自查询等即可实现。

（2）成本低廉。由于二手资料大多具有多用户、多用途和已经使用过多次的特征，所以再次查询成本相对较低。而一些政府型项目虽然文献形成成本较高，但作为政府服务社会的一部分内容，其使用成本也是很低的。

（3）速度快。由于案卷调研所收集的二手资料是已经存在的或者只需进行少量加工（即寻找、摘录、整理的过程）就可以投入应用的，所以比开展实地调查的速度快些。

（4）辅助价值。有助于实地调研的开展，并能为调研报告提供辅助信息，甚至有些案卷调研的结果就是一份完整的研究报告。比如，在开展问卷设计时，可能就需要事先收集一定数量的二手资料，这样便于设计者更好地了解所要研究的内容，这就是对实地调研的辅助作用。例如，委托者只想了解我国加入世界贸易组织后对开办外资旅行社有哪些相关政策，调研人员只需到网上去下载相应的内容，并经过分析确证后就可以完成。

2　二手资料的搜集途径

2.1　搜集二手资料的方式

（1）旅游企业内部二手资料。旅游企业是市场的一分子，若能将企业内部二手资料加以系统化的分类、整理以及进一步的深入分析，则有助于资料的获取。旅游企业内部常见的二手资料来源为营销数据，其次为旅游者数据。营销数据包括不同线路、年度、客户、景点等；通常有饭店销售额、团费收入、旅游企业的市场占有率、旅游产品的购买率等。旅游企业对于特定对象通常指现有客户档案数据，由于是既有数据，在探索新线路动向时，可由现有客户基础延伸至新客户；不特定对象则指非现有客户。对于待开发者来讲，除上述营销数据之外，还有旅游者数据。相关的市场调查报告也为有效的内部二手资料，并与外部二手资料相结合使用。

（2）向与旅游企业相关的权威机构索取。向与旅游企业相关的权威机构索取是指直接向有关政府部门、协会、组织、机构、各相关企业索要所需的信息资料。一些政府部门，如旅游局、统计局、园林局、工商行政管理、城市规划等部门都积累了大量的有关旅游市场的信息资料，具有综合、全面、系统、权威的特点，可以分别通过它们的网站直接查询。

相关链接

中华人民共和国文化和旅游部网站：www. mct. gov. cn

中华人民共和国文化和旅游部网站（原国家旅游局网站）：中国旅游网 www. cntour. cn

国家统计局网站：www. stats. gov. cn

北京市旅游局网站：北京旅游信息网 www. bjta. gov. cn

北京市统计局网站：北京统计信息网 www. bjstats. gov. cn

上海市旅游局网站：上海旅游网 lyw. sh. gov. cn

上海市统计局网站：上海统计网 www. stats-sh. gov. cn

（3）交换。指通过不同的形式，与旅游企业和其他部门进行信息资料的交换来扩大信息来源。

（4）报刊资料摘录。报纸、杂志等媒体，往往包含着大量与旅游市场有关的信息，对这些市场信息资料进行摘录、整理和复制，可以有效地把握旅游市场的产品、销售和整个产业的发展情况，其中一些关于某个具体旅游企业的介绍，往往可以分析出该企业的产品特色以及经营策略，也能够透露出许多有关竞争对手的情况。而这些情况一般通过实地调查往往不如报纸、杂志的记者调查准确。同时，通过各种广告媒体，包括电台、电视台以及报纸杂志的广告，也可以了解旅游市场信息，这些都是获取信息比较经济的重要渠道，这一点对旅游企业来讲尤为重要。

（5）委托收集。指委托或聘请一部分人员，随时记录反映当地市场活动变化的情况。这对于准备在外地开发新市场、进行先期市场调查是很好的办法，可以节约大量费用，也为正式进行市场调查打下基础。

（6）客户档案和销售记录。客户档案是旅游企业对一些重要客人或回头客有关情况的文字记录。它的主要内容是客人的姓名、单位、职位、喜好、旅游动机、消费情况等的记录。客户档案可以为我们提供大量有关客人信息，了解客人来源、旅游消费水平、消费习惯和偏好等。旅游企业的销售记录及包括每天的销售额、毛利率、客源结构、主要顾客来源等内容的资料能够反映旅游者需求的态度、习惯、行为、需求变化等信息。

2.2　搜集二手资料的途径

（1）公开出版物。公开出版物主要是指各种年鉴、图书、报纸和杂志，图书与手册时效性比较差，但对于旅游企业来说，可以通过图书了解许多与旅游相关的技术性内容，而且图书与手册的信息资料比较系统，便于查阅和积累。有些统计数字和材料一般都可以在地区的统计年鉴中找到。报纸、杂志能够较快地反映信息，比如许多城市的晚报、快报、晨报和主要报纸的周末版、下午版越来越多地刊有关于旅游的专栏文章和报道，这些材料对研究当地旅游市场有相当大的参考价值。这些报道或消息一般都比企业自身实际调查要节省大量的费用，而且更为真实。

（2）查询与检索相关文件、法规。通过国家和上级主管机构获取各种发布的政策文件、法规、通知、计划以及各种规划等，一般都由专门部门存档保存，调查者可以以适当的方式进行检索、查询和索取。这些资料为把握政治、经济、产业发展规模，以及区域改造计划这样一些对旅游活动有较大影响的因素有很大的帮助，有时候一些文件的出台也直接影响到旅游企业的正常运作和客源市场的需求结构。假如我们对入境旅游者都能实行“落地签”，那么入境旅游客源市场将会有较大的变化。

（3）通过协作单位获取信息。许多协作单位都可以成为餐饮企业市场调查的信息来源，例如通过煤气公司可以了解到各家餐馆的煤气用量，以此来估算竞争对手的业务量；而通过大的食品原料供应商，可以了解到其他餐馆原料的采购情况、原料用量和种类，掌握这些餐馆市场需求特点。同时通过原料供应商，也可以从本地原料需求情况的变化了解餐饮市场的最新发展动向。一旦发现某些原来用量较少的原料销量在逐步增加，实际上很可能预示了使用该原料的菜品正日益受到市场的欢迎，则企业也应对菜单进行相应的调整。

（4）通过各种会议、广告收集市场资料。旅游的促销会、行业协会会议、研讨会、经验交流会等都是收集市场资料的良好机会。另外，还可以通过电视、广播、各种路牌广告等信息传播媒介来收集企业所关心的市场资料。从这些途径取得的信息资料速度快、针对性强、实用性较高。

（5）通过各种有经常性联系的部门获取有关信息资料。银行、财政、物价、工商、审计、旅游行业协会等部门或组织往往是市场动态的耳目，掌握着众多的市场信息，对市场动向反应非常灵敏，往往能为旅游企业提供许多重要的市场情报。

（6）通过人际关系收集所需要的市场资料。有相当多的市场信息资料在经济、资料保密的情况下很难通过正规途径获取，而且有些零散的信息也不可能通过大规模的调查来取得，因此可以通过人际关系信息网来获取。比如可以通过管理人员、员工之间的交往来了解竞争对手的产品情况和销售额，通过询问培训情况了解竞争对手的服务水平。

2.3　从竞争对手处获取市场资料的方法

在不违法的前提条件下，从竞争对手处获取重要的市场资料是目前企业越来越关注的一个问题。在这方面，国外一些企业通常考虑采取以下方法：

（1）从竞争对手的离职或现职人员处搜集信息。其一，从潜在的应聘者中套取信息情报。旅游从业人员流动性很大，在与应聘人员面谈时，可仔细留意那些曾在自己竞争对手单位工作过的人员。求职者往往比较愿意提供这方面的情况。其二，以合理借口，出高薪聘用对方的高级职员。这种方法比较有效，但容易引起法律诉讼，即所谓的“挖墙脚儿”。其三，以联营、合作的形式套取对方的情况。其四，雇用对方的管理人员、工作人员和服务骨干做顾问。其五，通过各种会议获取竞争对手的信息。

（2）从竞争对手的协助单位和客户处获取信息。从竞争对手和原材料供应商、建筑装潢设计单位、设备供应商等处都可以了解到竞争对手的一些情况，可以得知他们对竞争对手的不满意或满意之处在哪里，由此了解竞争对手的长处和短处，并可以获取一些有关竞争对手的经营动向。当得知消费者对竞争对手的产品和服务有不满的评价和要求时，便会从中得到许多重要的启示。因此，与竞争对手的消费者建立联系是一种较好的收集竞争对手信息资料的方法。

（3）从公开出版物和文件中了解竞争对手的情况。经常注意和分析竞争对手的招聘广告和劳务合同，通过这些招聘广告和劳务合同可以得知竞争对手在哪些方面人才比较多，缺乏哪些方面的人才以及内部人事变动情况。对商业文件进行分析可以得知竞争对手的注册资本、经营面积、雇用人员数量、财政状况、贷款用途等，结合竞争对手的劳动力成本和其他一些数值可以大致评估出竞争对手的基本营业数据。

随着知识经济时代的到来，技术、信息等知识形态的劳动产品也正作为商品进入流通领域，社会越来越重视经济信息的巨大价值。在这种情况下，旅游市场调查如果仅仅依靠以往那种无偿获取市场信息的方式已不能满足企业竞争的需要，应借助有偿搜集信息的途径来扩大市场情报的搜集能力和范围。有偿搜集市场信息的途径主要有：聘请业余信息员；向一些收费的咨询部门、统计部门和信息中心购买所需要的数据资料；向一些同行购买市场信息等。

3　二手资料的使用提示

二手资料的收集应当详尽，要通过各种信息渠道，利用各种机会，采取各种方式大量收集各方面有价值的资料。比较容易获得的二手资料往往是宏观性的资料，但同时也要注意从广告、报道以及现存的文案中收集一些相关的微观材料。文案调查往往是在实地调查开始前的预先调查，只有广泛地收集各方面的资料，才能更好地确定实地调查所要解决的问题。

二手资料要着重收集与调查主题密切相关的材料，能够对一般性的资料进行摘录、整理、选择与分析，以得到对旅游企业有参考价值的信息。资料的针对性强，可以提高资料的利用率。因此文案调查资料的口径和标准要一致，提取信息资料应进行认真的筛选处理，去粗取精。所收集的信息资料来源要可靠，如果信息失实，就会影响到调查的结果。尽管二手资料往往有滞后的特点，但也应尽可能地使所收集的资料能够保证调查的需要。市场变化节奏越来越快，因此应尽可能收集反映最新市场活动情况的资料。二手资料应发挥其费用低廉的优势，搜集信息一定要结合旅游企业的自身能力和对信息资料的需要程度，讲求实效。

3.1　关键词

在网上进行二手资料收集时，在搜索引擎中键入关键词可能是一种最常用的方法。当我们键入关键词而没有查询到想要查询的信息时，搜索引擎可能会建议我们使用最直接、最通用的字或词语作为关键词，如查询“旅游统计”，不如查询“旅游”更容易些。而在数十个或更多个“旅游”的选项下，可以再进一步地细查“旅游统计”。使用相关关键字可以让我们不断地开动脑筋，发散性地思维，逐渐接近我们需要发现的线索，这方面的思维是需要锻炼的。

3.2 二手资料的定位

在查询信息中，对我们要查询的目标没有一个明确的了解，毫无疑问会碰到很多困难。明确地定义我们的调研主题，确定哪些是相关材料、与主题有关的研究者和机构的名称、主要的论文和其他我们已熟悉的出版物以及其他可能获得的资料，对于查询信息是非常有帮助的。

首先，列出关键词或相关的重要词语清单。这些关键词或相关的重要词语清单会有助于我们接近二手资料，并在查询过程中按照不同的查询场所的查询分类来不断完善这张清单。

其次，运用目录索引资源开始调研工作。如果我们知道某些资料是由某人、某机构或者其研究的主题（哪怕是相近的字、词、义等），都可以作为我们将要查询的重要因素。正如借助网上搜索引擎的帮助，我们可以很容易地输入关键词查询需要的二手资料那样，图书馆往往有较为现成的索引可以供读者查询。而大多数国内的图书馆都正在向电脑网络化管理接近。因此，在这样的图书馆查询资料时可以把自己需要查询的关键词告诉图书管理员或者自己亲自在电脑上查询。

再次，将所收集的资料综合起来，评价它们是不是我们需要的资料？也许我们会发现很多资料，也许我们很难找到相关资料。如果实在找不到所需资料或者查询主题较为专业化，就要查阅专业词典或百科全书，也可以向专业人士请教，他们可能会推荐一些更适合的查询途径和方法。

最后，最好使用权威著作。如果找到的材料不能令我们满意，或即使有其他的参考指南也不能帮我们分辨各种资源，这时最好使用权威著作。例如，政府的、行业协会的公开出版物如《中国旅游统计年鉴》、《北京市旅游统计年鉴》、《中国饭店业务统计》等，行业内公认的权威机构如行业协会、权威会计师事务所的评估报告等，这些资料可以帮助我们确认不同资源的价值。如果条件许可，向专业人士请教如何辨别资源价值也是重要的方法。专业人士有可能是与相关领域关系密切的研究人员、政府官员或商业界管理人员等。

3.3 成功二手资料调研工作的关键要素

熟悉调研过程，可以通过学习专业著作，向专业人员学习以及多参加调研实践等。要全心投入调研，学着“挖空心思”地去思考，抱着“不达目标绝不放弃”的信念，去开展案卷调研。得来全不费功夫的资料是很少见的，调研者要为寻找资料付出努力。向专业人士寻求帮助获得一些专业的建议也是很重要的。

3.4 二手资料的误差

二手资料数据会因不同的收集目的而获得不同的结果。数据的平衡性是指数据的搜集期间与数据的类别平衡。在一个瞬息万变的时代，各种因素不断在改变，调查过程中信息的运用往往会与现实状况脱节。由于调查目标的不同，在调查时难免加入主观因素而导致差异，运用数据者应格外小心。由于统计组距及分类标准的差异，资料在引用合并时也会出现问题。如在对一般的旅游者消费意向调查时，由于地区差异，价格水平不同、收入分类不同等，在进行交叉分析应用时若不小心，硬性将之合并，就会使其结果产生较大的误差。

由于二手资料在处理上有上述限制及困难，为求有效地运用二手资料，应将其加以调整，使统计口径尽量相互吻合。不同来源资料的间隔衔接应寻求两个或两个以上的数据来源，将其相互衔接，以求二手资料的完整性及持续性。

提高二手资料的可靠性与有效性是减少误差的重要方面。可靠性是指二手资料的客观程度，二手资料越客观，可靠程度越高。由于二手资料是指已经过收集整理而成的现成资料，如何确保二手资料置信度及准确性，则应将二手资料的来源机构的特性及置信度列入考虑范畴。有效性是指每种数据皆有一定的效用限度，在运用二手资料评估分析某一特定现象时，应将当时（调查期间）的环境因素及其他特殊因素加以考虑，以避免导致错误的判断。如以时间系列的数据为例，某年度的销售量或增长率可能因受到当时景气因素的影响（如恰逢奥运会在此期间召开）而特别高。因此，在引用这些二手资料时，应详加考虑此景气因素，将资料稍作调整，否则仅以此数据观点来分析评估，就有可能获得与事实相反的结果。

第三节 原始资料的获取

1 什么是原始资料

有效资料是旅游市场调查研究的基础，旅游市场调查研究的进行以资料收集为开端。资料分为原始资料和二手资料两大类，两者的区分标准，以是否“已有”为依据。所谓原始资料，是指非既有资料，资料需要者必须经过市场调查步骤，以问卷调查等方式，直接去各受访者处收集想取得的资料。

2　原始资料的获取途径

原始资料的收集，有普查与抽样调查等方式。普查是指对调查对象全部加以调查，抽样调查则只抽取部分调查对象进行调查，并将此部分的调查结果代表全部调查对象，以作为研究全部调查对象的依据。

对原始资料的收集，在实际运用上，以采用抽样调查的方式较为普遍。不过，运用抽样调查方法收集资料仍会受到统计和非统计要素的限制。

2.1　统计要素的限制

原始资料收集，除涉及数量外，也包括质量。例如满意程度、品牌诚信程度等，如何利用统计学将质的问题加以量化，在统计的技术上仍有其限制，其主要限制如下：其一，只能表示总体所具有的共同特征，不容易表示总体内各个个体所具有的个别特征，而总体是由各个个体组合而成。其二，受到抽样方法、问卷、访员、受访者以及调查架构等变动的影响，以致在调查结果上会产生调查偏见。

2.2　非统计要素的限制

非统计要素的限制，是指由实地调查在实际运用上遭受到的限制，主要有准确性、时效性和经济性等通常与统计无关的要素。

（1）准确性。收集原始资料，受访对象以人为主，在某些情况下而产生误差，以致调查结果未必绝对正确。因此，在使用原始资料时，也不能有百分之百完全信赖的理由。

（2）时效性。不同时间所进行的调查结果往往会有差异，在实际操作上，经常会因调查进度的延误，使得调查有效性受到影响，甚至影响到资料的运用价值。

（3）经济性。样本数的多寡与许多因素有关，比如调查人员素质的优劣、调查人员接受训练的精糙、资料收集方法的选择等，不仅会影响到调查的经济性，而且也会影响到所收集资料运用价值的高低。

3　原始资料的使用提示

我们必须了解案卷资源的数据是采用什么方法获得的，如样本是怎样形成的？是按怎样的原则抽取的？样本容量有多大？能否保证将调查误差控制在预期范围内？数据的有效性如何？专业的研究人员都知道，原始资料收集有很多种方法，而每种方法都会对最后的数据结果产生影响。因此，即使是我们在评价别的调研机构作为原始资料收集的案卷资源，它们也可能存在有效性方面的问题。然而，如前所述，许多有声望的公司在提供案卷资源的同时，会注明他们收集数据的方法，如果没有注明获得数据的方法，而我们认为使用这些案卷资源对调研项目又有很大的影响时，就不得不付出更多的行动来获得更确切的信息。

【思考题】

1. 旅游市场调研从业人员应遵守哪几点伦理道德规范？
2. 什么是二手资料？二手资料有什么特点？
3. 如何搜集二手资料？
4. 什么是原始资料？获取原始资料的途径有哪几种？
5. 统计要素和非统计要素的限制各是什么？

第二章

旅游调查研究设计

【本章导读】

近年来，调查技术和研究方法都有了很大的发展。在调查技术方面，自20世纪70年代以来，社会变迁多次横断面的跟踪调查研究，几乎成为所有国家和地区了解社会结构转变和社会发展状况的基础性调查。这种调查成果已成为政府有关部门决策的重要依据，并大大促进了我国旅游研究方法的进步。随着业内普遍地对旅游调查研究认识的提高，旅游企业和旅游管理部门都开始主动地运用旅游调查研究的方法帮助其经营决策。本章从旅游研究的一般规律介绍开始，层层深入，进而讲解如何进行旅游研究设计、旅游调查设计和旅游调查问卷设计。

第一节　旅游研究设计

在旅游研究中，定量数据分析与定性研究是研究的两个主要范畴，定量数据分析受到信息科学进步的影响，数据的处理更为简易，也较为客观，因此社会科学研究论文仍倾向于量的研究。然而，量的研究与质的研究各有其适用时机与特色，研究者对其中的任何一种方法都不能存在偏见。实用主义的做法是两者的有机结合运用。最主要的是根据自己研究所长和研究目的，挑选适合的研究方法。通常，定量研究主要在于数据的搜集、计算机统计应用分析。定量研究包括如下几个步骤：

（1）选择与定义问题。研究问题必须是可以检验的假设或研究者感兴趣、有价值、重要的问题，可以通过数据搜集和分析来加以检验或回答。

（2）执行研究程序。完整的实施程序包括样本或受试者的选择，测量工具的发展，数据的搜集。如果有特殊实施程序，在研究设计中也应加以规划。

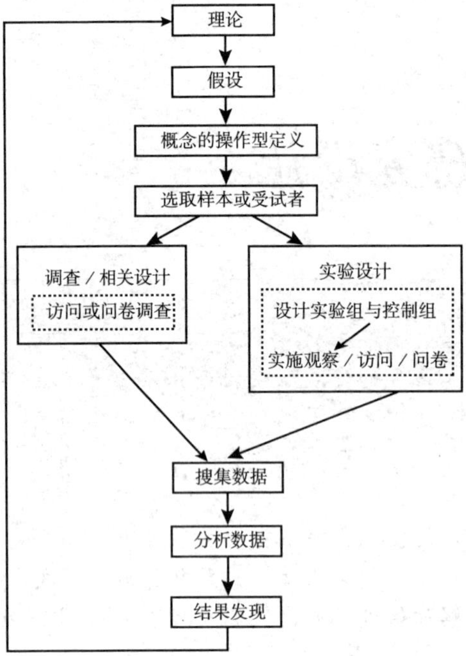

图 2.1－1 研究程序

资料来源：Bryman & Cramer，1997.

（3）数据分析。数据分析通常包括一个以上统计技巧的应用。数据分析的结果可提供研究者检验研究假设或回答研究问题。

（4）结果探究与结论。结论的呈现主要根据数据分析的结果，结论应该与最初拟定的假设或研究问题有关，研究结论也要指出研究假设是否得到支持。

（5）完善量化的研究历程，详见图 2.1－1。

直接实证研究结果作为立论基础的理论，更有说服力和解释力，但这种方式也使得理论类推性受到很大限制。因而在旅游研究中，研究者应多从其他理论文献中获取与研究主题关系最为密切的“数据”，加以归纳整理为有用的“信息”。理论阶段包括文献数据的搜集、整理与归纳等。

在旅游研究中，许多学者偏爱采用调查研究或相关研究，不论是实验设计或调查、相关研究、数据及其分析，皆要以计算机为工具，根据变量属性选用适当的统计方法来检验假设，数据搜集的常用方法包括访谈法、问卷调查法，以及观察法等。

第二节 旅游调查设计

1 旅游调查概述

旅游调查是指个人或组织为某一个特定的旅游市场营销问题的决策，所需开发和提供信息而引发的判断、搜集、记录、整理、分析和市场研究的各种基本状况及其影响因素，并得出结论的活动与过程。

1.1　旅游市场调查的功能

（1）信息功能。信息功能是旅游市场调查的基本功能，即旅游市场调查的主体为了一定的目的，采用一定的方法和手段，搜集、加工、提供各种市场信息以及相关的营销环境信息。根据现代信息理论，各种市场信息和环境信息是客观存在的，有市场存在，就必然会有各种市场信息随着市场的发展变化而不断生成。同样，各种营销环境信息也会不断生成。旅游企业从事市场营销活动，必须充分占有相关的各种旅游市场信息和环境信息，作为日后营销决策和开展营销活动的依据。市场调查则是旅游企业获取信息的基本手段和途径。

（2）认识功能。认识功能是旅游市场调查的另一个基本功能，即消除营销主体对市场、营销环境以及企业本身状况的不确定性。正确认识客观事物的前提是充分占有并正确理解有关的信息。在人们没有占有或不完全占有信息的情况下，必然会存在对客观事物认识上的不确定性。由于市场及其环境的复杂性和多变性，人们对其认识总会或多或少地带有模糊性和不确定性。这种不确定性的存在将影响市场营销活动的正常进行。所以，消除营销主体对市场、营销环境及其本身状况的不确定性是开展市场营销的必要条件。市场调查所提供的信息，将有效地消除营销主体的不确定性，使其正确认识自己开展营销活动所面临的内部及外部条件。

（3）沟通功能。沟通功能是旅游市场调查的延伸功能，即旅游市场营销主体与社会公众之间进行信息的互相传输与交换，以此实现意见的沟通。从表面看，市场调查活动表现为市场调查主体向有关社会组织或公众获取信息。但信息学告诉我们，任何信息活动都是双向的。事实上，在市场调查过程中，调查主体不断地向被调查者传输各种信息，同时又获得各种信息，这是一种交互式信息沟通过程，实现双方意见的交换，实现市场营销各方的相互了解，相互协调，从而保证营销活动能在和谐的氛围中正常进行。

（4）反馈和调节功能。反馈和调节功能也是旅游市场调查的延伸功能，即市场调查主体在市场调查的过程中获取信息，通过加工处理与反馈，指导和调节营销活动。反馈与调节是信息工作的基本功能，也是市场调查的重要功能。市场调查本身不是目的，获取信息并不意味着市场调查活动的终结。旅游企业通过市场调查获取各类相关信息后，还必须进行必要的加工处理，成为有用的信息，而真正的价值在于信息的反馈，使各类信息成为企业营销活动的依据，有效地指导和调节旅游营销活动。

1.2　旅游市场调查的分类及其目标

(1) 试探性旅游市场调查及其目标。即使是一家著名的市场调研公司，也不能保证自己在接受每一项调研委托时都能立即进入实质性调研阶段。因为他们可能会发现从未涉足过这项新业务，会感到有些陌生。而此时，经验丰富的旅游市场调研公司专业人员就会决定先进行一次试探性的市场调查。

在开始进行一项市场调研活动前，为使调研在一旦展开后能够顺利地进行并最终达到预期目的，市场调研人员会仔细考虑自己的调研活动中将可能遇到的问题，安排好解决问题的办法。试探性旅游市场调研的目标一般有以下几项：

①掌握各种与自己即将开展市场调研活动相关的问题和概念。这对设计调研提纲或问卷来说是十分重要的。事实上，调研人员也是根据问卷上的具体问题，就一些概念与被调查者进行沟通，搜集自己需要的信息。

②了解市场调研任务委托者开展此项市场调研活动的真正意图。许多时候，对于委托者来说，难以用简单的语言将自己开展这项市场调研活动的真实意图完整地、正确地和盘托出。只有多与他们进行沟通，才能最终充分地理解委托方。

③确定市场调研的真正对象。市场调研活动的第一步就是搜集信息，我们必须首先确定信息的承担者。在市场调研的实践活动历史上，由于调研对象确定失误而导致市场调研活动失败的先例举不胜举。通过系统进行试探性市场调研，逐步明确我们调研的真正对象。

④为选择最好的市场调研方式提供依据。市场调研的方法多了，既是好事也是坏事，它使市场调研人员无法立即确定完成本次市场调研活动的最好方法应该是哪一种，或者是最好由哪几种方法的搭配。那么可以通过小范围的试探性市场调研来获得经验和灵感。

⑤获得修改调研问卷或实验和观察设计方案的依据。调研问卷的实施效果，观察设计方案与实验设计方案是否存在某些隐患，等等。

(2) 描述性旅游市场调查及其目标。旅游企业的决策者往往需要市场调研人员及时提供准确的市场调研成果，以供自己做出正确决策。此时他们对市场调研成果的要求是：准确、全面、公正而不带有个人的偏见。市场调研人员此时进行的市场调研属于描述性市场调研，其调研目标是：

①全面、准确地描述市场整体旅游环境特征。市场调研在最后分析时需要依据大量的市场环境的信息、数据，例如，经济发展水平、消费观念的改变等都会影响旅游产品市场的供需之比。

②仔细描述旅游者的各种特征。旅游者对旅游产品的质量、品种等多种要求

都会发生一定的变化，这些改变将会直接反映到对不同旅游产品的选购上。在描述旅游者特征时，旅游者对某一品牌的认知度、忠诚度的详尽描述是营销管理者制定品牌战略的重要依据。

③分析主要竞争对手的实力及其营销策略的特征。这是描述性市场调研的一项重要任务。在描述整体市场特征的同时，市场调研机构必须在其所提供的市场信息中详尽地说明企业当前市场上主要的竞争对手是谁，并且完整地阐述每一个竞争者在营销战略或策略上的相似与不同之处。对于目前市场上的“强势企业”，其决策者或许更需要的是关于潜在的竞争对手的信息、资料，进而判断竞争对手的市场营销战略和竞争战略是否对企业未来存在一定的风险。

④旅游企业经营战略和营销策略在实施过程中的各阶段取得的实际效果。旅游企业市场营销战略控制，要求不断收集各种战略执行的具体效果的信息与数据，以便将它们与原来战略设计中的数据进行对比，确定是否应该启动相应的市场营销控制手段。日常的市场调研工作主要收集的是企业营销策略的实施效果。例如，旅游产品定位、旅游线路设计、企业品牌形象策划、价格定位、销售渠道和广告宣传等营销组合策略的预期效果是否实现。

（3）因果性旅游市场调查及其目标。为检验某一理论、发现某一问题而寻找原因等。从一般意义上讲，这需要因果性市场调研，其调研目标有以下几项：

①为检验某种理论上存在的具有因果关系的现象，以实际调研成果加以佐证。理论上的因果关系不一定在实际生活中也成立。加上导致某种结果的原因往往不是单一的，在某一具体环境中这种因果关系存在着可能性。因此，决策者要获得准确、可靠的信息，就必须进行相应的因果性市场调研。

②为建立因果关系的数学模型而收集相应数据和资料。为了对具有因果关系的现象进行定量分析的需要，往往要建立相应的数学模型。为确定模型中的参数，就要收集大量的实际数据资料，这种市场调研就属于因果性市场调研。

③为确定影响调研目的的主要原因。对于决策者而言，只有把握了影响目的因素的关键原因，才能确定解决问题的对策。不同的市场调研有不同的目的，有时几种目的需要在一次市场调研活动中同时实现，这就要求旅游市场调研人员将几种市场调研集合在一起。

1.3 旅游调查的作用

（1）帮助旅游企业确定市场定位的作用。市场定位是指企业根据自身的经营资源和经营能力等内部条件，以及市场需求和营销环境等外部条件，经过科学决策，正确选定目标市场的行为和过程。尤其是在买方市场格局下，旅游企业的市场定位是否正确具有至关重要的作用。市场定位的过程包括旅游企业内部条件分析、外部营销环境分析、市场细分、发现市场机会、确定目标市场、确定目标营销策略、产品定位等步骤，市场调查在其中具有十分重要的影响和制约作用。在市场定位过程中，企业内外部条件分析是前提和基础。通过有效的市场调查，充分了解和掌握市场及其影响因素（营销环境）的基本状况及其发展趋势，了解和掌握企业自身的经营资源和条件，有利于对企业内外部条件进行正确的分析。市场细分、发现市场机会、确定目标市场、确定目标营销策略和产品定位等步骤，均以内外部条件分析为基础，其本身也要以市场调查提供的信息为依据。显然，旅游市场调查开展得越好，越有利于旅游企业正确地市场定位。

（2）帮助旅游企业制定正确的营销战略的作用。市场营销是一个竞技场，每个市场营销的参与者，必须有自己正确的营销战略，才能在竞争中立于不败之地，才能生存和发展。旅游市场营销战略是旅游企业为实现既定的目标，在复杂的营销环境中，对市场营销中较长期的、重大的、全局性的问题所做出的筹划和采取的对策。通过有效的市场调查，企业可以充分了解和掌握市场及其影响因素的基本状况及其发展趋势，了解和掌握企业自身的经营资源和条件，为使企业的资源、活动范围和营销目标在可以接受的风险限度内与市场环境提供的各种机会相协调提供依据和保证，制定和实施正确的市场营销战略。

（3）帮助旅游企业正确地实现其产品策略的作用。企业的产品开发与产品策略包括确定产品组合，设计产品的线路、档次，开发新产品等一系列活动与策略。产品开发与产品策略正确与否，直接影响和制约产品能否适销对路，能否顺利销售出去，能否取得良好的经济效益，以及能否满足旅游者需要。实施有效的市场调查，正确地掌握消费者的需求特点，把握旅游市场消费的趋势，了解产品的生命周期，其他企业的产品开发、产品策略，以及资源、科技发展等情况，能保证企业进行正确的产品开发和产品策略。

（4）帮助旅游企业正确地实现价格策略的作用。企业定价是调节和诱导市场需求、参与市场竞争、实现营销目标的十分重要的手段。旅游企业要正确地选择定价方法，选择新产品的定价策略并确定其价格水平，适时采用调价策略、折扣和让价策略等，除了需要考虑企业的定价目标、成本因素以外，必须充分考虑产品的供求关系、消费需求的类型、数量、购买力总量和购买水平、消费习惯和偏好、竞争与垄断的格局、政府干预、产品特色、通货膨胀、上下游产品的价格等诸多因素。通过市场调查，旅游企业能充分占有上述各类信息，为产品定价和选择价格策略提供可靠的依据。

（5）帮助旅游企业正确地选择销售渠道的作用。销售渠道是指产品从生产领域进入消费领域的通道以及相应设置的市场销售机构。任何产品均需经过一定的销售渠道才能最终销售到旅游者或用户手中。旅游企业要实现自己的营销目标，必须正确地营建自己产品的销售网络体系，选择销售渠道和渠道策略。因此，除应考虑历史因素、产品因素以外，还必须充分考虑旅游者特点、销售区域、竞争、中间商、国家政策、法律以及气候等多种因素。通过有效的旅游市场调查，旅游企业可以获得上述各类信息，正确选择销售渠道。

2　旅游调查内容的设计

旅游者对旅游接待设施有什么样的偏好、对旅游价格的评价、对旅游资源的兴趣所在、喜欢什么样的旅游商品，这些问题的答案来自于对旅游市场的深入调查。旅游市场统计调查涉及面广、工作量大、参与调查的人员较多，是一项复杂的、严格的科学工作。设计一个科学、完备、可行的调查方案，是调查工作取得成功的基础。一个完整的统计调查方案应包括以下几方面的内容：

2.1　旅游调查的目的

在进行调查之前，首先应该明确调查要解决什么问题，因为调查目的决定着调查的对象、内容和方法。任务和目的不同，调查的内容和范围也就不同。任何社会现象和过程都可以从不同方面来收集资料，如我们研究旅游者的情况，可以有各种目的，一种目的可能是要研究旅游者的国别，也就是我们进行旅游销售的客源国。通过研究我们可以进一步修改和制订销售计划，改进促销手段，改善旅游服务与环境，更好地满足旅游者的消费需求。也可以从另一个角度来研究旅游者人数，如某年通过对北京一些大型旅行社的调查访谈表明，业内的经营者们认为，旅游消费不低于500元/人·天，即每人、每天旅游平均消费在500元以上为高端旅游消费人群。经过对北京的一些旅游广告报价，以及目前的飞机票价和酒店房价水平分析，北京人的国内游行程在三天以上，且入住三星级及其以上级别酒店、乘飞机的旅游，需人均每天500元以上的花费。调查问卷的统计结果分析表明，最集中的旅游天数为6.04天，最集中的旅游花费为3748.88元。

由此可见，调查目的要具体明确，突出1~2个中心，避免面面俱到。目的不明、任务不清就无法确定应该向谁调查和调查什么，也就不能进行有效的调查。

2.2　旅游调查对象和调查单位

明确了调查的任务和目的以后，就可以进一步根据调查目的来确定调查对象和调查单位，即向谁调查，由谁来提供具体资料。目的越明确、越具体，调查对象和调查单位的确定就越容易；能否正确确定调查对象和调查单位，直接关系到调查材料的准确性和完整性。

（1）调查对象。所谓调查对象，就是要进行调查的客观事物的总体，是由在某一方面具有共同性质的许多个体组成的。如我们要了解 2016 年全国星级饭店的经营状况，那么，截至 2016 年年底，全国的 9861 家星级饭店就是调查对象，而其中的每一个企业就是一个调查单位。如果调查目的是为了了解全国国际旅行社在 2016 年招徕的入境旅游者的情况，那么全国的所有国际旅行社是我们所要调查的对象，而它们所招徕的 1445.7 万入境旅游者当中的每一位就是我们要调查的单位。

社会生活中许多现象之间相互联系又互有交叉，所以在确定调查对象时，不仅要指明它是什么，而且必须掌握其主要特点，这样才能把调查对象同与其有联系的或相似的现象区别开来。如前面讲到的旅游企业，只明确所有旅游饭店是调查对象是很不够的，还必须根据其特点，使其与工业企业或者旅游事业单位等区分开来，也就是要有明确的界限范围，才能划出这 9751 家星级饭店就是我们所要求的调查对象。只有正确地、科学地确定调查对象，才能划清统计研究的总体界限，弄清什么事物或现象包括在规定的调查范围之内，避免因总体界限不清而影响调查登记资料的准确性。调查对象的确定只是从大的方面明确某项调查的范围或统计的界限，而能不能按照已定的对象进行统计，还需要进一步正确解决调查单位的问题，否则就不能真正按照已定的调查对象进行统计，结果仍然不能保证统计资料的准确性。

（2）调查单位。所谓调查单位是构成调查对象的每一个单位，是进行登记的标志承担者，也就是在调查对象中所需要调查的具体单位。如果要了解目前我国旅游高等教育的发展状况，到 2016 年年底，全国共有高等旅游院校及开设旅游专业的普通高等院校 1690 所，那么所有的这些从事旅游高等教育的院校就是调查对象，而 1690 所院校中的每一所院校就是一个调查单位。调查对象不同，调查单位也就不同。如调查对象是这 1690 所院校，则每一所院校就是一个调查单位；调查对象是这 1690 所院校的学生，则调查单位便是这些院校当中的每一位学生。确定调查单位，目的在于明确向谁做调查，采用什么样本，即从哪些方面去收集所要登记的情况和资料。

从统计范围上来说，既然能够符合调查对象特点，包括在调查对象中的单位就应该看做是调查单位，否则就不应列入。调查单位是调查标志的承担者，包括在调查对象中的每一个单位都应当符合这一要求。在大多数情况下，包括在调查对象中的单位都有可能被确定为要实际进行调查的单位。全面调查当然没有疑问，每个单位都无一例外地要进行调查。对抽样调查来说，也可以做这种理解，因为在抽样调查中，调查对象中的每个单位都有被抽中的可能，哪些单位被抽中，哪些单位不被抽中，事先是无法断定的。典型调查也相类似，虽然典型单位是客观存在的，但那也要经过选典过程才能确定。只有重点调查才有可能事先就确定所要调查的重点单位是哪些。为了保证调查资料的准确性，必须正确地确定调查单位。

（3）填报单位。调查单位是调查所登记项目的承担者，而填报单位是负责向上级报告调查内容的单位。调查单位和填报单位有时一致，有时不一致。例如调查旅游企业的经营状况，每一个旅游企业既是调查单位又是填报单位。如果调查这些旅游企业设备的规格、性能等情况，调查单位就是每台设备，而填报单位则是每一个旅游企业。再有，调查全国国际旅行社招徕过夜海外旅游者的情况，调查单位应该是每一位旅游者，填报单位应该是每一家旅行社，而非旅游者本人。只有在调查单位向调查机构提供自身资料的情况下，调查单位与填报单位才是一致的，否则就不一致。

2.3 调查内容设计

（1）拟订调查项目。所谓调查项目，是指调查时所要登记的调查单位的特征，或叫标志，是需要向调查单位调查的内容。调查项目包括需要向调查单位了解的有关品质标志，如调查旅游者的性别、国籍、年龄、旅游花费等项目时，其中性别、国籍为品质标志项目，而年龄与旅游花费则为数量标志项目。选择品质标志还是数量标志，选择哪几个标志，需要根据调查目的和被研究现象自身的特点来确定。市场调查所要搜集的是大量调查单位的个体量，并不需要了解调查单位在所有标志下表现的个体量，只是需要根据统计研究的目的，选择那些与调查目的直接有关系的标志进行调查，也就是要对调查单位本身固有的标志进行取舍。在调查项目中，对于那些没有用的，或是可有可无的标志应予以删除，以免分散调查力量，降低调查质量，耗费更多的时间、人力、物力。拟订调查项目应本着需要且可能的原则，要求列出的项目应是那些能够得出确切答案的项目，并且提法要明确而具体。此次的调查项目要能与以往的同类调查项目相衔接、相对应，以便研究现象本身随时间变化而发生的改变。另外，确定的调查项目之间还应尽可能地互相有联系，以便核对其答案的准确性。

（2）起草调查提纲。旅游市场调查提纲是指打算调查的内容，包括掌握基本的统计数字和对情况的基本了解。当调查项目确定之后，应加以科学的分类、排列，构成调查提纲，又称调查纲要。在调查开始前，要对调查项目进行仔细检查，并对提出问题的次序认真研究。一般起草调查提纲时，必须记住是为了得到回答，因此提出的问题要尽可能地简单明了，前后次序要合乎逻辑。

（3）编制调查问卷。详见本章第三节。

（4）设计调查表。无论是调查项目还是调查提纲，最后都要反映在调查表中。调查表是市场调查方案的重要内容，是调查工作中收集原始资料的基本工具。通过调查表可以把要了解的项目列在调查表中，以便于填写、整理、综合。为了避免调查表内的项目太多，不列入调查表的内容可以另列文字提纲。调查表一般由表头、表体和表脚三部分组成。表头是用来表明调查表的名称和填报单位的名称、性质、隶属关系等，可以用来核实和复查。表体也叫表身，是调查表的主体，包括市场调查所要说明的社会经济现象的原则、栏号和计算单位。表脚主要包括填报人的签名和调查日期，以便于查询。

为了使填报者正确填写表中内容，还应编制填表说明和指标解释。填表说明的内容应包括填写的方法和注意事项；指标解释则是为了说明调查表中每一个指标的含义、范围和计算方法等。此外，在设计调查表时还应注意其表的内容必须满足汇总表的要求。对于设计者来说，应先制定汇总表，它的内容直接反映了该项调查的目的和要求。调查内容有些有固定答案而又不复杂的可列出答案，由被调查者画记以方便填表者。

3　旅游调查方法的选择

3.1　几种专门调查

（1）普查。普查是为了满足某种专门需要组织的一种一时性调查，一般是对全国某一社会经济领域进行的大规模的国情调查，如我国曾经几次进行过的工业普查和人口普查等。普查所取得的资料主要是某种现象在一定时点上的总量资料，属于全面调查的范畴，且调查项目详细，资料丰富而全面。通常情况下，普查的组织方式有两种：一种是自上而下组织专门机构从事这一工作，由专门的人员进行调查，但同时也要利用一些平时的原始记录资料。另一种是没有专门组织这种普查机构，也无专门的调查人员，而是利用被调查单位本身的组织机构进行调查，综合本单位的日常管理工作，把平时的资料充分利用起来加以整理。此外，还有一种快速普查，主要是为了适应特殊时期的特殊要求，一般调查项目都是最基本的，也不搞逐层调查，而是由基层单位直接上报到最高统计机构。

由于普查所反映的是某种现象在一定时点上的总量资料，因此正确选择普查时间就显得十分重要。普查的登记时间也叫登记期限，是登记普查项目的时间，即为一个时间段，一般不能太长，通常为半个月左右。普查的标准时间则是指登记调查单位时所依据的统一调查时点，即一瞬间。规定普查标准时间的目的在于避免登记的重复或遗漏，因为普查的登记时间不是一个时点，而是一个时间期限。确定普查的标准时间，最好应是被调查对象的变动为最小时。与普查的时间有关联的还有普查的间隔期，由于普查耗费较多的人力、物力和财力，因此，一般不可能在相对较短的时期内进行多次普查。然而普查的间隔期应是有规律性的，两次普查的间隔不宜过长，否则普查资料的时效性和实际作用会降低。一般来讲，进行各类普查都应有固定而且相等的间隔期，但间隔期年份的长短，应根据本国的国情和被调查现象的特点来确定。

尽管通过普查可以取得全面、详细而丰富的调查资料，但是它涉及面广，所用时间太长，人力、物力、财力消耗大，因此不能轻易进行。在进行普查前要做好充分的准备工作，建立普查机构，拟订调查方案，培训调查人员，并通过试点工作改进调查方案的设计，还要对所需要的原始资料进行整理和补充。另外，还应注意同类普查的内容和时间在历次普查时应尽量保持一致，以便于比较分析。

任何统计调查都会出现一些误差，普查也不例外。如普查的登记差错、资料收集误差和资料整理时出现的误差，以及由于资料内容涉及被调查对象本身的特殊利益而提供的虚假数据等。为了使误差减少到普查数据基本可靠的限度之内，应在普查的各个阶段采取相应的预防措施，强化宣传，鼓励填报，确保秘密，并在普查之后再进行一次抽样复查，以校正普查中出现的误差。

目前在全国范围内进行过人口普查、工业普查、经济普查、农业普查，而全国性的旅游普查还尚未进行过。

（2）重点调查。重点调查，是按照一定研究目的对总体中重点单位的某种数量特征进行的调查，是一种非全面调查。所谓重点单位，就是在总体中虽然为数不多，但这些单位的被研究标志总量却占整个总体标志总量的绝大部分，这些调查单位的该种数量特征能对总体做出综合说明，通过对这些单位的调查可以得到表明总体基本情况的资料。若要综合了解全国旅游外联、城市接待、创汇等主要旅游经济指标，只要对全国的 60 个（包括北京、上海、广州、桂林、西安、苏州、杭州等城市在内的）主要旅游城市进行重点调查，就可以基本掌握全国的大体情况。

通常根据调查的任务不同，重点单位可能是一些企业或行业，也可能是一些地区、城市。能否采用重点调查，是由调查的任务和研究对象的特点来决定的。重点调查并不是要用重点单位的指标来推算整个总体指标；而只是通过重点单位本身的指标来说明总体在该数量特征方面的基本状况。一般说来，当调查任务只要求掌握基本情况，而部分单位又能比较集中反映所研究的问题时，宜采用重点调查。由于重点调查被调查的单位数少，可以用较少的人力、物力、财力和时间获得反映总体基本情况的资料，调查的指标项目可以多一些、细一些，具有收集资料快和代表性强的特点，有助于对问题的深入研究，所以重点调查在我国的统计工作中经常被采用。

重点调查的具体做法可以灵活运用，可以在某个时期专门组织一次调查，也可以对重点单位布置报表。

(3) 典型调查。典型调查，是在被研究对象中有意识地选择若干有代表性的单位进行调查研究。从旅游市场调查的角度来看，典型调查也是收集原始资料的重要方法，是一种按照调查的预订目的而专门组织的非全面调查。典型调查的范围小，调查单位数少，因而指标可以多一些，可以用来研究某些比较复杂的专门问题，所以说典型调查是一种深入、细致的调查方式。典型调查的单位是根据调查的目的和任务，在对调查总体进行全面分析的基础上有意识地选择出来的。

正确选择典型单位，保证典型有充分的代表性，这是搞好典型调查的关键。典型调查可以分为两种：一种是作为个别单位的典型调查，另一种为具有统计特点的典型调查。对个别单位的典型调查是一种解剖式的调查方式，这种典型调查的典型单位就是在其全部单位中有代表性的，尽管单位数很少，却可以达到其调查目的，通过这种调查来说明总体的基本情况及其变动的规律性。对个别单位的典型调查又分为两种情况：一种是选出的单位对总体具有代表性，可以大致反映总体的情况；还有一种是选出的单位只是同类现象中的突出者，如特别好的，或是特别差的等。总之，这种调查的目的都是要摸清一般情况，从中找出经验、教训及事物发展变化的规律。要想把典型单位选好，就要事先广泛地了解情况，才可能选出真正具有代表性的单位。值得注意的是，不能用个别典型单位的数量或指标去推算全体的指标，因为个别单位受偶然因素的影响较大。关于具有统计特点的典型调查，其典型单位不是个别单位而是一个部分，或是几十个单位组成为一个小总体，即典型总体，这依然是大量的调查单位。这样做的目的就是要用这部分典型单位的结果从数量上推断总体的结果。为了保证调查结果尽可能地精确，通常采用“划类选典”的方法，以缩小与总体的差别。这种“选典”是有意识进行的，典型单位的代表性与选择者对客观现象的认识程度密切相关，并且直接受其影响。

在一定条件下，典型调查可以验证全面调查数字的真实性，补充全面调查的缺口，收集不需要或不可能通过全面调查和其他非全面调查取得的调查资料。对于从全面调查中发现的一些不够清晰的问题，可以深入若干典型单位进行统计调查，取得有关的统计数字，具体地分析问题。典型调查还可以反映社会现象的一般规律和基本趋势，并对研究新事物、了解新情况以及新问题的数量表现尤其具有重要意义。

（4）抽样调查。抽样调查，是专门组织的一种非全面调查，是一种非常具有代表性的调查方法。它是按照随机的原则从总体全部单位中抽取一部分单位作为样本进行观察，根据对这部分单位的调查结果，通过科学的计算来推断总体，并有效控制抽样误差的一种调查方法。随着现代统计随机抽样理论和方法的不断完善，抽样调查已在世界各国得到了广泛的运用。许多社会调查活动在公众舆论、市场研究、医药、卫生、科学等方面都采用了这一方法，特别是在旅游业的调查实践中，由于其具有涉及面广、调查范围大、被调查者的流动性强等特点，我国近年来也越来越多地采用了抽样调查的方法来收集有关旅游经济现象的数据资料。

3.2 重点调查、典型调查、抽样调查的比较

上述三种方法的调查单位的意义与取得的方法不同。尽管三者都属于非全面调查，但就重点调查而言，其重点单位是指那些单位的标志总量占总体单位标志总量的绝大部分，这些单位除了代表它们自身以外，不具有普遍的代表性，它们虽然是根据调查者的主观认识确定的，但其重点地位不仅是客观存在的而且是明显的，这一点要比对典型单位的选择准确得多。抽样总体和由典型单位组成的典型总体，对总体来说都具有代表性，但由于单位选取的方法不同，其代表性是有差别的。抽样调查是按随机原则抽取的调查单位，而典型调查是对总体有相当了解和进行分析的基础上有意识地选择典型单位，这就是它们在代表性上产生差别的根本原因。

它们的研究目的不同。重点调查的目的是为了从某种数量方面掌握重点单位的状况，从而对总体在这方面的基本情况做出估计。抽样调查则是为了用抽样指标推断总体及总体的指标。典型调查虽然也可以通过典型单位的研究或定性分析以说明总体，但作为统计上的典型调查主要是为了从数量方面推断总体。

它们调查结果的准确性及其考核方式有所不同。重点调查由于不需要推断总体，因而只要重点单位的确定基本符合实际，其结果就可以满足要求。抽样调查和典型调查要推断总体，因而不仅有准确性问题，而且还有考核推断的误差问题。抽样调查是按随机原则抽取的，因而在既定的概率和误差范围条件下，推断的准确性可以保证，同时抽样误差可以计算和控制。典型单位的选择取决于人们对现象的认识程度，因而它的客观性和推断结果的准确性就难以完全保证，推断误差也不能计算。

3.3　几种调查方法的综合运用

在实际工作中，情况是复杂的，任何一种调查方法都有其优越性与局限性，并且各有其不同的实施条件，因此常常是将几种调查方式结合起来运用。普查是专门组织的一次性全面调查，普查提供的资料对于编制长期的经济、社会发展计划和决定重大政策和措施都有重要作用。普查间隔时间较长，如果需要年度数字，就可以在普查资料的基础上进行一些比较简单的非全面调查，并用科学的估计推算方法取得资料。普查与抽样调查结合起来运用，还可以验证普查的准确程度。统计报表是统计部门收集统计资料的主要手段，统计报表与重点调查结合起来运用，可以补充报表中所不能取得的资料。在市场经济条件下，除了建立必要的全面统计报表外，还应该较多地进行抽样调查。对重点单位可以根据其管理水平较高的情况实行较全面、详细的统计报表；而对一般企事业单位，则可以实行较简单的统计报表。重点调查适宜运用于调查对象比较集中的场合，重点单位不但资料容易取得，而且代表性强，特点比较显著，而非重点单位则往往界限模糊不清，进行统计调查也比较困难。抽样调查是非全面调查中最完善、最有科学根据的方法，在许多情况下，抽样调查所得出的结果可能比全面调查的结果更为准确。典型调查也是收集统计资料的一种有效方法，它和统计报表相结合，可以弥补定期报表的不足。

在制订调查方案时，应针对不同的调查对象，根据不同的调查目的和要求从实际出发，灵活运用各种统计调查方法，尽可能结合起来运用，以便能够收集到有关研究现象的丰富而准确的数据资料。

第三节　旅游调查问卷设计

1　旅游调查问卷形式的选择

1.1　旅游调查问卷的构建

（1）说明词。说明词是开始询问前的前导介绍词，主要包括介绍调查员自己、所代表的调查咨询公司或某企业、调查访问的目的、请求被调查对象的合作和合作的重要性以及感谢合作等礼貌性用语等。如果访问有礼品赠送给被调查者也可以在说明词中写明。说明词写作的好坏对整个访问的影响相当大。从某种意义上说，它还决定了被调查对象对访问的合作态度。

（2）收集资料部分。收集资料部分是问卷最主要的、占篇幅最大的部分，是整份问卷的核心主体之一，也是调查目的的集中体现，因此，它是整体调查成功与否的关键部分。

（3）样本特性分类资料部分。这部分是有关问卷所收集的被调查者的基本资料部分，也称做基本资料部分，包括样本的各种特性。如果样本是个人，则资料包括性别、年龄、受教育程度、职业及职务、收入水平、婚姻状况等；如果样本是单位，则资料包括名称、营业面积、经营范围、职工人数、注册资金、销售量、地址及法人代表等。这部分资料代表了样本总体的特定的横断面，其作用主要是用来对样本总体进行分类。样本特性很多，应根据调查目的选择所需收集的特性条件。

（4）电脑编号。对调查所得的材料一般都需经过计算机处理，因此，对问卷本身和问卷的基本资料以及收集到的资料都要预先做好计算机编号，以方便计算机作业。计算机编号有助于节省统计分析的时间和费用，并能扩大分析的功能，有时还有助于调查项目的管理。这些编号还包括问卷的编号，问卷中涉及的主要因素、主要单位、主要地区、主要品牌等的编号。

（5）作业记录。这部分内容主要满足调查访问管理和监督的需要。通常包括被调查者姓名或名称、访问地点、调查员姓名、访问时间等。如果问卷有封面的话，这一部分一般都放在封面的右下角；如果是简单的问卷，就放在最后，单独成为一部分。

1.2 旅游调查问卷的分类与选择

（1）按回答形式分类与选择。按回答问卷的形式不同，可以分为表格式和问答式。表格式详见表 2.3－1、表 2.3－2 及表 2.3－3；问答式详见问卷 2.3－1 及问卷 2.3－2。

表格式是将对一个或若干个调查单位的相同调查项目列于同一表中，以填表的形式来回答问题，适用于调查项目较少的情况，适用于要求打分的问题的回答，便于比较、汇总。问答式一份问卷通常只限于一个调查单位来回答，一问一答式，每一提问之后，对应有若干个备选项目，或由调查单位自由回答。一般说来，调查项目较多时，可以采用问答式，在目前的旅游调查实践中以采用问答式的问卷形式较常见。

表 2.3－1　＿＿＿＿＿公园环境质量（对景点工作人员的）调查

调查项目		请在 1～5 之间打分(5 分为最好)				
		1	2	3	4	5
总体质量	第 1 年					
	第 2 年					
	第 3 年					
旅游景观质量	管理者重视程度					
	员工重视程度					
	旅游者重视程度					
	自然景观质量					
	建筑景观质量					
	周边环境质量					
大气环境质量						
水环境质量						
土壤环境质量						
动植物环境质量						
噪声环境质量						
卫生环境质量	总体状况					
	设施数量					
	设施分布					
	服务状况					

问卷 2.3－1　旅行社管理人员调查问卷

第一部分　企业信息

1. 您所在的旅行社是＿＿＿＿＿＿＿＿＿＿＿＿。
2. 该旅行社的性质是：
   A. 国际旅行社　　B. 国内旅行社　　C. 中外合资旅行社
3. 该旅行社的上级单位是＿＿＿＿＿＿＿＿＿＿＿＿。
4. 该旅行社的产权性质是：
   A. 国有企业　　B. 上市公司　　C. 股份有限公司
   D. 股份合作制公司
5. 该旅行社的成立时间是＿＿＿＿＿年＿＿＿＿月＿＿＿＿日。

第二部分　个人信息

1. 您的性别是：

A. 男性　　B. 女性

2. 您的年龄是：

A. 20岁以下　　B. 21～30岁　　C. 31～40岁

D. 41～50岁　　E. 51岁以上

3. 您的受教育程度是：

A. 高中以下　　B. 高中或职业高中　　C. 大专

D. 大学本科　　E. 大学本科以上

4. 您所学的专业是______________。

5. 您获得导游资格证书的时间是________年________月________日。

6. 您获得导游资格证书的类型是______________。

7. 您的导游语种是______________。

第三部分　调研信息

1. 您在旅行社中所任职务是：

A. 国际社总经理　　B. 国内社总经理　　C. 国际社部门经理

D. 国内社部门经理

2. 您在现旅行社的从业时间是__________年，您在旅行社业的总从业时间是__________年。

3. 您认为您正在从事一份有价值的工作吗？

A. 是　　B. 否

4. 您对目前工作的满意程度如何？

A. 非常满意　　B. 满意　　C. 较为满意　　D. 较不满意

E. 非常不满意

5. 您认为哪些因素是您工作中的不利因素（可多选）：

A. 客人非常难对付，让人头疼　　B. 日常工作压力太大，得不到缓解

C. 所付出和所获得不成正比　　D. 其他

6. 如果有可能，您最希望获得哪些形式的激励？

A. 物质激励　　B. 晋升提拔　　C. 精神激励

D. 其他形式的激励，如团队活动等

7. 在现行薪酬制度中，您认为哪一部分或几部分不够合理？（可多选）

A. 工资　　B. 奖金　　C. 津贴　　D. 红利　　E. 其他

8. 如果让您来做决策，您会设计以下何种薪酬激励体系？（可多选）

A. 固定工资制　　B. 浮动工资制，高底薪，低提成

C. 浮动工资制，低底薪，高提成　　　　D. 纯粹佣金制
E. 股权或期权　　　F. 其他

9. 您认为目前旅行社人力资源管理中的最大问题是什么？
A. 组织结构不合理，员工工作没有效率
B. 激励不到位，员工缺乏积极性
C. 薪酬制度不合理，收入混乱
D. 很难实现弹性管理，对员工的管理失控
E. 其他

10. 如果条件允许，您有更换一个工作的想法吗？
A. 是　　　B. 否

11. 您的更换意向是：
A. 其他旅行社　　　B. 旅行社业以外，但在旅游行业内
C. 跳出旅游圈，到其他行业从业

（2）按每份问卷调查单位的多少分类与选择。按每份问卷调查人数的多少不同，可以分为单一式和一览式。单一式详见表2.3－1、表2.3－2、问卷2.3－1及问卷2.3－2；一览式详见表2.3－3。

表2.3－2　CP旅游公司散客部游客意见征询卡

团　号		人　数		国　籍		陪　同	
评定等级		优	良	一般	差	备　注	
日程安排							
住房情况							
用餐情况							
陪同仪表							
陪同服务							
陪同讲解							
司机服务							
车辆情况							

建议：

客人签名：

说明：意见请用“√”表示

____年____月____日

谢谢合作！

单一式又称卡片式，是将一个调查单位的调查内容登列在一份表上或一张卡片上表式。单一式可以容纳较多的项目，而且便于整理和分类。一份表格并不只限于一张表，可以视调查项目内容的多少由若干个调查单位填写，即一览式。一览式较单一表节省人力和物力，但当调查项目较多时不宜采用。一般说来，调查项目较多时，可以采用单一式；而调查项目较少时，则可以采用一览式。在目前的旅游调查实践中以采用单一式的问卷形式较多。

表 2.3－3　北京香山公园游客调查表

调查日期：　　　　调查地点：

序号	调查内容	游客反馈意见	1	2	3	4	5
1	游客职业	公司职员 教　师 学　生 离退休职工 其　他					
2	游客年龄	30 岁以下 31～50 岁 51 岁以上					
3	客源地	北京市区 北京郊县 外省市					
4	文化程度	大学以下 大　学 大学以上					
5	旅游目的	观光开扩眼界 休闲度假 健　身 其　他					
6	游玩频率	1 次/周 1 次/月 几次/年					

续表

序号	调查内容	游客反馈意见	1	2	3	4	5
7	旅游同行者	朋友、家人 同学、同事 个　人					
8	游玩花费	小于500元 500～1000元 其　他					
9	游客偏好的旅游季节	春　季 夏　季 秋　季 冬　季					
10	吸引游客物	名胜古迹 自然风光 娱乐休闲					
11	旅游信息来源	宣传手册 新闻媒体 经人介绍 其　他					

谢谢您的合作！　　　　调查人：

（3）按问句要收集资料的性质不同分类与选择。①搜集事实。这是指收集的资料是事实，被调查者按自己的实际情况回答问题。事实问句一般较容易回答。

> **例如：**
>
> 去年您到郊区旅游了几次？

在设计事实问句时，要充分估计到被询问者有可能因为时间关系记不清所问事实的确切情况。事实问句还必须有一个特定的范围，而不能笼统地设问。

②收集意见。该类以收集被调查者的个人意见或评论性见解为目的，也可以认为是一种态度调查问句。

> **例如：**
>
> 您对我们酒店的服务质量感到满意吗？
>
> A. 满意　　B. 无所谓　　C. 不满意

态度调查不仅需要考虑真实的态度，还有必要考虑态度的强度，这就涉及态度测量的技术。态度调查常会出现判断标准不一致的问题。

③探究原因。该类以收集个人意见的理由或行为的动机为目的，即解释意见或行为的理由的问句。

> **例如：**
>
> 您为什么选择春节时来我们这里旅游？

对探究原因的问句，被调查者通常很难一下子把理由完整地表达出来，因此，最好采用将答案列出来的方式。有时候，解释问句又会遇到有关个人隐私等忌讳的问题，需要由高明的问句设计去克服难关。

简而言之，以上三类问句之间的区别是它们收集的资料分别属于“是什么”、“怎么样”和“为什么”。事实问句注重的是“是什么”，意见问句注重的是“认为怎么样”，而探究原因问句注重的是“为什么这样”。

1.3　旅游调查问卷的题型选择

（1）是非题。是非题也称为二项式问题，它所提出的问题只有“是”或“否”、“有”或“无”等肯定或否定的答案来回答。这样答案相互间是对立和排斥的，被调查者的回答只能在两者中选择一个，不能有更多的选择。其优点是容易被调查者理解，容易获得明确的答案，也便于资料的整理，适合于所有类型的被访者。其缺点是无法了解被调查者的意见与程度差别，缺乏给调查者进一步阐明理由的机会，容易使中立的意见发生偏移，影响问题的真实性和调查的深入。这种方法主要适用于互相排斥的两项选一的问题以及调查一些事实性的问题。

> **例如：**
>
> 请问您今年春节去外地旅游了吗？
>
> 是□　　　否□

（2）选择题。选择题采用的是多项选择的方式，它对所提出的问题往往有两个以上的答案，被调查者可以在这几个限定的答案中任选一个或多个答案。设计这些问题时，要注意答案应尽可能包括所有的情况，防止重复和遗漏。另外也要注意各个答案的排列次序，因为被调查者往往容易选择第一个答案，从而使调查结果失真。答案数量应控制在10个以内，以避免过多的答案使被调查者产生厌倦情绪。选择题的优点是可以避免是非题选择面较窄、强制选择的缺点，也可以防止开放式问题面宽不便于资料统计的困难，因此它经常用于对旅游市场需求和竞争方面的调查。使用这类题型一般都必须将答案编号。

例如：

您认为目前旅行社人力资源管理中的最大问题是什么？

A. 组织结构不合理，员工工作没有效率

B. 激励不到位，员工缺乏积极性

C. 薪酬制度不合理，收入混乱

D. 很难实现弹性管理，对员工的管理失控

E. 其他

（3）排序题。这种题型是在问卷上列出若干项目，由调查对象判断决定这些项目的先后次序、高低、优劣。这种题型一般分为两种：一是在问卷中预先给出答案，由调查对象决定答案的先后次序；二是不给出答案，请调查对象按自己的喜爱和认识程度排次序。排序题能够使调查对象通过对比方式给出意见和态度，所以能够较为真实地反映旅游产品特性或旅游企业在市场中的地位，也能够有效地调查在影响某些旅游消费行为的因素中，哪些因素是他们优先考虑的。排序题的数目一般不宜过多，应控制在10个以内，排序取到第几位，取决于调查的目的。一般性调查可以做全部排序，重点调查则可以只取前几位。

例如：

您对北京郊区旅游的住宿设施有什么要求？（请您按重要至较次要的顺序填写选项代码）

A. 安全　　B. 卫生　　C. 舒适　　D. 交通便利　　E. 服务周到

F. 农家的外形与现代的设施相结合　G. “原汁原味”的农家住宿设施

H. 其他

（4）评判题。评判题是要求调查对象表示对某个问题的态度和认识程度的问题。这种题型适合做专题性的深入调查，用于测试调查对象对各种问题的见解和意见。评判题在旅游市场调查中应用也比较广泛。

> **例如：**
>
> 根据我们的历史记录，您今年已在我们酒店入住三次以上，您认为我们酒店客房设施及服务质量：
>
> 很稳定□　　稳定□　　一般□　　不稳定□　　很不稳定□

（5）标志题。标志题也叫赋值题，是旅游市场调查中常用来调查企业和产品形象的方法。这类题型是在发问后，并给出若干分别赋予一定分值的答案，答案的顺序按肯定程度依次递减，要求调查对象选择其中之一。即将几种肯定程度依次递减的答案顺序排列在标尺上，供被调查人员选择。根据统计结果，求出答案的平均值，平均值越大说明评价越高。此类题型的最大优点是可以将调查结果量化，以便于定量进行分析，可以获得所调查的项目的数量指标。

> **例如：**
>
> 根据我们的历史记录，您今年已在我们酒店入住三次以上，您认为我们酒店客房设施及服务质量：
>
> 很稳定（5分）□　　稳定（4分）□　　一般（3分）□
>
> 不稳定（2分）□　　很不稳定（1分）□

（6）配分题。配分题是根据调查内容所具有的各种特性，在一定分值范围内，由调查对象对所调查的内容分配一定的数值，以表明调查对象的认识倾向。要对分值设定的范围与等级程度进行说明。这种题型多用于调查几个旅游企业之间及某些相同项目间的对比评价。正常情况下只要调查30～50人，就可以得出比较稳定的评价。

> **例如：**
>
> 表2.3－1《________公园环境质量（对景点工作人员的）调查》，该项研究就北京市重点旅游景区（点）的旅游环境质量问题进行调查，共调查了五个重点旅游景区（点）。之后，可以将调查结果量化，以便于定量进行分析，从而获得所调查的项目的数量指标。根据统计结果，求出每个公园各项指标答案的平均值，即可在五个公园之间进行比较；也可以计算五个公园各项指标总的平均值，以达到重点调查了解总体的目的。

（7）核对题。核对题是先列出某一旅游企业在某些方面的一些特征，再征询被访者对这些特征的看法和意见。

例如：

在对刚装修后重张的某酒吧之设计与用餐环境调查时，可以设计如表2.3－4中的问题。

表2.3－4 核对类调查意见表

特 征	重 要	不重要	无意见
简洁明亮			
光线充足			
环境新奇、时尚			
色彩明快			
走动自如			
取物方便			
温度、湿度适宜			

（8）比较题。比较题采用对比提问方式，要求调查对象做出肯定的回答。这种题型比较适用于对质量和效用等问题作评价。必要时应重点考虑调查对象对所要调查项目是否熟悉，否则将很难保证回答的质量。

例如：

请比较下列景区（点），哪个景区（点）的服务态度好？（可多选，并在选项上画√）

故宫□　　天坛□　　颐和园□　　八达岭长城□　　定陵□

（9）补充题。补充题是在问卷中给出一些未完成的句子，由调查对象把句子写完整，这种题型多用来调查竞争对手的情况。

例如：

您曾经三次以上（包括三次）入住过的酒店是＿＿＿＿＿；这样选择最直接的动因是＿＿＿＿＿＿＿。

（10）递进询问题。此类题型主要用来调查消费者对旅游企业或产品所持有的态度和意见，目的是要了解旅游者对某企业产品的倾向性到底到哪种程度，在什么情况下才会改用其他产品或者服务，以测定旅游者对企业或者产品的支持程度。

> **例如：**
>
> 问：您曾经三次以上（包括三次）入住过的酒店是________________；
>
> 这样选择最直接的动因是________________。
>
> 问：目前最受欢迎的是AB酒店，以后您是不是会选择去这家住呢？
>
> 答："是"或"不是"。
>
> 如果回答"是"，应继续追问：据了解，您所说的那家酒店为了应付竞争，价格要上调20%，您还会继续选择它吗？

通过这样的问题，可以知道旅游者对某种产品和企业的忠诚度，也可以了解在什么情况下能够改变旅游者的购买习惯。

1.4 开放式问题与封闭式问题

（1）概念。开放式问题和封闭式问题，是问卷设计中常会面对的两种主要的问题形式。所谓开放式问题，是指答案的结果事先不确定，问卷设计者给予回答者自由回答的空间，回答者可以针对问题的主题畅所欲言，表达自己的看法和意见。

> **例如：**
>
> 您希望我们以后的春节庙会在哪些方面还需要有所改进？
>
> ____。

而封闭式问题则正好相反，回答者不能太随意地表达自己的意图，答案的选项已经限定在某种范围内，备选答案的选项已经给定或者基本给定，回答者只需做出某些选择即可以表达自己的看法或者意见，能够表达自己更为开放的信息的自由空间不大，如同前面介绍的是非题、选择题、排序题、评判题、标志题、配分题、核对题、比较题等。

（2）比较。开放式问题设计时不提供任何备选答案，让调查对象根据提问自由回答，充分发表意见，调查者借以获得较为广泛的信息资料。开放式问题最适用于探索性调查，因为在这种调查中，往往事先无法搞清楚可能得到的答案范围，或者不能预料答案。开放式问题的优点是调查对象可以有机会充分发表意见，能够形成比较活跃的调查范围，收集到的信息比较合乎客观实际，而且能够得到事先估计不到的资料和建设性意见，也可能收集到调查人员疏忽的意见和问题。

但开放式问题由于是由调研员记录，因此可能会因为理解不同而使记录失真，出现偏差；非标准化的答案之间的可比性低，答案的非标准化也使编码工作尤为困难，这些都给资料分析和解释增加了难度。开放式问题容易使调查人员的言行影响到调查对象的回答。尤其是在调查对象不能完全理解或只能部分理解调查人员的问题时，调查人员的解说或者引导会引出调查对象一些额外的言论来，这些言论往往都是不符合实际情况的。所以开放式问题的回答质量在很大程度上取决于调查对象语言的表达能力。开放式问题的回答无法进行现场确认，以了解这些回答是否符合实际或者夸大其词，只有等调查全部结束后，对所有档案加以整理和分类，按一定的标准分为细目后，才能加以评估。开放式问题要求调查人员有较高的业务技能和素质，不仅自己用词要严谨，而且要能够正确理解调查对象的言辞和所表达的内容。采用开放式问题时，经常碰到的问题是调查对象不知道该如何回答，或者答非所问。与封闭询问相比较，这种询问方式往往容易使调查对象比较紧张，而不知道应该怎样回答所提出的问题。这就需要调查人员有一定的交流技巧，能事先消除调查对象的这种紧张心理。

由于开放询问存在的局限性，因此在问卷设计中，此类题型只能占很小部分，设计时应谨慎使用，在市场调查中，往往作为一种询问方式结合在其他询问方式中使用，但不会作为所有问题的询问方法。

在问卷设计中为了编码和统计分析的方便，常常采用封闭式问句为主，但也有不能采用封闭式问句的情形，或为了获得更为开放式的带有启发意义的答案时就需要采用开放式问句。开放式问句和封闭式问句的区别主要有：前者主要了解一般的看法，而后者了解细分的因素；前者面对的态度或意见不明确，而后者较为明确。焦点访谈或深度访问时较多地应用开放式问题，而电话访问、邮寄访问、入户访问、拦截访问、留置问卷调查、网上调查等更多地采用封闭式问题，当然可能会夹杂几个开放式问题，但考虑到应答率的问题，开放式问题会较少使用。在问卷设计前的问题构思中，有些研究人员也会开展开放式问题的小规模访问，从而取得必要的答案项为制作封闭式问题创造条件。

开放式问句答案项是一些可以回答问题的空间预留，可以是横线、括号或留出的页面空间供自由填写。而封闭式问句有是非型也有双项答案型和多项答案备选型。有时会表现为完全封闭，而有时会采用以封闭选项为主，也有开放式部分的如供注明的其他项。

2 旅游调查问卷设计的技术与技巧

2.1 衡量尺度技术

问卷设计的步骤，影响受访者答题的流畅性；问卷设计的格式，关系着研究内容的严密性；而问卷衡量尺度的设计，则是评估报告是否深入的关键。研究者在设计问卷的回答方式时，应以下列几项为考虑的依据：

- 研究目的与问题深入的程度；
- 事后资料整理时的便利性；
- 各种可能选项的周密性与互斥性须兼顾；
- 统计的方法。

无论研究者采用哪一种问卷回答的方式，事后的整理分析都需以量化的处理方式，才能适用各种统计方法，这种量化的处理工具，便称为衡量的尺度。研究者依研究目的为探索性或描述性研究而选择最适当的衡量工具。目前较为广泛使用的衡量尺度有四种：类别尺度、顺序尺度、区间尺度、数量尺度。

（1）类别尺度。又叫名义尺度，它是衡量评价数据的简单形式，只是简单地认定某项特征的有或无。凡是将访问对象的属性以数字方式予以分类，称为类别尺度，也就是说类别尺度的作用只是用来标记及表示类别之用的，这些变量仅是代表属性上的分类，而不能说明属性间差异的大小。其主要目的是在分类的基础上得到并分析各类统计资料。可供选择的统计方法有频数分析、比例分析、从众数分析、部分相关分析等。名义尺度的项目都是不同性质的，项目和项目之间没有任何必然的相互联系。名义尺度得到的只是一种不同性质的定性分析，说明调查总体不同成分与不同性质所占的比例，比例大的部分，表明它的影响力和重要性比较大。

例如：

受访者的性别：	A. 男	B. 女
您是否有在假期外出旅游的习惯？	A. 有	B. 没有

（2）顺序尺度。又叫次序尺度，为某一项特征排列顺序，但无法用数字体现前后顺序的差异状况。受访者依其偏好程度，将选项予以顺序排列，从受访者对某项产品的喜爱程度或对某项政策的赞成程度的排列顺序中，研究者只能得到顺序的关系，但不能衡量出不同产品或不同政策间受访者喜爱或赞成的差异程度。

> **例如：**
> （请依重要性排出）贵公司选定奖励旅游业务服务商的标准是（可多选）：
> 品牌效应□　服务质量□　价格优势□　保密、诚信□　行业背景□
> 其他客户推荐□　私人关系□　信息化手段□　业务优势□　从业经验□
> 专业化□　其他□（请注明）________

（3）区间尺度。又叫间隔尺度，是为调查对象的某一项特征列出不同的级别，各级别之间的相互距离是相等的，并且固定不变，以一定的分值表示。区间尺度因为可以同时测量出类别、顺序以及不同类别间的距离，所以在各种调查中均被广泛使用，由于各种类别的差距采用相同的距离，因此区间尺度又称为等距尺度。至于分类的多少，则可依研究者的需要任意选定，一般态度性问题的测量多采用区间尺度，且假设各不同评级之间的心理距离相同。衡量程度被划分为若干个阶段，一般以三个或五个阶段比较适宜。两端往往是反映极端态度的极端答案，最中间的答案反映中立态度。

> **例如：**
> 贵公司会议、奖励旅游和重要活动的花费在最近三年的趋势是：
> 大幅增长□　增长较大□　略微增长□　持平□
> 略有下降□　下降□　大幅下降□

（4）数量尺度。数量尺度使得评价指导表示实质性的、绝对的特征标志。这种评价尺度有一个固定的起点或零点，因此就可以对这种量表进行各种数学运算。许多旅游市场调查的测试值都具有比例尺度的特性，如销售量、市场份额、消费者数量等，因为在每种情况下，它们都存在一个自然的或绝对的零值点。

> **例如：**
> 贵公司举办会议的财政年度预算占管理费用的比重为________%。

2.2　旅游调查问卷的编排技巧

旅游调查问卷需要正确地对其中的各种问题进行合理的编排，这样才能使调查顺利，并卓有成效地进行。

（1）先基本信息，后分类信息。较为规范的调查问卷一般包含以下三种类型的信息：

①基本信息。基本信息是和旅游市场调查内容直接相关的信息。例如调查对象的意愿、态度、动机以及相关事实等。基本信息是问卷首要取得的主要内容。

②分类信息。分类信息是在对调查资料分类时所需要的信息，通常作为自变量使用，这些信息最常见的是调查对象个人和家庭的人口和社会经济特征，如性别、年龄、职业、受教育程度、民族、收入等影响旅游消费的因素。

③识别信息。识别信息是在对资料进行处理和分析时所需要的辅助性信息，包括被调查者的地址、访问日期和时间、调查员和其他人员的姓名。

在有些旅游调查问卷中发现，把被调查对象的分类及识别信息都放在了问卷的开始部分，一般来说，大多将分类信息放在问卷后面。因为这些问题很容易涉及调查个人或企业的隐私，比如说受教育程度、年龄、收入水平、职业、住址等，因此应安排在问卷的后面。同时这些问题一般调查对象都不愿贸然做如实的回答，放在问卷后面，在调查员和被访对象之间已经建立起一种信任关系之后再提出，比较容易得到真实的回答。

（2）先简后难。由易到难，由简单到复杂，由浅到深。询问开始时往往必须引起对方兴趣而且容易回答。通常可以用一个过滤问句开始。问卷中容易回答的问题应放在前面，使被调查人感觉轻松，不至于产生拘束或产生戒备心理。较难回答的问题（如涉及态度的问题）最好置于问卷的中部，这样有助于取得被调查对象的合作，顺利进入后面的调查活动。

（3）按时间顺序排列。时间顺序是一种常见的逻辑顺序，如果在问卷设计时有一组相互联系的问题和时间顺序有关，可以由远到近排列。按一定时间顺序排列符合人的思维习惯，容易使人回答并有助于回忆。

（4）按内容分组编排。问卷的内容往往涉及几个相对独立的部分，为了保持逻辑关系，在问卷编排时应尽量按主题把所有问题按内容的相关性划分为几个小组，一个主题或一个系列的问句要排列连贯，不能在出现隔断以后又回到主题上来，避免在不同部分之间跳动，否则频繁地转换话题，容易使被调查者思路紊乱，会影响被调查者的注意力，容易引起疲劳。此外，在由一个主题到另一个主题，需要有转接性的安排，保持问题的流畅，不要打断被调查者的思路，最好加入几句说明作为过渡，使话题的转换不至过于突然。对于过滤性问句或其他的“接问”、“跳问第几题”等都要有妥善的排列，跳跃要注意逻辑性。

（5）顺序过滤。在问题编排时应采用“剥离式”方法，即问题按各种形状从宽到窄整体排列，最初提出的是离调查主题较远的广泛性问题，再根据调查对象回答的情况，逐步缩小提问的范围，最后有目的地引导到某个专题性问题上。这样使前面的问题为后面问题做铺垫。例如关于旅游住宿的问题，应先问外出旅游是怎样解决住宿问题的？如果对方回答是住酒店，再问是住几星级的酒店？最后再问您在酒店住宿所能接受的价位是怎样的范围？这种方法适合于对调查对象在接受调查时有所顾虑，或者一时不便于直接表达对某个问题的具体意见时所采用。

（6）合理安排备选答案顺序。在提示的答案处理上，需要合理地排列备选答案项目，通常有一定逻辑关系的或层次关系的可以按照层别顺序依次排列。但相同层面的选项，如同类型产品的不同品牌的列举中，就需要注意顺序安排，因为所提示的各项位置会直接影响回答结果，一般情况下，位于前方的选项占优势。因此，在一些专业调研中，一般会事先备有几种项目顺序不同的提示表，以便交互向被调查者提示。例如，在一份关于200人的旅行社品牌知晓度的调查中，调研者将问卷中有关品牌的一道题目设计如下：

例如：

您知道以下哪些旅行社？

答案项A：1. 中国国际旅行社　2. 中国旅行社　3. 康辉国际旅行社
4. 北辰国际旅行社　5. 其他（请列举）

答案项B：1. 北辰国际旅行社　2. 康辉国际旅行社　3. 中国旅行社
4. 中国国际旅行社　5. 其他（请列举）

在A、B两种答案中选项相同，但顺序不同，在操作中可以把前100份问卷使用答案A项，而另外的100份问卷使用答案B项。对于问卷的结果而言，只需在处理时略加注意即可，而问题回答的客观性却得到了极大的体现。

（7）较难或敏感的问题应后置。与前面的道理相似，对于基本信息部分的问题也应先易后难加以排列。触及私人隐秘的，可能引起对方不愉快或困惑的问句要放在后面提出。经验表明，被调查对象在顺利地参与调查后，中途拒绝继续调查的可能性较小。因此，问卷的前半部分应用比较容易的问题使调查对象迅速参与到调查中来，然后再问一些有一定难度的问题，得到回答的把握则更大一些。因为经过一段时间的交谈，双方有了一定的熟悉程度，这类问题就比较容易被调查者接受。

2.3　避免一些常见问题出现的技巧

（1）紧扣调查内容。问卷的问题应与调查内容有关。问卷中不要列入无关问题，而且要保证重点，避免面面俱到。问卷设计的问题应紧扣调查课题和调查目的，所提出的每一个问题都是为调查任务服务的，无价值和无关紧要的问题不要列入，以避免冲淡调查内容的主题，影响调查效果。

（2）简单易懂。问卷的用语讲究简短、准确和客观性，所以生僻、暧昧和模棱两可的词语必然会造成回答上的误差，因为理解的错误是造成回答错误的重要原因之一。设计的问题要使被调查者容易理解其含义。造句的结构要尽量口语化，不要故意用双重否定来表示肯定的意思。所提出的每个问题应尽可能的简单，使人能马上理解所提问题的含义。因此要强调用词的准确性和清晰性，问题是否准确、清晰是能否取得准确答案的关键。应尽量避免使用“或许”、“偶尔”等模糊性词语。

（3）能够并愿意回答。要注意采用由联想唤起记忆的途径，协助调查对象回忆往事，由浅显的问题、不太重要的问题，或有兴趣的问题开始发问，用一系列的问句进行询问，最后逐渐深入到所需要的资料。问题的设计使调查对象能够回答并且愿意回答，不要询问对方不了解、难以回忆、技术专业性太强的事，尽量避免涉及私人生活或窘迫性的问题。

例如：

您经常外出旅游吗？

从不外出旅游□　　偶尔外出旅游□

有时外出旅游□　　经常外出旅游□

这个问题的设计，对各种实际目的来说是没有什么价值的。因为在备选答案中，“偶尔”、“有时”和“经常”是很难区分清确切含义的。对有些人来说经常可能意味着至少每月有一次外出旅游，而对另一些人来说可能认为自己一年中有一次外出旅游就可称为经常了。若改为下面这样会清楚、简单一些：

在过去的12个月中，您是否经常外出旅游？

根本没有□　　1～2次□　　3～5次□　　5次以上□　　记不清□

这样的问题设计就为被调查者提供了一个比较统一的参考框架，而不会再使他们的答案上添加个人对问题的理解。

> **例如：**
>
> “您喜欢到哪儿旅游？”
>
> 可以去旅游的地方很多，国内、国外、东南、西北；夏天适宜去哪儿，冬天适宜去哪儿都不一样。所以被调查对象往往很难一下子表达清楚。若改为下面这样，可能会好一些：“您暑假若在国内旅游打算去哪里？”
>
> 对于有些有关私人的或有关自尊心和面子而不愿意回答或不愿真实回答的问题，如个人收入、文化程度、社会地位和妇女的年龄、企业的收入、利润等，可采用笼统的询问方法。例如：“您今年多大年纪，收入多少？”
>
> 这样的问题，有些人很不愿意回答。若像如下这样改一下为好：“您每月收入属于下列哪一段？”
>
> A. 1000 元以下　　B. 1000～2000 元　　C. 2000～3000 元
>
> D. 3000～5000 元　　E. 5000 元以上

（4）界限要明确。问卷如果没有明确界限，使调查对象混淆不清，就不可能获得正确答案，达不到调查的目的。要使问题确定界限，最好一个问题一个要点，调查对象就不至于在回答问题时混淆不清，也不会给统计分析答案带来困难和麻烦。因此，应当把要询问的内容尽量分解，分成几个问题。

> **例如：**
>
> 您为什么不再愿意住县城旅馆而改住农家院儿了？
>
> 这一问题包含了三层意思，即“您为什么不住县城旅馆？”“您为什么选择了住农家院儿而不改换其他住处？”“什么原因使您现在乐于接受农家院儿？”由于对问题理解不同，答案也会很复杂。所以对于一些复杂的问题，应该使其具体化和单一化，以利调查对象做出具体、准确的回答。对于一些能够定量化的问题，则应当规定明确的数量界限。比如居民家庭生活状况调查中，对低收入、中等收入、高收入户应该从数量上加以界定，否则因为个人标准不同，就会导致调查失误。

（5）穷举与互斥。在问题的答案列举方面，为了避免出现因备选答案不够全面而使某些被调查者的情况不包括在选项当中的情况，还需要遵循穷举原则。即凡是可能作为一类的答案都必须列举出来，如果不能一一列举完毕，必须列出主要的选项，然后在最后增加一项“其他”栏（在“其他”栏中请访问员注明回答选项以备编码）。

还有的时候，被调查者的情况刚好是组限，而使填报标准不统一，则有的就算在了上一组，而有的就算在了下一组。针对这一问题要遵循的原则是对单一选择问句设置的所有选项之间必须是互相排斥的，不能出现相互包含的关系，否则无法划分该答案究竟代表何种含义。

例如：

您以往（或希望）一年去几次北京郊区旅游？

A. 1～2 次　　B. 2～3 次　　C. 3～4 次　　D. 4～10 次　　E. 10 次以上

应改为以下形式：

A. 1 次　　B. 2 次　　C. 3 次　　D. 4～10 次　　E. 11 次及以上

（6）语气与内容表达。问题的语气和内容要适合调查对象中各阶层的被调查者。问题是向调查整体中所选样本提出的，而不是向某一个阶层的被调查者提出的，如果问卷语气只向某一阶层提出，那么其他被调查对象容易在回答时因反感而拒绝回答。

例如：

"请阁下对×××游乐场发表您的高见？"不如改为"您对×××游乐场是怎样认为的？"显得更简单、更容易使人理解。

不管调查对象的背景如何，提问中都要避免使用长句和复句。问题中使用过于专业化的术语，就容易使非专业人员在回答时产生不满。只有适合调查者总体中的各种人群，回复率才能提高。

（7）中性态度提问。问题应保持中性。问题的设计不能暗示出调查人员的观点和见解，应力求使回答者避免跟着这种倾向回答。

例如：

许多人都认为 aaa 汉堡包比 bbb 汉堡包好吃，您的印象如何？

很好□　　一般□　　不好□

这样的问题就是引导性提问，具有心理暗示的作用。引导性提问会促使调查对象不加思考地同意所引导问题中暗示的结论，也会使调查对象产生心理上的顺向反应，自然而然地同意权威或者是大部分人的意见。

（8）题量适当。题量过多的情况是最常发生的。问题太多，过于烦琐，不仅增加调查的工作量，而且容易使调查对象感到费时太多，不愿意回答，降低问卷回收率。问题太少，过于简略，也满足不了调查要求，但这种情况很少出现。问题的多少应视调查主题以及被调查对象对调查主题的关心程度、询问场所、调查方式、调查人员业务技术熟练程度等多种因素综合确定。问题的数量一定要适当。

（9）如何使用提示。问卷中的提示要全面而准确。这是一个非常细小的问题，但是，许多问卷设计者在内容上精雕细琢之后，常常会忽略了像“提示”这样的简单问题。如有些题目应当是多选而有些则应当是单选，有些题目则需要提示和启发1~2次，而有些题目则需要注明其他项，有些题目又不能启发，有些题目中的用词有确定含义但忘记了注明等。特别是提示多选和提示单选的问题，有可能会被设计者忽略。对整个问卷的提示应写在发问之前；对某一问题的提示应写在该问题的开始。

（10）通过预测试而发现问卷的设计问题。为了发现问卷的设计问题，确保设计一份合格问卷的最好办法之一是开展问卷预测试，问卷预测试无疑是检查问卷质量和提高问卷设计水准的非常好的一种方法。问卷预测试可以选择由专家预测试、目标对象预测试、设计者相互询问预测试、隔日阅读预测试、领导审批、客户研讨等方法。在考虑到经济性和效率性的前提下，预测试时可以考虑访问10人、几十人，甚至上百人，只要能减少疏漏，提高问卷质量。

3 旅游调查问卷的信息整理

3.1 旅游调查问卷的初检

正如我们所指出的那样，实践中每一调查都有不响应现象。同时，有些被调查者的回答模式令人生疑。这两种情况，使得我们很有必要在数据收集阶段将问卷的信息输入计算机，在列表和分析之前对调查问卷进行检查。如果数据不“干净”，会发生两方面的严重问题。首先，很有可能无法执行下一步的数据分析，因而报告呈交的时限也将被严重地推迟。其次，更糟的是，数据分析和报告已经完成，但是研究人员并没有意识到里面的许多错误。

除了在数据收集过程中由监督者检查问卷以外。对其进行一个更完整的检查也是很值得的。有两种可行的选择：非系统检查和系统检查。用非系统方式检查的话，调研人员只是随便地浏览这些问卷；而用系统的方式进行检查的话，调研人员用随机和系统的方式选择一些问卷进行检查。

现在，我们还可以借助于电脑软件来净化数据，目的主要是尽可能地处理错误的或不合理的数据以及进行一致性检查。因此，检查将是更彻底、更广泛的。数据净化通常可采用统计软件进行。例如，用SAS、SPSS、BMDP等软件，可以很简单方便地寻找超出范围、有极端值，或逻辑上不一致的数据。通常的做法是：做一张所有非连续变量的频数表，以及计算连续变量的均值、标准差、最小值、最大值等统计量，那么超出范围的数据或极端值就可以被检查出来。当然，我们是从被调查者中抽样或是对完成的全部问卷进行全面的检查，这取决于时间、资源和必要性。

对问卷进行检查的目的是什么呢？到目前为止，虽然谈到了很多的预防措施，但在完成的问卷中有问题的问卷仍然存在。所以对完成的问卷进行检查的目的在于决定不合格问卷的程度。如果认为可行的话，可以抽掉那些有严重问题的问卷。有问题的问卷不外乎以下这些情况：它们在有效性上有问题；它们存在不可接受的不完整性；它们有大量的明显的被调查者误解的问题；其他的复杂性问题，例如书写无法辨认、存在逻辑错误或其他明显的问题。经过检查完成的问卷有几种主要的错误存在：不完整问卷对某些具体的问题没有响应；全赞成或是全反对的回答模式；中间路线的模式和不可信的响应等。

如果合格的问卷是足够的，则可放弃不合格的问卷。如果合格的问卷不足够、费用也不充裕了，则可以采用电话、网络等方式补齐不合格问卷中之所缺或错误部分；甚至可以不再补充，而直接从不合格的问卷中挑选合格的问题回复来使用，使其变成一份部分合格的问卷。此外，还可以运用加权平均和超额抽样的方法将样本还原到与总体保持一致。

3.2　信息整理过程

（1）信息整理的意义。旅游调查信息资料的整理在整个统计工作过程中，处于承前启后的地位，它是调查阶段的继续，又是统计分析开展的必要前提。它的重要意义不仅在于把个体单位的特征综合为总体特征，更重要的还在于按科学的原则和方法对调查材料进行整理。整理出来的资料真实与否、准确与否决定着该资料的科学价值，直接影响着统计分析的结果。可以说，旅游调查信息资料整理工作的质量直接关系到整个调研工作的质量。

（2）整理步骤。旅游调查信息资料整理，就是把调查表中的材料整理到综合表中。调查资料整理阶段最主要的工作内容，并不是在整理工作开始之后才进行的，而是在调查工作开始之前，即在调查方案的设计阶段就应该且必须做好的。一般说来，调查资料的整理包括两个方面的内容：初级资料的整理和次级资料的整理。

①初级资料的整理。初级资料是指在调查阶段获得的第一手资料。初级资料整理的目的在于将说明调查单位个体情况的资料进行科学的分组、计数和计算，

以得到说明调查对象总体情况的统计指标。初级资料的整理主要是汇总性整理，具体说就是设计和编制汇总方案，审查订正初级资料，根据汇总方案进行分组和计算，最后编制统计表、统计图等。

②次级资料的整理。次级资料是指已经汇总过的现成的调查资料；次级资料整理的目的在于将说明不同侧面的分散的统计资料整理成口径一致、互相配套、能够衔接的系统完整的统计资料。次级资料的整理主要是综合性整理，即对现成的调查资料进行认真的甄别、评价、加工、调整和补充。

从初级资料到次级资料，最后到整理好的统计资料，整个整理过程大致分为下列几个步骤：

第一步，设计整理方案。如前所述，这一步应该在调查之前，即在调查方案中完成。它是整理工作的指导性纲领，体现着整理工作的具体规划与要求。

第二步，审核调查资料。对调查来的原始资料（初级资料）进行审核，是进行资料整理的前提。

第三步，数据资料的排序。数据排序是按一定顺序将数据排列，以便于研究者通过浏览数据发现一些明显的特征或趋势，找到解决问题的线索。现在排序工作借助电脑，已经变得非常简单了。除此之外，排序还有助于对数据检查纠错，为归类或分组等提供依据。在某些场合，排序本身就是分析的目的之一。例如，了解究竟哪些企业是中国百强饭店。

第四步，对调查资料进行分组。根据调查目的，依照整理方案对调查来的资料进行科学的分组，是实现资料整理科学性、正确性的保证。

第五步，对各单位的指标进行汇总或必要的加工计算。这部分工作是资料整理工作的主要内容。现在我们可以借助 Excel 或 SPSS 来进行汇总、加工、筛选和计算等工作。

第六步，编制出统计表和统计图。这是调查资料整理的成果，同时还要进行资料的汇编、积累工作。

4　对旅游调查问卷的评价

2004 年，北京某旅游研究机构承接了 HL 旅游研究机构委托的一项调研工作，其目的是希望能了解旅游“黄金周”期间，北京主要旅游景区（点）的游客拥挤状况。于是，北京某旅游研究机构在 4 月 17 日及 5 月 1 日，两次对参观完故宫的游客做了随机的现场问卷调查。就这样一次调查活动，我们应当如何来评价呢？请看问卷 2.3 - 2。

问卷2.3-2　调查问卷

1. 到达博物院是否很容易？　□是　□否
2. 此博物院的开放时间是否合适？　□是　□否
3. 您来自哪个省？　＿＿＿＿＿＿
4. 您是单独来的还是与他人一起来的？　□单独　□他人，人数：＿＿＿
5. 您来博物院是为参观　□常规展览　□建筑　□所有展览　□经历　□其他：＿＿＿＿＿
6. 您是如何了解故宫的？　□报纸　□互联网　□杂志　□亲友推荐　□旅行指导　□收音机　□其他：＿＿＿＿＿
7. 您是否参观了如下设施？　□咖啡馆　□礼品店　□食品店
8. 您在此博物院参观了多长时间？　＿＿＿＿小时

	强烈反对	反对	无法判定	赞同	完全赞同
9. 购票					
a. 很容易就能看到票价	1	2	3	4	5
b. 票价体现了物有所值	1	2	3	4	5
c. 您不喜欢在排队买票时等太长时间	1	2	3	4	5
d. 您愿意通过电话或互联网提前买票	1	2	3	4	5
10. 信息					
a. 指示牌清楚地指明了展览位置	1	2	3	4	5
b. 到达展览场所后，您能找到有关展览的足够信息	1	2	3	4	5
c. 提供信息的方式符合您的语言习惯	1	2	3	4	5
d. 可以享受到向导服务	1	2	3	4	5
e. 展览物信息充足	1	2	3	4	5
f. 关于展览物的说明非常清楚	1	2	3	4	5
g. 您喜欢各种媒体所提供的解释	1	2	3	4	5
h. 您希望使用自助参观指导器材，如磁带播放器	1	2	3	4	5
i. 您希望获得展览物创造过程的更详细信息	1	2	3	4	5
j. 您希望在参观期间学到更多知识	1	2	3	4	5
k. 很容易从工作人员那里得到其他信息	1	2	3	4	5
l. 为您提供帮助的员工非常友好	1	2	3	4	5
11. 经历					
a. 参观展览的路径非常清晰	1	2	3	4	5
b. 展览室内有足够的空间供游客来回走动	1	2	3	4	5

	强烈反对	反对	无法判定	赞同	完全赞同
c. 光线充足	1	2	3	4	5
d. 背景音乐令人愉快	1	2	3	4	5
e. 不同展览物间有充足的间隔	1	2	3	4	5
f. 有充足的机会与展览物进行接触	1	2	3	4	5
g. 摸到的，闻到的，听到的一切都使参观经历非常难忘	1	2	3	4	5
h. 您也喜欢接触这些展览物	1	2	3	4	5
12. 设施					
a. 有关于各类设施的清晰知识	1	2	3	4	5
b. 洗手间便于到达	1	2	3	4	5
c. 洗手间很干净	1	2	3	4	5
d. 食物很有特色	1	2	3	4	5
e. 食物和饮料种类齐全	1	2	3	4	5
f. 食物价格物有所值	1	2	3	4	5
g. 所供选择的礼品（包括书籍）能满足您的需求	1	2	3	4	5
h. 礼品价格物有所值	1	2	3	4	5
13. 满意					
a. 这里的服务满足了您的需求	1	2	3	4	5
b. 我认为这里的服务总体来说非常优秀	1	2	3	4	5
c. 我可能还会来这里参观	1	2	3	4	5
d. 我会向我的朋友推荐故宫	1	2	3	4	5
e. 是否需要改进服务以更好地满足您的预期	1	2	3	4	5

14. 评论

____

日期：__________

4.1 提问量与调查方式的矛盾

本次调查大小提问共计 46 个，以这样的一个提问量，是否适宜采用现场追踪填报的方式？由于提问过多，而形成两页问卷，在现场作为游客只是一种完全尽义务的状态，而可以不负责任地填写。比如，有确实证据的就是一成以上的游客在答完首页问题后匆忙离去，则调查员们不得不去找寻另外的游客接着续填后面。这样就造成同一份问卷是由两位，甚至是三位游客分别完成的。从严格的意义上讲这是废卷。针对这些调查方式的矛盾，一方面可以删除部分提问，使问卷长度缩短，而使游客乐于接受；另一方面则可以改用非现场的调查方式。

4.2 某些提问内容与调查目的的关联性不紧密

本次问卷调查的提问之多，还有另外一个原因，就是某些提问内容与调查目的的关联性不紧密。这在调查问卷的设计当中是一个突出而普遍存在的问题。根据我们多年的研究、观察与总结，“搭车”心理是产生这一问题的根源所在，使一次的调查活动承载了过多的任务。因此，首先不能把所有的问题和希望了解的情况都寄希望于一次的现场问卷调查，这显然是不现实和不适宜的；其次就是将与调查目的的关联性不紧密的提问删除。

【思考题】

1. 什么是旅游调查？它都有哪些功能？
2. 旅游调查问卷使用的衡量尺度有几种？各是什么？
3. 编排旅游调查问卷有哪些技巧？
4. 为什么要进行信息整理？

第三章

态度量表

【本章导读】

目前，我国旅游业已融入经济社会发展全局，成为国民经济战略性支柱产业。而服务业的制胜之本，就是无时无刻不在关注着消费者的态度。因此近年来，态度量表这一国际通用的测量手段在我国的旅游研究中得到广泛的运用。掌握了态度量表，从业者们就掌握了旅游者的消费意愿和制胜的先机。本章将从态度量表的原理入手，教您怎样一步一步地设计态度量表，直至使其发展成为一个您所需要的、完善的测量工具。

第一节　态度量表的原理

1　态度量表的概念

态度是一个人的心理反应。从测量角度来看，它是一种内隐变量，不易察觉。如果要把人的这种复杂心理反应表达出来并给予量化，就有必要借助态度量表。

当研究者想获取类似品牌诚信度、认同感、赞成度、使用满意度等有关态度性问题的资料时，就须使用量表来测量。量表是通过间接的方法，将人类潜在的态度转化为数量的一种工具，研究者通过量表中提供的信息，得以分析受访者态度的强弱，进一步评估其间差异的因素所在。以下介绍一种常用的态度量表——李克特（Likert）量表，也叫加总量表（summated scale）。它主要用来测量程度，虽为顺序量表，但多半视为等距量表，如此便可以进行各种多变量分析。由于李克特量表建立在量表的等距性及题目的同构性两项假设上，所以该量表必须先经过信度的检验，以确认量表的稳定性与内部一致性。除了李克特量表外，还有Thurstone 量表、Guttman 量表等。

所谓态度量表，是通过被调查者回答某些问题或填写问卷的自我报告形式，将态度转换为可以度量的数字或等级的测定表格。它是通过逐个问题的提问，获取整个态度的总分，是量化主观态度的有效工具。李克特量表可以反映两方面的内容：

1.1 态度的方向

态度具有方向性，比如是否满意等基本倾向。态度总是具有赞成或反对的方向特点，并具有程度的差异，有时反映出态度的极端性，有时则反映出态度的中性特征。在态度的方向上，那种既不表示反对又不表示赞成的心理倾向，称为中性态度。

1.2 态度的深度

态度的深度是指被调查者所持某种态度的数量程度。李克特量表是由一组问题组合而成，每一个问题下均附有标尺，以测量受访者态度的强弱程度，由于量表体制简单明了，研究者容易设计，受访者容易作答，是一种相当好用的态度量表。

2 量表形式

在量表的形式中，最常被使用的测量格式是类别性题目，如性别、职业等。如果是连续性的测量，主要进行程度的测量，以测定某些概念的强度，如满意度、忠诚度等。因此，测量学者发展出了不同的测量格式，提供研究者依不同的需求来设计适合的工具。其中，尤以李克特量表最为常用。

3 量表的尺度与刻度

李克特量表是由一组测量某一相同概念或特质的题目所组成，每个题目皆有标示测量回答者强弱程度的尺度，例如："5 非常同意、4 同意、3 普通、2 不同意、1 非常不同意"，分数越高代表同意程度越高。李克特量表设计容易、被访者也容易作答，其最适合刻度以五点或七点尺度的奇数刻度为多。三点量表限制了温和意见与强烈意见的表达，五点量表则正好可以表示温和意见与强烈意见之间的区别。在大多数情况下，五点量表是最可靠的，选项超过五点，一般人难有足够的辨别力。但是，五点量表的缺点是被访者容易选择中间项，所以也常见以四点或六点尺度的偶数刻度来测量的。由于人口变量的异质性关系，对于没有足够辨别力的人而言，使用七点量表法会导致信度的丧失；而对于具有足够辨别力的人而言，使用五点量表又令人有受限制的不适感。刻度越多，被访者虽可精确地表达看法，但也考验着他们的耐心，所以量表的回收数量可能会减少。

关于相对性的误差：不同被调查者间也可能因其表达意见的习惯不同而出现与事实差距甚远的答案差异，如一个人习惯以强烈的说法表示意见，一个人却习惯以温和的说法表示意见，实际上其意见的差异可能很小，但在标尺上所显示的距离却可能很大。为避免刻度过多，造成上述的误差，所以有学者认为标尺刻度以七刻度左右较为理想，比如下面就是挪威斯坦万格大学斯文教师在他所从事的一项关于旅游者的旅游安全意识调查中所使用过的七点量表之一。

您喜欢的旅游方式？

我喜欢没有计划地从家中出发的独自旅行（或和几个朋友）

1	2	3	4	5	6	7
一点也不						非常正确

我喜欢自己旅游（或和家人或朋友），但是为了在外过夜而有事先计划

1	2	3	4	5	6	7
一点也不						非常正确

我喜欢跟团旅游，任何事情都不需要事先安排（例如：小包价）

1	2	3	4	5	6	7
一点也不						非常正确

我喜欢跟团旅游，最好与其他旅游者一起，在我离家前旅游代理人已为我安排好所有事情

1	2	3	4	5	6	7
一点也不						非常正确

量表的刻度越多，选答分布的情形就越广，变异数也会变得更大，有些人认为这种情形在统计检验上会具有很好的区别力，然而，这种选答很广的分布缺乏可信度，故完全没有意义。较大的选答变异数，表示也会有较大的抽样误差，就推进数据分析的意义而言，是不该有太大变异数的。

4 变量属性的正确界定

不同变量属性所适用的统计方法也不同。主要包括名义变量、次序变量和等距/比率变量。名义变量或称类别变量主要在于分类对象，把对象转变为间断类别，变量主要属性只是用来辨识事物或表示事物的类别而已，如性别、民族等。次序变量除具有分类特性外，又具有等级排序关系。变量间根据某个准则，可将对象由高至低有规则地排序。变量主要属性在于可用数值表示对象间的优劣、多少、高低、次序等。等距/比率变量除可表示对象类别及比较大小次序外，对象类别间距离是相等的，因而变量间有“可加性”。如果对象类别间存在绝对的零点，则称为比率变量，比率变量间有“可乘性”，二者均属连续变量。

在社会科学领域中，学者不会特别在意等距变量与比率变量间的划分，因为在社会科学中，真正的等距变量往往也是比率变量，如收入、年龄等；加上等距变量与比率变量所适用的统计方法并无不同，二者均含有算术计算特性，因而两个变量常被合而为一。在数据分析中，似乎不必严格区分变量性质是等距变量还是比率变量。

在旅游研究中，常用的李克特式多选项量表，严格说来，量表的变量性质是一种次序变量，但次序变量与名义变量均属“间断变量”。间断变量无法求其平均数或进行相关、回归等统计分析，因而无法验证相关的研究假设，所以多数研究者在编制多选项量表时，皆把量表视为等距变量来设计，此类等距变量也可以转化为不同类别，它虽然不是“真正”等距变量，但多假定具有真正等距变量的性质，如此，才能进行有意义的数据统计分析，归纳出合理的结论。这个真正的等距度量是参与者认识的一个渐进变化与认同的过程（图 3.1－1）。

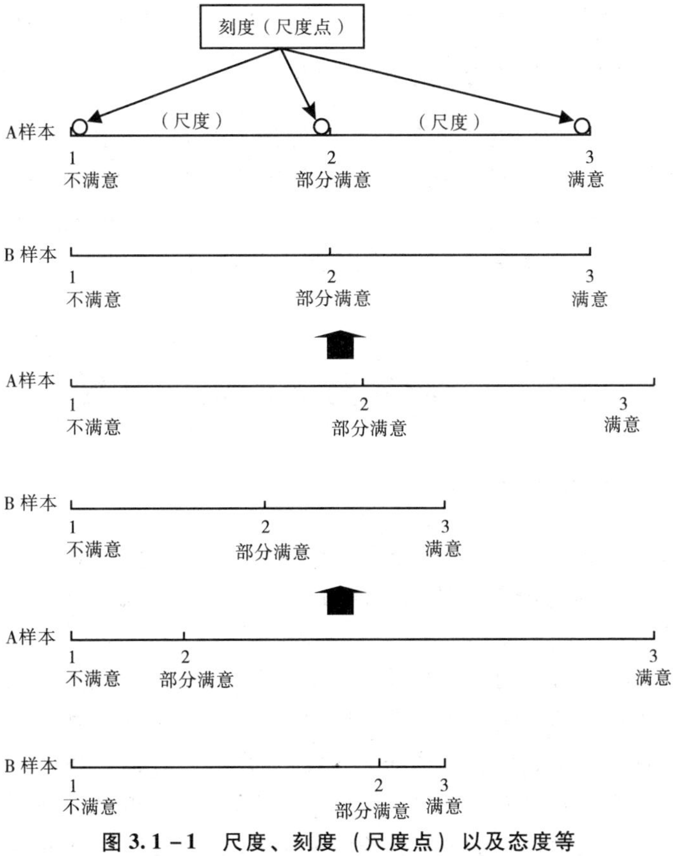

图 3.1－1　尺度、刻度（尺度点）以及态度等距度量的认同过程

5　态度量表在使用中常见的两个问题

5.1　中间分数容易产生的问题

标尺中若设有中间分数时，常会出现下列的情况：

（1）许多受访者因不肯多加思索问题，就随便以中间分数作答，此种情形并非表示受访者没有意见，但中间分数却成为他的搪塞之词，使调查结果失真。

（2）研究发现，喜欢以中间分数作答的人，显示在某些样本结构的特征上，往往造成分析上的偏差，尤其是女性；受教育程度较低者、低收入者、都市化程度较低者等人文特质的被调查者，以中间分数表示意见的比例偏高。

（3）研究者面对中间分数很多的统计资料时，常会造成分析上的困扰。

5.2　对“不知道”的处理方式

许多研究中，均将“没意见”与“不知道”摆在一起，成为中间分数，事实上“没意见”与“不知道”在本质上是不同的，“没意见”是一种中立态度，应该予以计分，“不知道”则是对问题没有概念，因此应予以排除，不予计分，假设将这两种态度合并处理，将使得推论产生偏误。

第二节　态度量表的设计过程

1　态度量表的维度设计

维度是指在所研究的总主题之下，研究者应从哪几个方面对这一主题进行研究；影响这一主题的主因素是什么，或者说这一主题涵盖了哪几部分。这些部分、主因素或方面，我们就称为维度。

比如一项关于手机使用的消费者满意度调查，在进行其态度量表设计时，首先进行了维度设计，即影响消费者手机使用满意度的主因素。维度包括：手机设计、产品功能性、创新、价格、服务质量、品牌六个方面，亦即六个维度。之后，根据这六个维度逐个进行其子项的设计，每一个子项将最终形成每一个题项，也就是问句。其中，关于手机服务质量这一维度就会涉及网络支持、维修服务、更换政策、客户服务政策四个子项，并可以依此生成问句。

例如：

您对手机网络支持服务质量的满意程度认为：

5 非常满意　　4 满意　　3 普通　　2 不满意　　1 非常不满意

态度量表维度设计是否准确、全面，关系到整个量表设计成败，是量表设计的基础。因此，对于初学者来讲，这是一项艰巨的任务，需要付出更多的努力。如果您对所要调查的主题了解不多，或者说还不够“内行”，那么可以通过聘请与所要研究主题相关的各方专家，通过深度访谈法以及德尔菲法，设计出您想要的态度量表维度。

2　量表的设计过程

研究者在进行研究之前，对所关心的主题须有一个初步的概念，且必须理清变量的内容并发展操作性定义。如果变量的测量已有现成的量表可以使用，研究者就不需再花费心思来设计量表；但如果所欲测量的理论构想并没有现成的量表，须自行设计时，研究者就必须根据过去的研究文献与理论来设计量表，而不能凭空想象。

2.1　提出足够的测量项目

问卷设计的第一步就是编写测量题目，这是一份问卷设计最主要的部分。理论上，能举出越多与理论构想有关的题目越好，也就是必须涵盖足够的内容广度，使其具有足够的内容效度。所以有学者建议，供作预测的题目最少应是最终量表题目的两倍。

2.2　预试以删除不佳的题目

这一步可将量表交给相关的学者或该业内人士，请其评估量表内容是否适当，是否符合内容效度的要求。接着，要做小型测试，选取一小群人试填问卷，以便了解题意是否清楚，并检查每一个问题是否与研究构想有关。如果对某一项目答题者的答案一致性很高，即标准差接近于0，表示这一项目的设计没有区别能力，则可考虑删除此题。此外，也可删除那些平均数极大或极小，而可能造成偏差的题目，或缺失值很多的题目。

2.3　选取具有内部一致性的题目

一份高信度的量表是由与真实分数有高度相关的题目所组合而成，可进行初步的信度分析，以初步删除不一致程度较高的测量题目。

2.4　建立正式测量量表

删除不良的题目之后就可以进行最后的排版。通常量表最前面会有一段文字来说明量表标题、研究内容与目的、调查单位、感谢词，此外还需有填写说明；量表的最后还要加上寄回时的收件单位（个人）及其详细地址等。量表的排版务求美观，且同一组理论维度的测量题目最好排在同一页上。

若还不能满足要求，还可以重回第一步，重复上述过程，直到满意为止。

3　态度量表的具体操作过程

由调查者拟出大量问题或短语，通常为 30 条或更多一些。然后对每个问题或短语按照从肯定到否定的程度分为五个等级，并给每个等级的态度确定分数（表 3.2－1）。

表 3.2－1　李克特态度量表

短　语	非常满意	满　意	一　般	不满意	非常不满意
饭店服务	5	4	3	2	1
饭店设施	5	4	3	2	1
餐饮服务	5	4	3	2	1
餐饮设施	5	4	3	2	1
旅 游 车	5	4	3	2	1
司机服务	5	4	3	2	1
地陪服务	5	4	3	2	1
全陪服务	5	4	3	2	1
领队服务	5	4	3	2	1
⋮	⋮	⋮	⋮	⋮	⋮

选择部分被调查者，按规定标准给每条短语评分，并将分数按降序排列，然后从最高端和最低端分别抽取 1/4 被调查者所打分数，组成高分组和低分组，并分别求出两组的平均值，二者之差叫做平均值差数。那些平均值差数较大的短语，说明其辨别力强，予以保留；那些平均值差数较小的短语，说明其辨别力弱，予以删除。

请被调查者回答每一个问题或短语后，再将每题得分加总，总值越高，说明这位被调查者对所有问题的态度越倾向于肯定；反之，总值越低，说明这位被调查者对所有问题的态度越倾向于否定。

4 量表设计的注意事项

提高量表的信度与效度的最佳方式，并不是增加样本数目，而是提高量表设计过程的严谨度与量表内容的精确性。关于量表设计的精确性涉及如下若干方面：

（1）题目是否符合研究假设的需要。每一理论构想的题目应该都是验证假设或研究目的的，不能浪费或贪多而盲目出题。

（2）题目应尽量保持客观中立的原则。将自己的主观意见加入问题中，设计出引导性的语句将会造成回答的偏差。问题的不同问法可能导致不同的回答效果。所以在设计问卷时，应尽量采用客观、中立的原则。

（3）避免诱导回答或暗示回答的问题。比如在对去三峡旅游的游客调查时，若问他："我们向您介绍三峡的环境保护情况，您感兴趣吗？"答案很容易偏到同意那一方。事实问题不容易受到社会价值的影响，而态度问题则很容易受到社会价值的影响。

（4）内容顺序与类别顺序。通常将一般的、易于回答、熟悉的问句放在前面，将特殊的、较难回答的、生疏的问句放在后面，以免回答者在一开始时就拒答。此外，客观的"行为"问题在前，主观的"意见与态度"在后。

（5）使用反向题。为防止草率与恶意的回答，会在测量量表中插入几个反向题，并在输入这些反向题后，以 Compute 指令将反向题予以反正。但若只有少数的反向题插入许多的正向题中，亦容易因答题者的草率而误认为是正向题来作答了，而使得这些反向题的分数变得与预期或常理不一致。此时，反而很难判断回答者究竟是否误解了题向。所以反向题与正向题的混合回答应该很小心地加以设计。

5 预试量表

5.1 编拟预试量表

在预试量表的编制或修订上，应根据研究目的、相关文献数据与研究结构等方面加以考虑，如果有类似的研究工具，可根据当时的实际情况加以修订、增删；如果是自己重新编制量表，其内部应依据研究结构的层面加以编制。

有学者认为，如果研究者是编制或发展一个正式的测试或量表，作为态度测量之用，则预试题项数最好是将来所需正式题项总数的 3 ~4 倍。

在某些特定内容范围中，有些量表题项的发展没那么容易，或先前相关的研究显示，这些设想不需要过多的题项，即可获得良好的内在一致性。预试量表的题数约为正式量表题项数的 1.5 倍即可，如正式量表题项预计在 20 题左右，则预试题项数大约为 30 题。

5.2　预试量表

预试量表编拟完成后，应实施预试。预试对象的性质应与将来正式问卷要抽取的对象性质相同。如研究对象为来北京旅游的入境旅游者，则预试之受试者也应为来北京旅游的入境旅游者。预试对象人数以问卷中所包括最多题项之子量表的 3 ~5 倍为原则。比如调查预试问卷中，包括四个子量表，每个子量表包含的题项分别为 15 题、20 题、25 题、30 题，则预试对象最好在 90 ~150 位。如果样本较为特殊，在预试人数的选取上可考虑再酌减一些。

预试时选取样本数应该考虑问卷量表是否进行因素分析。因为因素分析时，以较大样本分析所呈现的因素组型，比一个只用较小样本所出现的因素组型要更稳定。进行因素分析时，量表的题项数越多，以及其预期要有较多的因素层面的话，进行因素分析时，应包括越多的受试者。有学者建议，在进行因素分析时，每个题项数与预试样本数的比例为 1∶1 ~1∶10 之间；如果受试者总数在 300 人以上时，这个比例便不是那么重要了。也有学者认为，量表题项数与预试人数比例约为 1∶1 最为合适。此外，还有学者认为，如果量表的题项数少于 40 题，中等样本数约为 150 位，较理想的样本数是 200 位。

第三节　态度量表的信度分析

在问卷调查中，市场调研人员最关心的问题是调查资料的可靠性与正确性。而调查资料可靠性与正确性的关键，一方面在于对调查误差的控制，称为事前控制；另一方面在于对实际调查所产生的误差的检测与调整，称为事后控制。在问卷调查中，不管进行怎样的事前调查误差控制，问卷调查的结果与实际情况总会或多或少地存在些偏差或误差，也就是问卷调查的测度结果与市场真实数据总会存在些偏差与误差。这样，就必须对问卷调查测度的可靠性与有效性进行研究。在这里，测度的可靠性是指测度多次，测度的结果是一致的；而信度，是指对测度一致性程度的估计。有效性则是指准确地测度了所要测度的对象。

1 引导案例

2008 年初，我国开始实行新的休假制度。为了了解新休假制度对国民旅游出行的影响，我们从 2008 年 9 月至 2009 年 7 月进行了（同一问卷的）多次问卷调查。有的调查是面向全国民众的，主要访问的是全国各地来北京旅游的游客；还有的调查是专门面向北京居民的。

在本次调查问卷中设计了 52 道题，其中有态度量表题 27 道（从 1 ~ 7 分别表示从“一点也不”到“非常正确”的七点量表），开放式问题 17 道。下面是问卷中的态度量表部分。

3. 休假制度改变使出游时间选择更灵活了。

   1 2 3 4 5 6 7

   一点也不 非常正确

4. 休假制度的改变，我将会把一年中更多的休假时间用于旅游。

   1 2 3 4 5 6 7

   一点也不 非常正确

5. 我愿意在周末旅游。

   1 2 3 4 5 6 7

   一点也不 非常正确

6. 我愿意在法定节假日旅游。

   1 2 3 4 5 6 7

   一点也不 非常正确

7. 我愿意在带薪年假期间旅游。

   1 2 3 4 5 6 7

   一点也不 非常正确

8. 我愿意在其他非假期、自己自由支配的时间里旅游。

   1 2 3 4 5 6 7

   一点也不 非常正确

9. 休假制度的改变使出游更便捷了。

   1 2 3 4 5 6 7

   一点也不 非常正确

10. 休假制度的改变使出游变得更拥挤了。

   1 2 3 4 5 6 7

   一点也不 非常正确

11. 休假制度的改变，使我更愿意选择飞机出游。

1　2　3　4　5　6　7

一点也不　　非常正确

12. 休假制度的改变，使我更愿意选择火车出游。

1　2　3　4　5　6　7

一点也不　　非常正确

13. 休假制度的改变，使我更愿意选择自驾车出游。

1　2　3　4　5　6　7

一点也不　　非常正确

14. 休假制度的改变，使我更愿意选择市内的公共交通工具出游。

1　2　3　4　5　6　7

一点也不　　非常正确

15. 休假制度的改变，使我更愿意选择短途旅游。

1　2　3　4　5　6　7

一点也不　　非常正确

16. 休假制度的改变，使我更愿意选择本地区周边旅游。

1　2　3　4　5　6　7

一点也不　　非常正确

17. 休假制度的改变，使我更愿意参团旅游。

1　2　3　4　5　6　7

一点也不　　非常正确

18. 休假制度的改变，使我更愿意自己（或和家人、朋友一起）旅游。

1　2　3　4　5　6　7

一点也不　　非常正确

19. 休假制度的改变，总体上来讲，使我一年中的出游次数增加。

1　2　3　4　5　6　7

一点也不　　非常正确

20. 休假制度的改变，使我的旅游成本提高了，即花同样的钱，所旅游到的地方减少了，交通成本提高了。

1　2　3　4　5　6　7

一点也不　　非常正确

21. 休假制度的改变，使我更愿意深度旅游，即每次旅游只去一个地方，仔细玩。

1　2　3　4　5　6　7

一点也不　　非常正确

22. 休假制度的改变，使我更愿意参与体验式的休闲度假旅游。

1	2	3	4	5	6	7
一点也不						非常正确

23. 休假制度的改变，使我更愿意参与健身性质的旅游活动。

1	2	3	4	5	6	7
一点也不						非常正确

24. 休假制度的改变，使我更愿意观光旅游。

1	2	3	4	5	6	7
一点也不						非常正确

25. 休假制度的改变，使我更愿意参与民俗、文化旅游。

1	2	3	4	5	6	7
一点也不						非常正确

26. 休假制度的改变，使我有了更多的探亲访友的机会。

1	2	3	4	5	6	7
一点也不						非常正确

27. 假期中休息和放松对于我来说已经足够了。

1	2	3	4	5	6	7
一点也不						非常正确

28. 总体来讲，休假制度的改变对我出游有很大影响。

1	2	3	4	5	6	7
一点也不						非常正确

29. 总体来讲，休假制度的改变对我出游更有利了。

1	2	3	4	5	6	7
一点也不						非常正确

这个量表所要测量的是一个全新的命题，首先大家对这一命题的认识需要一个不断成熟的过程。而我们的这一研究是结合教学过程，由学习本课程的学生参与设计的量表，并希望通过它来了解休假制度改变过程中，这一制度对人们出游时间选择、出游方式选择、出游意愿以及总体的影响等。这是一个新量表，它需要不断地在实践中修改和完善。

2　信度分析原理

2.1　信度分析的意义

信度是指在后来的研究中或用不同的样本进行研究其结果始终保持一致。同样可以看出该模式来源于自然科学，如果实验条件受到严格控制，无论在何时何地进行反复实验，其结果都相同。而在社会科学中情况并非如此，这是因为社会科学是在不同的环境和不断变化的社会环境中与人打交道。虽然每个人对自己行为的阐述也许是准确的，但当与其他信息汇集在一起时，会形成一群人短暂的图式，该图式随着组成人员的变化而变化，或由于人群中的一些成员改变了他们的行为模式而产生变化。甚至在同一个国家或地区内，由于处于不同的社会环境和自然环境，或所处地点不同，人们对同一问题的回答也不尽相同，这意味着社会学家在对经验性研究做出概念性、理论性陈述时，要十分小心谨慎。虽然能够采取措施保证一定程度的概念化，但严格地说，任何研究结果仅与所涉及的研究对象、时间和地点相关。

在很多研究领域要对抽象的因素或具体的变量作精确测量通常是一件很困难的事。因此，在研究之前要进行精确的测量，而对个人行为如以猜测或以不可靠的方式测量，都会对预测行为研究产生很大的阻碍。

评估一个系统的信度是以组成此系统的各个变量或测量之间的相关系数为基础的。当一份问卷所问的项目相关性越高，则代表期间的一致性越高，故算出的信度也越高。通常一份问卷或测验，如测验同一理念的项目越多时，会有信度越高的现象，故增加题目可以提高一份测验的信度，但这也会增加研究成本。而在删除与整份测验不一致的题目后，可能留下的问题少，致使信度不高，为此有必要再增加题目。因此，在实际操作中，人们可能要在增加题目与删除题目之间往返几个回合，直到得到满意的信度为止。

在旅游行为研究中，理论模型中的变量通常很难测量，可称为潜变量（latent variable），例如游客满意度、旅游者消费意愿等，所以必须设计足以测量这些潜变量的测量变量（measurement variable）、观测变量（observed variable）或称显变量（manifest variable）。

2.2 信度的概念

信度也称为可靠度，指的是一份量表所测得的分数的一致性（consistency）与稳定性（stability）。要得到测量的信度，需要对受测者在相同环境下测量至少两次。同一群受测者同一份量表多次填写的答案如果有很高的一致性，就表示信度高；反之，如果同一份量表前后两次测的结果相差很大，就表示这份量表的信度低。

信度，是指对测度一致性程度的估计。对事物的任何一种测度总会存在或多或少的误差，误差越小，信度越高，测度的可靠性也就越大；反之，误差越大，信度越低，测度的可靠性也就越小。

测度的信度具有两层含义：其一，根据一种相同的测度手段，重复测度市场调研某事物的某项持久性的特征是否获得相同的结果，以此来判断该测度手段的稳定性、可靠性或可预测性。所谓“某事物的某项持久性的特征”，是指被测度的事物在其被测度的前后并不发生变化；对前后发生变化的事物的测度，测度的信度是指该测度及时反映出该事物这种变化的程度。其二，根据测度手段能否减少测度误差对测度结果的影响，进而使该测度能提供反映某事物某项特征及个别差异程度的真实数据，以此来判断该测度结果的准确性。

我们在这里所介绍的信度，也就是要探究调查的可靠性，就是指被调查者表达其意见的准确性，换一种说法就是在一次调研中被调查者对相同或相近的问题采用的相同或相近的答案。实际上，我们要利用度量表，通过访问、调查取得调查对象特征的真实值是有困难的。

2.3　信度的估计方法

在进行测量时，误差是难免的，这就使得真实值和测量值之间不可能完全一致。我们可以用下面的公式来表示真实值和测量值之间的关系。

$$X = T + B + E \qquad \text{（公式 3.3－1）}$$

T 表示真实值，B 表示偏差即系统误差，E 表示测量误差即随机误差。由于系统误差很难分解，因而有些书中的分解式将系统误差包括在真实值之中，因而 X 可以简单地概括为：

$$X = T + E \qquad \text{（公式 3.3－2）}$$

对于测量误差 E，一般假定它的期望值是 0，与真实值相独立，在此假定下，可以证明：

$$E(x) = E(T) \qquad \text{（公式 3.3－3）}$$

实得分数和真分数的总体均值相等。

$$\sigma_X^2 = \sigma_T^2 + \sigma_E^2 \qquad \text{（公式 3.3－4）}$$

实得分数的方差等于真分数的方差与误差方差之和。

对于上述误差，调研人员应运用所掌握的统计知识，分析它是属于系统性误差还是属于随机误差。对于系统性误差，应尽量避免，因为它会使调查结果有误；对于随机误差，可以通过提高样本代表性、增大样本量来减少。

信度一般规定是：真分数的方差在总体方差中所占的比重，即信度系数：

$$Rxx = \sigma_T^2/\sigma_X^2 = 1 - (\sigma_E^2/\sigma_X^2) \quad \text{（公式 3.3－5）}$$

信度系数越大，表明测量的可信程度越大。

信度的估计方法有许多，比较易于使用的是相关系数的方法。即通过对同一被调查群体采用同一份调查问卷前后进行两次调查，然后再根据被调查者两次填写所得分数计算其相关系数而得。也就是两次问卷的协方差与第一次、第二次问卷标准差乘积之比。

2.4　信度的类型

（1）再测信度（Retest Reliability）。再测信度是在不同时间的相同测验。即使用同一份测量量表，对同一受测群体，在不同的时间前后测试两次，这两次分数的相关系数会介于＋1～－1之间。这种相关系数又称稳定系数（coefficient of stability），当算出的相关系数高时，表示此份量表的信度高。这种方法通常是重复同样的测量来检验信度系数可以用相关系数来表示。假如我们第一次测量时的观测值是 X_1，第二次的观测值是 X_2，那么再测信度就等于 X_1 与 X_2 的相关系数。

但重复测量时，我们要注意两次测量的时间间隔要恰当。如两次测量时间相隔太短，受测者还记忆犹新，有过第一次经验后第二次的测量通常分数会提高，不过如果题数足够多则可以避免这种影响；如果时间间隔太久，可能会发生一些变故，影响到被调查者的态度，或受测者受心智成长的影响，稳定系数也可能会降低，那么前后的测量就会有很大的差异。所以，最适宜的相隔时间应随测验的目的与性质而定。再测信度在实践中只适用于便于连续追踪的固定样本研究（Panel Study），并不适合于流动性很强的旅游者行为研究。

（2）复本信度（Alternative-Form Reliablity）。当某一套量表有两种以上版本时，可以替换使用，根据一组被调查者接受两个复本测量的数值来计算相关系数，以避免再测信度的缺陷。所谓复本是指内容相似、难易度相当的两份量表，对同一受测群体，第一次使用A份测试，第二次使用B份测试，两次分数的相关系数称为复本信度。复本信度所使用的复本必须在题数、形式、内容、难度以及鉴别度等方面一致。复本信度的变异来源是受测者在两种不同版本量表的得分差异，差异的存在是由量表的内容造成的，而非时间造成的。复本信度是信度测量的一种好方法，但要编制复本量表有时相当困难。

复本信度与再测信度很类似，且其限制也是相同的，唯一的不同是两次测量是用不同的测量工具进行的。通常两次真实分数的相等性在这两种方法中是最受到质疑的，且复本信度比再测信度在误差项方差的相等性假设方面更有问题。复本信度有两个优点：一是它不会受记忆效用的影响；二是对测量误差的相关性通常比再测法低。

（3）折半信度（Split-Half Reliability）。如果没有复本且只能施测一次的话，可将一份量表于施测后，再将题目分成两半，分别计算这两半的总分及其相关系数，此一相关系数即称为折半信度（或称分半信度）系数。因此，最好这两半的题目内容性质与难易度能够尽可能一致。它与复本信度很类似，不同的是它是同一时间施测。由于实际上折半信度系数会比全部题目一起计算的信度低，所以在求得折半信度后还需要进一步修正。

折半信度的优点在于它只需举行一次测量，与其他方法相比，在人力、物力、时间方面较节省，所以也是常用的方法之一。再测信度由于是一份量表在两次不同时间施测可能有记忆效应，但折半信度不存在这一问题。折半信度通常也比测量两次的成本低廉，也较容易实施。不过，由于折半信度是需将一份量表分成两半，它的分法不同，自然所得的信度也可能不尽相同。

通常是在无复本且不准备重测的情况下，我们用折半信度来计算信度系数。比如将被调查者的测量结果按题目的单、双号分成两部分记录，再根据每个人的这两部分的测量数值计算相关系数。

（4）克朗巴哈 α 系数（Cronbach α）。克朗巴哈（Cronbach L. J.）于 1951 年提出计算一份问卷或测验的测量工具的信度，称为 Cronbach α 系数，简称 α 系数，或称为 alpha 系数。这是目前最常用的信度系数。它克服了折半信度的缺点，根据观测值就可以计算 α 系数。当一个研究任务项由很多题目组合，每个问项都与研究任务项相关，若以总分的方差与问项的方差作为测量信度的指标，即为 α 系数。

如果每个题目都是测量相同的理论维度，则总和的方差会大于每个题目的方差之和。假设有 n 个题目来自于同一构成，则观测值 x_i 乃由理念值与误差项所组成。设一份量表包括 n 个项目（x_1，…，x_n），假设这 n 个 x_i 分数都与真实分数 T 有关，即每一个项目 x_i 除与 T 有关外，也有独立的误差项 E_i，即令量表总和为 $H = x_1 + x_2 + \cdots + x_n$

$$R_H = \frac{n}{n-1}\left[\frac{\mathrm{Var}(H) - \sum_{i=1}^{n}\mathrm{Var}(x_i)}{\mathrm{Var}(H)}\right] \qquad \text{（公式 3.3-6）}$$

$$\alpha = \frac{n}{n-1}\left[1 - \frac{\sum S_i^2}{S_H^2}\right] \quad \text{（公式 3.3-7）}$$

当题目间的相关系数越大时，α 系数也会越大。由 α 系数的计算公式可知，当题目数目 n 越多时，S_H^2 值越大，$\frac{\sum S_i^2}{S_H^2}$ 越接近于 0，$\frac{n}{n-1}$ 越接近于 1，故 α 系数也会越接近于 1。此外，每个理论维度下都必须至少有两题以上才能计算信度，若只有一个题目，则信度值为 1。

要做信度分析须先检查每个题目是否都是同方向的，即都是正面问法，题目间的相关系数都必须是正的，如果有一题与其他的相关系数都是负的，应考虑将此题先“变号”或删除后再行计算 α 系数。α 系数的优点是只需测量一次，题目个数也不必增加为两倍，且拥有再测信度与折半信度的优点，亦即没有记忆效应问题，也不需要像折半信度那样将项目分组。此外，它可以根据原始数据或标准化后的资料分别加以计算。通过标准化可以剔除变量本身测量单位的影响。

在计算 α 系数的时候，应该注意有些调查量表测量的内容包含几个领域，例如一份关于旅游者安全风险意识的调查量表中，就包含了心理状况、社会关系和旅游环境等领域的内容，这时宜分别计算各个领域的 α 系数。

克朗巴哈 α 系数的方法适用于项目多重计分的测验数据或问卷数据，可以用该系数测量累加李克特量表（Liker-type Scale）的信度。

以克朗巴哈 α 系数来测量同一理论维度下各项目间的一致性，在基础研究中，信度至少应达到 0.8 才可接受；在探索性研究中，信度只要达到 0.7 就可以接受。另外，也有学者认为，α 系数介于 0.7～0.98 之间，都可算是高信度值；而若低于 0.35 者，便必须予以拒绝。在旅游调查测量实践中，α 系数只要为 0.6，即可宣称该测量工作的信度是可接受的。一般能力与成就测验的信度系数常在 0.9 以上，性格、兴趣、态度等人格测验的信度系数通常在 0.8～0.85 之间。

此外，在研究者呈现的统计数据中，不应只是呈现信度系数值的大小，还应该说明此测验或量表适用的群体，以提供有价值而可比对的信息，供未来测验发展者或其他研究者继续研究其发展做参考。如果一个测验或量表包含了数个子测验或构想层面，则每个子量表或构想层面的信度也要检验，不能只呈现总量表的信度系数。因为信度是测验题项数的函数。当子测验或构想层面所包含的题项数较少时，多数子测验或构想层面的信度系数值通常会低于总测验或总量表的信度系数值；但如果子测验或构想层面间的差异性太大，亦即总量表的同构性不高，则构想层面的信度系数反而高于总量表的信度，但此种情形较少发生，在研究报告中出现的概率也较小。

用 α 系数值来估计量表的信度时，应注意 α 系数值与量表题目数量的多少有关。如一个含 10 个左右题目的量表，α 系数值应能达到 0.8 以上。如果题目增加，α 系数值会随之升高，条目多于 20 个时，α 系数值会很容易地升至 0.9 以上。如果量表的条目减少，α 系数值会随之降低。一个 4 个题目的量表，α 系数值有时可能会低于 0.6 或 0.5。因此，判断量表信度时，首先应当了解该量表题目的数量，然后再以此为基础，并综合考虑其他影响因素，判断 α 系数值是否达到了可以接受的水平。

3 在 SPSS 上实现克朗巴哈 α 信度系数

3.1 操作步骤

第一步，按 Analyze→Scale→Reliability Analyze 顺序打开主对话框。第二步，在左侧的源变量框中选择变量进入 Items 框，作为分析变量。第三步，在源变量框下面有 Model 选项框，用来选择估计信度系数的方法。单击向下箭头，出现 5 种信度估计方法供选择。系统默认 Alpha（α）信度系数。第四步，在主对话框，单击 OK 按钮，提交运行。

3.2 对引导案例的解答

经过上述学习我们了解到，进行信度分析便可以解决量表的可靠性与一致性评价问题。先进行上面的第一步，打开主对话框；在第二步中将引导案例中的第 3～29 题共 27 道题选入 Items 框；点击 OK 按钮，出现表 3.3－1。

表 3.3－1 克朗巴哈 α 信度系数

Reliability Coefficients N of Cases = 199.0 Alpha = .8017	N of Items = 27

其中，“Reliability Coefficients”表示信度系数；“N of Cases =199.0”表示本次测量的是 199 个有效样本；“N of Items = 27”表示该量表有 27 项（或问

句)；“Alpha =.8017”表示克朗巴哈 α 信度系数为0.8017，表明是可以接受的。

4　信度分析的定性方法

如果觉得上述的介绍仍嫌烦琐，也可以运用定性分析的方法来说明自己研究的可靠性。具体包括对访谈内容的逐字解说、被访者重复检查核实资料、使用录音笔等设备进行访谈过程中资料的归集等。

【思考题】

1. 态度量表的作用有哪些?
2. 可以通过哪些途径取得态度量表的维度设计?对维度设计的评价标准是什么?
3. 发展一个态度量表需要做哪些工作?其中最主要的任务是什么?
4. 从态度量表的预试直到预试完成，通过什么标准来判定其预试工作是否完成?
5. 综合专家的观点，总结在不同情境下，预试样本数量的确定。
6. 最常用的信度分析方法是哪种?如何使用?

第四章

定性研究方法与应用

【本章导读】

不同的方法不存在固有的好或者不好，而它们只是或多或少地满足于不同的研究需求。定性研究与定量研究就是这样，它们具有明显的差异。定性研究运用了不同的知识观、研究策略和数据收集与分析方法。虽然在过程上有相似之处，但定性研究依赖于文本和图像资料，在数据分析上有其独特的手段，并吸收了多种研究策略。本章着重介绍了焦点小组访谈法和深度访谈法这两种最常用的定性调查方法；包括德尔菲法，我们还呈现了它的应用案例。

第一节　定性研究方法

1　定性研究的意义

定性研究方法是那些使用或引起性质上而非数量上的资料的研究方法和技术。一般而言，定性的方法往往是收集关于少数案例的大量“充足的”资料，而具有代表性的定量研究则往往收集关于大量的案例的较为有限的资料。这就是说，无论如何要处理大量例子的话应该重点考虑定性研究。

定性方法适用于不必要或者不可能使用正式的、量化的研究，而理论基础又恰好有助于进行定性研究的这种情况。多数定量研究往往把研究者的观点的见解集中强加于一种情形下；研究者决定哪个议题最重要、应该提问哪个问题以及哪次谈话将有可能决定整个研究框架。而定性研究则通常是以人们亲自参与一个特定的旅游项目为基础的，他们不受研究人员的干扰、不被研究人员强加的框架所过度强迫，被允许用自己的话来描述或解释他们身临其中的经验或感受。

因此，近几十年来，定性研究方法已经被广泛地接受，并不再被看作是异常的或特殊的方法，而在旅游研究中，定性研究方法也被普遍地应用。

2　定性研究方法的特点

（1）定性研究方法符合被研究现象的本质——旅游是一种定性的体验；

（2）定性研究方法运用对比对照“带领人们回到”旅游研究，定量研究方法往往是非常客观的——有姓名的真实的人以及不扮演重要角色的独特的人；

（3）定性研究的结果对受过统计学相关训练的人来说更容易理解；

（4）定性研究方法能够比较好地随着时间的流逝，可以反映个人的变化；

（5）定性研究很适合进行像旅游这一类涉及大量人与人之间面对面的互动，包括符号、手势等的活动；

（6）定性研究方法的运用在对人们的需要、渴望的理解上更具有优势。

3　定性研究方法适用范围的介绍

定性研究方法常被用于旅游研究中，这些方法包括：深度访谈、分组访谈或焦点组、参与者观察、文本分析、传记研究以及民族志等。

定性研究的优越性体现在针对那些定量研究所无法解释和回答的问题方面。从哲学上讲，任何事物都存在量的方面，但每种事物的量的“显易”程度不同，能够量化的程度也不同。一般来说，物质现象的量比较“外显”，而精神现象的量“外显”不明显。在旅游研究领域中，属于物质现象的，如旅游花费与酒店数量等，一般可以尝试定量研究方法。而属于精神现象的，如服务人员的焦虑心理、游客的满意程度等，则可以尝试定性研究方法。

定性研究由于充分考虑到研究者对研究过程和结果的影响，要求客观地认识研究对象的心理状态和意义构建，分析有关观念意识方面的材料，探讨的是过程而不是结果，适合对研究者熟悉的和小样本的对象进行研究。

4　定性与定量研究的对比

定性研究是指对非数字数据进行分析的方法。然而，不仅是研究数据本身的多样化，即使是两个研究人员对同一段文字进行分析，由于他们的知识及研究架构不同，他们所得到的结论也可能存在着很大的不同。所以，研究人员在开始分析定性数据之前，必须考虑到这种多样性。定性研究常常将重点放在数据的环境与结构的前后关系上，这与定量分析是不同的；定量研究是侧重于多变量的分析，定性分析并不侧重于交叉比较。

除了许多实际的变化外，定性研究首先是相关文件的最初背景资料，以及正式和非正式的讨论，接下来是焦点小组或深度访谈，甚至是不受限制的调查问卷，所有这些构成了数据收集阶段，并同样可以运用计算机进行处理。

5 定性数据收集步骤

定性数据收集步骤包括为数据收集设定边界，通过非结构式（半结构式）观察、访谈、文献、影像材料，以及用于记录信息的备忘录等方式来搜集信息。定性研究的理念就是有目的地为研究选取那些最能帮助研究者理解研究问题的参与者或研究场所。一些学者认为对参与者和研究场所的讨论应该包括如下四个方面：

（1）场所——研究的发生地。

（2）参与者——被观察或访谈的对象。

（3）事件——对参与者的观察或访谈活动。

（4）过程——在场所内参与者所从事的事件之发展状态。

6 定性数据分析的一般步骤

分析数据的计划由多个部分组成。数据分析过程实际是从文本和图像数据中提炼认识的过程。它包括准备待分析的数据，实施不同的分析，逐步深入地理解数据、描绘数据，并对数据所隐含的大量意义进行解释等。尽管不同的设计类型所使用的分析各不相同，但定性研究还是能够提炼出研究方案中数据分析的一般步骤。

6.1 数据分析的组织和准备

包括转录访谈、浏览材料、打印田野记录或依据信息来源将数据拣选、排列在不同类型中。

6.2 通读数据

其首要环节是获取信息的大致含义，并据此反思其总体意义。参与者所说的主要意见是什么？参与者提出这些意见时是什么语气？对信息的深度、可信度和用途的整体印象如何？在这一步中，有时定性研究者会做出一些旁注，或者对数据提出一个大体的想法。

6.3 详细分析和编码

它包括把文本数据、图片、句子（段落）或图像进行分类，并用特定的术语将其标示出来。

第二节 定性研究的调查方法

1 焦点小组法

1.1 概念

焦点小组法，是指由一名组织者邀请一些人对某些问题进行自然和无约束地讨论。进行焦点小组法的目的，在于发现和归纳一些在常规的提问调研中所不能获得的意见、感受、经历。采取小组的形式可以使被访问者处于宽松、舒适的氛围中。之所以称其为焦点小组，是因为组织者将保持对某一问题的讨论，并防止人们将话题扯开，焦点小组法已越来越广泛地在调研领域使用。

焦点小组法是目前国际上最为常用的一种定性研究方法，在美国每一个大城市中都有一些专门致力于进行焦点小组法的市场调研公司。焦点小组一般由8~12人组成，花费1~3小时，在一名研究人员的主持和引导下对某一主题或观念进行深入讨论，以便了解和理解人们心中的想法及其产生这种想法的原因。焦点小组访谈法的关键是使参与者对主题进行充分、详尽的讨论。在主持人的主持下，让参与者讨论他们对有关产品、概念、思想、组织等的感觉、态度，在生活中他们是如何使用产品以及对产品有怎样的情感投入，从而了解消费者的动机与行为。在小组座谈中，一般避免直接询问，鼓励间接询问、自由激发，某个小组成员的想法往往能启发其他人，从而以较小的成本很快获得丰富的、有价值的信息。

焦点小组法是定性研究中最重要的方法，在实践中很受重视，应用广泛。它经常被市场研究人员作为大规模调研的事先调查，帮助确定调研范围，设置调研假设，为结构式访问发现诸如与特定讨论话题有关的旅游者使用的术语、词汇之类的有用的信息。

1.2 特点

参与焦点小组访谈的成员在回答问题时，他们的看法可能会有较大差异，在相互争论的过程中，参与者的真实想法会逐渐凸显出来。在一般情况下，为了吸引参加者，需要付给其一些报酬，这也是提高参与者的参加率的重要而有效的手段。这种访问的特点是在愉快的情境下进行，可以备有茶点。

1.3 目标

（1）获取创意。是指用该方法为一项新旅游线路、新服务项目或新的改进做调研。在营销调研工作中，我们可以看到该目标是如何达到的。

（2）理解消费者的语言。是指用该方法了解消费者在描述一项线路或服务时使用的词句，以便在线路或服务宣传用词方面加以改进。这将有助于产品的广告设计和产品宣传手册的设计。这一信息也将有助于进一步修改调查问卷，并为以后的定量分析带来帮助。

（3）显示旅游者对产品或服务的需要、动机、感觉以及心态。是指用该方法真正了解旅游者对产品或服务的感受，以便更新营销方法。这一目标会在随后的调研中体现出来。

（4）帮助理解从定量分析中获得的信息。是指该方法能有助于更好地理解从其他调研中获得的数据。有时也能显示会从该方法中发现这些信息的原因。

1.4 操作过程

（1）成功关键。焦点小组法成功的关键在于互动。这种互动作用表现为在一个小组中，一个人的反应会刺激其他人，从而相互作用，这种相互作用会产生比同样数量的人作单独陈述时所能提供的更多的信息。正是因为这种互动作用，才有必要组织一个小组进行讨论而不是进行个人面谈。

（2）误差。焦点小组访谈法由于具有小样本的特点，在组织实施过程中存在着许多潜在的误差。为了尽可能地减少误差，小组座谈的组织与实施应按照一定的步骤进行。

（3）步骤。

第一步，选择小组访谈设施。焦点小组访谈一般是在会议室进行，也可以设计为比较休闲的形式。麦克风、录音或录像设备应安装在不显眼的地方，要创造一个轻松、自然、舒适的环境。

第二步，选择访谈参与者。访谈参与者一般是选择那些从所调研的问题的角度来看，具有共同背景或相似旅游消费倾向及旅游经历的人。这既减少了访谈参与者在与调研目标无关课题上的冲突，又减少了在感觉、经历和口头表达技巧方面的差异。

第三步，确定参加人数。典型的小组座谈由8个人组成，人数太少容易为少数人所左右，人数太多可能没有足够的时间使每个成员发表自己的观点。焦点小组访谈法的参与人数不是绝对的，具体人数应根据具体的调查项目来决定。经调查发现，人们同意参加焦点小组的动机依次是：

（1）报酬；

（2）对话题感兴趣；

（3）有空闲时间；

（4）焦点小组的诚意；

（5）受访者对访谈主题知道得很多、好奇，它提供了一个表现的机会。

第四步，选择主持人。选择合格的访谈参与者和优秀的主持人同样也是焦点小组访谈成功的关键。一位优秀的主持人一方面要善于引导讨论，激发小组成员的热情，鼓励小组成员讨论与课题有关的情感、态度、感觉，以及把话题集中于相关课题上；另一方面需要理解问题的背景，熟悉调研目标，了解希望从调研中收集到的最主要的信息；主持人也需要了解小组的规模、小组成员的基本情况，有效地组织参与者互相交谈，而不是只与主持人交谈，把小组访谈变成对小组成员进行的一系列同时发生的访问。

一般来说，一名优秀的主持人应具备鲜明的个性特征和良好的技能：

（1）良好的沟通能力；

（2）良好的倾听能力；

（3）良好的观察能力，从肢体语言中判断参与者的观点、态度和情绪等；

（4）具有广泛的兴趣，能使自己完全融入所讨论的话题中，能很快地学会必需的知识和语言；

（5）客观性，不要掺入个人的情绪，不要用自己的态度来影响其他人；

（6）具有相当的知识水平；

（7）灵活性，面对不同的问题迅速做出反应；

（8）善于观察细节，具有较好的组织能力和应变能力。

第五步，培训与准备。不仅对主持人的培训和主持人自身的准备是非常重要的，而且被选中参与访谈的成员也应该在焦点小组访谈之前做好必要的准备。曾有专家比较了美国、德国、日本进行焦点讨论的情况，发现在主持人方面，日本的主持者往往有一两年经验，且90%是男性；而在美国和德国，60%～70%的主持人是女性。

第六步，编写讨论提纲。任何焦点小组访谈都需要一个准备好的小组讨论提纲。讨论提纲是访谈会中将要讨论的主题的轮廓，通常由主持人根据调研课题和目标以及委托方所需要的信息资料设计。讨论提纲的主题应该由主持研究的负责人、委托方负责人和主持人共同制定，其目的是保证所要讨论的主题都是最重要的或者是必需涉及的问题。讨论提纲要保证所有主要的问题都能讨论到，并且按照适当的次序进行。例如，进行一个有关某次旅游服务质量的焦点小组访谈，我们可以先从这次旅游的总体感觉谈起，逐渐深入到食、住、行、游、购、娱各个方面的服务质量。

第七步，实施小组访谈。营造融洽的气氛。在访谈会开始之前，可以准备一些糖果、茶点等。访谈会一开始，主持人先做自我介绍并把调研目标清楚地传达给参与访谈的成员，解释活动规则，然后请与会者做自我介绍。

第八步，促使小组成员一起热烈讨论。主持人要善于把握分寸，要保证所讨论的话题与调研课题有关，不要偏题，至少不应离题太远。当出现偏题时，要不露声色地重新提起主题，使讨论回到主题上来；当出现冷场时，要鼓励小组成员畅所欲言。这要求主持人利用职业、趣味等恰当的话题，形成团体意识，并促进感情交流。主持人要不断地调整小组成员发言的次数，有效地掌握讨论的控制权。

第九步，总结、提炼。当有关问题都讨论完后，可以简要地概括一下讨论的内容，并表示谢意，发放礼金或礼品。

1.5 发展趋势

焦点小组法是在20世纪90年代发展起来的，一直持续到今天。焦点小组法由于在定性研究中的地位和其自身在市场调研中的作用，受到了越来越多国家的重视。据估计，美国一年要进行5万次左右的焦点小组调研。近年来，焦点小组法呈现出了许多新的发展趋势。在实施形式上也不断创新，比如依托电话、电视、网络的焦点小组访谈等。目前在各国使用中，所有的焦点讨论的基本目的都是为了了解顾客的需求及意见，许多大型跨国公司都在使用该方法。

1.6 焦点小组法的优点

（1）双向互动。双向互动是焦点小组访谈法最主要的特点。互动性能产生互动作用，互动作用具有创造性。互动作用使小组成员互相影响、互相启发，从而激发新的思想。这是单独访谈所达不到的。此外，积极的互动作用还能快速地产生更多的有用信息。

（2）深入了解。参与小组访谈的成员中有很多人本身就是旅游企业的顾客和潜在顾客，通过小组访谈就可以直接了解顾客的真实想法和观点，从而为旅游企业了解顾客的需要建立沟通的桥梁。深入了解顾客的需要正是旅游市场调查的根本目的。

（3）易操作。焦点小组访谈法很方便、容易操作，而且能够获得所需要的信息。

（4）快捷。同一时间内同时访问多个被调查者，数据的收集和分析过程相对是比较快的。

1.7 焦点小组法的缺点

（1）代表性差。这是因为焦点小组访谈法的样本规模太小并且抽样是非随机的，其结果相对于总体而言是没有代表性的，很难完全表达整体的特征。

（2）易流于主观。焦点小组法得出的结论很可能会产生误导。从参与调查成员的产生到访谈提纲、实施过程等方面，都易流于主观。

（3）由主持人而产生的偏差。焦点小组法最大的潜在不足在于小组访谈本身。主持人是整个互动过程的一部分，这就决定其不能带有任何偏见，其个人风格的不同也会使结果产生偏差。小组访谈调查结果的质量十分依赖于主持人的技术。

1.8 撰写访谈报告的要求

首先解释调研目的，申明所调查的主要问题，描述小组参与者的个人情况，并说明征选参与者的过程。其次总结调研成果，并提出建议，通常为 3 ~5 页的篇幅。如果小组成员的讨论已被很好地细分与归类，那么将便于报告的顺利完成。

1.9 焦点小组法成果的报告及其使用

焦点小组法往往会对消费者、产品、广告、销售人员等提出一些不太清楚和复杂的意见。在诸如消费者语言，对广告的情感和行为反应，生活方式，产品分类和特定的品牌，对产品设计、组合、促销上的消费者潜在动机，或在研究中的营销计划等，焦点小组法要采用定性分析数据。

当我们对这些数据进行分析时，首先，要将参与者所说的定性的陈述进行分类，然后指出其在讨论中所占的比例程度；其次，在用所获数据估计目标市场轮廓时，应对访谈参与者的人口统计学特征和购买行为进行鉴定，并注意他们在目标市场的典型程度。

焦点讨论的信息应有一名分析员反复查看录像，并将有关陈述进行编写后进行评价。这一评价基于分析者个人的历史经验知识及对该问题的一些个人看法。一份详细的报告制成后要经过客户的复核。

焦点讨论的报告反映了定性分析法的特征。它列出了所有的意见，以及参与者所提出的各类观点和想法。同时，还将提供大量的逐字逐句的摘录。事实上，一些报告记录了讨论的全过程。这些信息将用来进一步调研或进行再一次小组讨论并对调研主题进行调整，以使其更好地完成最终调研目标。焦点小组法可能是解决营销问题的唯一形式，是定量分析的一个开始。也就是说，通过焦点小组法往往可以获得某项调研项目的概貌，便于以后获得更有代表性的样本和最大标准化的信息。

1.10 焦点小组法在美国的实施成本

焦点小组法人均参与者的成本过高，以下为美国在2000年左右的花费状况。随着总体物价水平的增长，焦点小组法的调查成本也会有所变化。

（1）邀请参与者的费用。为了邀请到足够的参与者，需要打许多电话，这类支出平均在25美元左右，但遇到很难联络到的参与者或参与者人数不够时，还会增加该类支出。

（2）鼓励参与者参加的费用。必须给每位参与者一定报酬（通常为30美元）。这笔费用要支付给到场的每一个被访问者，即使最终他们由于需要而没有参加小组讨论。但相对于场地租金及人工费用支出，这还是较小的一部分。讨论会主持人的费用一般是一场1500~2000美元，这包括他对项目的组织、主持小组会议、编辑录像和向经理递交一份完整的调研报告的劳动报酬。

（3）硬件设施的支出。硬件设施的支出包括录像等是另一个需要考虑的问题。这笔支出各项目差别很大，它取决于座谈会在哪里召开。一般来说，一个设施完善的场地租金往往每小时需100美元左右。

（4）隐性的费用支出。隐性的费用包括经理及其工作小组的出差费用。这些费用不能计入公司的成本，只能计入项目费用中。有时，经理还会花较多时间亲自看一下讨论录像以致延误了其他工作。隐性费用的估计是很困难的。一个典型的焦点（小组）讨论会，每个参与者的成本支出是150~200美元；而一次电话调研，每个被访问者的成本支出是10~15美元。

2 深度访谈法

2.1 深度访谈法的概念

深度访谈法是一种无结构的、直接的、个人的访谈。在访谈过程中，调研人员围绕某个问题与被访者进行深入的探讨，以揭示问题的实质和特征。

2.2　深度访谈法的特点

深度访谈法是一对一的会谈方式，它以一种逐步深入的方式展开，一个问题接着一个问题地探讨被调查对象对某个问题的潜在动机、信念和感受。深度访谈法的持续时间一般在30分钟到1小时之间。

深度访谈法特别适合一些特殊环境下的调查，如对一些比较敏感和尴尬的问题的调查，对某些特殊行为的研究，对某些特别人物的访谈。比如，了解旅游者的收入等问题，不可能找一大群人要他们当众谈，即使能够从中获得一些信息也可能不真实，所以最好采用深度访谈法。

2.3　深度访谈的技巧

首先，调查人员可以通过递进的方式，由表及里、由浅到深、循序渐进地了解访谈对象的真实想法。其次，为了探索一些秘密或个人隐私，可以透过表面现象来探讨访谈对象内心的真实想法。此外，还可以通过研究目标对象的某一属性的相反属性的特征来获取其正面属性的特征。比如游客男女的对比。

2.4　深度访谈法的优点

相对于焦点小组访谈法，深度访谈法是一对一的访谈，而且有更多的时间，所以对问题的认识更深入。由于消除了群体的压力，访谈是在轻松自然的环境下进行的，不会去迎合其他人的想法，有可能得到更真实的信息。由于没有其他人的影响，个人访谈更容易激发灵感，产生新的想法，揭示真实的感受和动机。一对一的访谈，容易在调查者和被访者之间建立一种融洽的关系，有可能得到意外的收获。

2.5　深度访谈法的缺点

深度访谈法成本高，调查的结果和质量依赖于调查人员的业务技能，对调查人员的要求太高，而且深度访谈法的时间成本也比较高，一个有经验的调查人员一天会谈的人数很难超过5人。

深度访谈法是通过一个经过训练的采访者，针对某一论点以一对一的方式提出一系列探究性的问题，用以得知被访问者对某事的看法，或为什么做出确定的行为。它在被访问者家中或有可能在一个集中的访问地点进行。比如，在一个安静的休闲场所，在那里能对被访问者在相对较长的时间内进行较深的面谈。这样做的目的是获得不受限制的评论或意见，并进行提问，帮助调研者更好地理解这些想法的不同方面和原因。最重要的是汇总这些情况，写成报告用以确定这些谈话的主题。新的概念、设计、广告和促销信息将用这种方法形成。深度访谈在调研者想了解个人是如何做出决定，产品被如何使用以及消费者生活中的情绪和个人倾向时尤其有用。

在进行深度访谈时，一般由训练有素的来访者携带一张写有话题的清单或一些开放式的问题。这些问题的提出并非是为了触及回答者的潜意识动机，而是用来询问被访问者意识到的原因，从而帮助调研者了解回答者的真实想法究竟是什么。采访者可以对回答进行录音或记录。

汇总报告与座谈会得出的书面材料是很相似的。也就是说，分析人员从深度访谈中找出普遍的看法并记录于报告中。原句应逐字记录于报告中，以支持分析员的结论，并注明任何在被访问者评论中发现的有明显差异的意见。再一次提醒注意的是，应使用受过训练并有经验的分析员来分析在深度访谈中收集的数据。

第三节 德尔菲法

1 德尔菲法概述

1.1 发展

定性模型中最著名及最受推崇的是德尔菲法。德尔菲法尽管最为有名，然而也是争议最大的预测方法之一。这种方法最初是由美国兰德公司的多尔基和海尔莫于 1963 年首创的。

1.2 含义

德尔菲法在很大程度上依赖于专家意见以及有争议的假设。这一假设认为，小组在交换意见基础上达到的一致将最终产生有关未来发展的时间和可能性的可靠预测。其过程是，由几位知识渊博的人士组成专门小组，就某一预测问题正式地、有组织地征求几位专家的意见，再将他们的意见返回到小组中去，就未来事件的时间和发展达成一致意见。

作为预测事件发展的一种方法，德尔菲法是在缺乏历史数据或动向数据的情况下，或者在现有模型需要高水平主观判断的情况下使用的。该技巧通过由分析者召集的一组具有代表性的专家来回答几轮认真设计的调查表进行预测。调查表的设计旨在促使小组在特性、可能性以及未来事件时间上达成一致意见。可以把小组成员面对面召集在一起，也可以通过电话或者电脑网络召集，但是最常用和最好的形式是邮寄调查表。邮寄形式的主要优点是它避免了同行的偏见影响和委员会的压力，以及其他作用于答复者的心理影响。具有“背对背”地发表意见的特征。

与其他预测模型一样，德尔菲法从一个关于未来的问题开始。在德尔菲法中，这个问题通常涉及定性动向或者新发现的现象，或者其他不能用传统的动态外推和结构模型研究的没有先例的事件。因而，德尔菲法常被作为预测的最后手段。这一特点也许是德尔菲法最大的可取之处。除此之外，它还有其他长处。

1.3 特点

在有控制的情况下，德尔菲法能够把具有不同能力的、对彼此的假设和论点能够发起挑战的，且研究领域具有互补性的专家会聚在一起。德尔菲法对电脑或统计技术没有特殊的要求，易于执行。然而这种特性易使人误解，认为它“便捷而肮脏”。实际上，从成功地召集一个专家小组、管理几轮调查表的收取过程，到最终达成一致意见需要很长时间，一般需要几个月，甚至一两年的时间。德尔菲法的管理费用及复杂性是相当可观的，而且随着小组的规模扩大和调查时间的加长而迅速增长。

德尔菲法的其他几个特点也需引起注意。研究人员个人方面的、非故意的偏见会影响调查表的措辞和结果分析。小组的稳定性也是非常重要的，如果调查进行一年或更长的时间，一些小组成员可能中途退出。如果退出的人太多，那么一致意见的有效性就值得怀疑了。

一般来说，专家所作的预测以百分比概率表达出来。可是，这种概率实际上是主观判断，并不具有任何真实的、数量概率所呈现出的性质。数字概率的使用可以给那些本来是个人的意见制造一种准确的、具有科学严密性的气氛。德尔菲法的使用通常不允许事件以任何系统的形式互相联系。换言之，如果预测事件是影响未来旅游发展的事件，德尔菲法要把它们看作没有联系的、孤立的、没有互相作用的事件。但这种假设不一定有效。一些小组成员会企图把这些相互作用联系起来，但却无法保证所有的人都做到这一点。

用德尔菲法所做的最成功的预测一直是那些与科学技术发展相关的问题。在涉及社会相互作用、人的价值、政治特权、经济发展以及市场动力这些问题时，德尔菲法应用于上述问题的经验是零散的，而且不太成功。

很明显，由于这些特定的限制，德尔菲法并不简单。然而，在不能使用别的预测模型的情况下，德尔菲法在帮助旅游规划者和政策分析者预测可能的未来发展方面是有价值的。

2　德尔菲法的运作步骤

2.1　给预测的问题以定义，召集专家小组

问题定义在任何预测中都是关键的一步。对德尔菲法来讲更是如此。埋头阅读背景材料，确定可能的小组成员的这一段时间是最初一步中重要的部分。专家小组的最后选择应包含从广泛的人选中进行单个选择，以保证预测具有代表性和全面性。对于绝大部分旅游问题来讲，小组成员应从政府和私人部门挑选，还应从大学、咨询公司甚至从娱乐机构、投资公司、环保组织以及广告公司等相关领域挑选。小组人数的多少取决于现有专家的人数以及问题的复杂程度，一个典型的小组通常由 10～20 人组成。

2.2　设计和分发第一轮调查表

第一轮调查表应介绍研究范围，并且邀请小组成员确定未来可能发生的事件，其发生的可能性，以及可能发生的时间。组织问题的一种方式是要求回答者确定哪些事件在某一特定时期内，或许随后若干年内可能发生。然后要求他们指出时间段，请他们来确认在这个时间段内至少有 50% 概率可能发生的事件。

2.3　当第一轮调查表收回后，将其结果制成表格并加以总结

总结包括中间日期，该日期是小组预测范围的中间；同时记录两个中间四分位数的范围，其范围在包括总预测 50% 中间日期的周围。

2.4　第一轮的总结统计列在第二轮调查表中

把第二轮调查表寄到同一组专家那里，同时，也可以提供其第一轮调查表答复的副本以作参考。在这轮调查中，要求每一个小组成员对照小组的统计数字，

考虑一下是否愿意改变自己的预测。那些自己的预测结果不在这两个中间四分位数范围内的小组成员，如果他们坚持己见，就请他们解释其原因。

2.5　把第二轮调查表的结果列成表格并加以总结归纳

现在这些结果包括新的预测以及关于某些专家对正在出现的一致意见表示异议的评论。

2.6　第二轮调查表中得出的总结果和评论一并纳入第三轮调查表

第三轮调查表的做法与第二轮相似，主要区别是增加了不同意见反馈预测内容的理由。

2.7　得到第三轮调查表的结果

一旦有了第三轮调查表的结果，就要决定是否需要继续进行第四轮来提炼答复者的一致意见。在作此决定时，需要考虑的是回答者进一步改变他们立场的可能性大不大。对任何特定事件预测的不集中，说明还需要再进行几轮调查。如果第二轮之后，大部分预测已紧紧地围绕中间日期，那么延长这一调查就没有意义了。另外，如果预测结果显示出高度反差，附有文字论据的第三轮甚至第四轮调查表，更有助于建立新的一致性意见。完成最后一轮时，进行总结而得出结果。关于德尔菲法的运作步骤可以参看图 4.3－1。

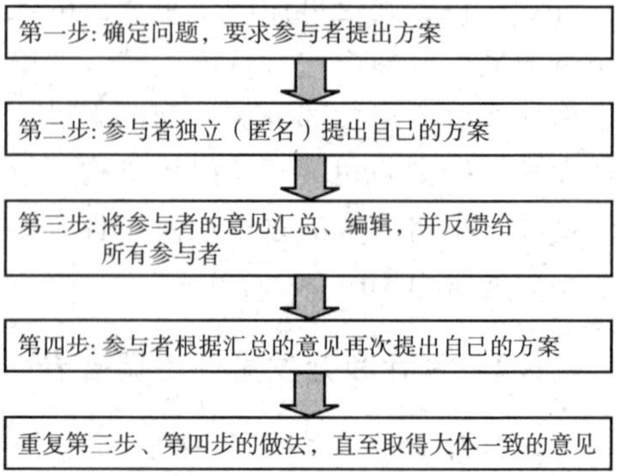

图 4.3－1　德尔菲法的运作步骤

3　德尔菲法应用案例

在北京的地下蕴藏着大量的地热资源。1995 年京郊某地想投资一个集休闲度假、旅游疗养于一身的，以地热温泉为特色的温泉度假村。于是运用德尔菲法确定在 2000 年北京可能发生的影响休闲度假、旅游疗养市场需求的发展趋势，从而以确定该项目实施的可行性。一个由 19 位专家组成的小组成立了。成员包括酒店经理，旅游、生物及生态科学、地质地理专家，北京学专家，人口统计学家和环境技术学者等。在第一轮调查表中，要求他们列出认为到 2000 年时有 50% 可能性发生的事件，并且估计事件最可能发生的日期、数量。

在分发附有第一轮调查结果的第二轮调查表后，发现小组对那些 2000 年以后可能出现的事件、数量有一致意见。结果，他们去掉了 2000 年，保留别的所有事件和日期。运用上面叙述的基本步骤，又分发了两轮调查表。组织者在其报告中作了完整的总结，通过对一些与旅游相关预测的总结，可以说明所产生预测结果的类型。

经各方专家运用德尔菲法的预测后，得出了支持该项目实施的结论。今天来看，当初的预测是非常具有前瞻性的；这一决策正符合了今日人们追求休闲、健康的生活理念，特别是近年来流行的冬日户外泡温泉的时尚。

3.1 德尔菲法结论计算的应用模式

（1）数据列表。

表 4.3－1 德尔菲法应用列表

专家编码	第一次反馈预测数值			第二次反馈预测数值			……	第 n 次反馈预测数值		
	最低	最可能	最高	最低	最可能	最高	……	最低	最可能	最高
1							……			
2							……			
……							……			
m							……			
平均数			……							
第 n 次反馈的平均预测值			……							

（2）计算第 n 次反馈的平均预测值。第 n 次反馈的平均预测值＝第 n 次反馈预测值（最低＋最可能＋最高）/3。

（3）按概率分配，加权平均。将最可能预测值、最低预测值和最高预测值分别按 50%、20% 和 30% 的概率加权平均：第 n 次反馈的平均预测值＝第 n 次反馈预测值（最低 ×20% ＋最可能 ×50% ＋最高 ×30%）。

（4）运用中位数计算平均预测值。

①将第 n 次反馈的数据有序化。即分别将第 n 次反馈的最低预测值、最可能预测值和最高预测值数据按升序或降序排列。

②分别计算第 n 次反馈的最低预测值、最可能预测值和最高预测值三数列的中位数。

③将最可能预测值、最低预测值和最高预测值三数列的中位数分别按 50%、20%和 30%的概率加权平均：第 n 次反馈的平均预测值 = 第 n 次反馈预测值（最低 ×20% + 最可能 ×50% + 最高 ×30%）。

（5）算术平均数与中位数的选择使用。如果数据分布的偏态比较大，一般使用中位数，以免个别偏大或偏小（极端）预测值的影响；如果数据分布的偏态比较小，一般使用平均数，以便考虑到每个预测值的影响。

4 德尔菲法的优缺点

4.1 德尔菲法的优点

（1）可以加快预测速度和节约预测费用。

（2）可以获得各种不同但有价值的观点和意见。

（3）适用于长期预测和对新产品的预测，在历史资料不足或不可测因素较多时，尤为适用。

4.2 德尔菲法的缺点

（1）对于分地区的顾客群或产品的预测可能不可靠。

（2）责任比较分散。

（3）专家的意见有时可能并不完善。

【思考题】

1. 试分析定性分析法预测的优缺点。
2. 德尔菲法的定义及特点是什么？掌握德尔菲法的运作步骤。
3. 焦点小组法和深度访谈法各有哪些优势与局限性？

第五章

旅游调查的实施

【本章导读】

旅游调查的实施就是“动真格”的了。只有一个精美的调查设计不能带来实际的利益；同时，设计是否精道、合理，也要通过实施的过程来加以检验和修正。同样，一个好的调查设计，如果没有一个完善和锲而不舍的实施过程，也会使调查设计付之东流。旅游调查实践当中存在一些技术问题，以及一些极富行业特色的技巧问题，本章将呈现给大家旅游调查的前期规划、工作流程、工作技巧等，帮助您顺利完成旅游调查。

第一节　旅游调查的前期规划

旅游调查之前，必须有严密完善的事前规划，才能降低调查期间发生突发情况的概率，实地调查之前应有下列前期规划。

1　旅游市场调查人员应具备的素质要求

旅游市场调查人员作为现代经济管理人员，应具备一般经济管理人员均应具备的素质，包括政治思想、文化知识、经营管理、道德品格、性格风度和体质等方面的素质。由于工作的特殊性，市场调查人员的下列素质和条件尤为重要。

1.1　强烈的事业心和责任感

市场调查是一项重要而艰巨的工作，带有明显的服务性，调查人员要接触社会经济的各个方面，工作量大，繁杂琐碎，独立工作的可能性较大，这就要求调查人员具有强烈的事业心和责任感。

1.2　忠心诚实的工作态度和严谨的工作作风

调查人员单独开展访问工作，一定要忠于自己的单位和工作，拒绝各种“造假”。同时，也必须忠于客观事实，绝不主观猜测。市场调查人员必须踏实、认真、肯干；实事求是，从严要求；不弄虚作假，不马马虎虎；要严谨细致，一丝不苟。这是保证市场信息真实、可靠、精确、全面的必要条件。

1.3　敏锐的分析洞察能力

市场调查人员接触到的各类人物和事物错综复杂，要能够根据不同的情况灵活处置。由于市场信息大都具有很强的时效性，大都转瞬即逝，因此必须及时处理。因此，市场调查人员必须思想活跃、敏锐，能及时地、正确地感应客观环境的变化，善于认识和接受新事物，不因循守旧、思想保守，不麻木不仁、闭目塞听。调查人员必须能够从回答者的言谈举止中，看到问题的实质，发现新的线索。

1.4　广博的知识和广泛的兴趣

市场调查工作的特性，要求调查人员的知识面要宽、兴趣要广。作为专业的市场调查员，不但需要具有相关的专业知识，比如市场知识、消费行为知识、市场调查知识等，而且要求具有较宽的知识面。广博的知识有利于市场调查人员拓宽视野，增强综合分析能力。

1.5　较高的综合分析能力

市场调查的根本目的在于正确认识市场，了解各种经济现象及其本质。由于市场的复杂性，要求市场调查人员必须实行全面的综合分析，善于从大量细小的、孤立的资料中看出问题的实质、规律和趋势，从而正确地把握事物的全貌和本质，提供全面、准确、适用的市场信息。

1.6　良好的语言沟通能力

市场调查人员要给人亲切、自然和信任感；要善于与人交往，有良好的交际能力和语言沟通能力。善于与人沟通，能够让陌生人在很短的时间里与自己缩短距离，产生信任感。

1.7　掌握现代科学知识

市场调查人员要懂得现代信息科学的有关知识，掌握一定的信息处理技术和方法。要使市场调查人员成为合格人才，一是在选用人员时要严格把关；二是对现有人员进行有针对性的严格培训，将培训后仍不合格者调离；三是调查人员应加强学习，自觉提高自身的素质。

1.8 灵活机智的追问技能

调查人员总会发现受访者对一些提问没有回答清楚、完整，或者是“王顾左右而言他”，这时必须通过追问取得成功。然而，追问怎样才能让受访者不产生反感，打消顾虑回答提问呢，这是一种技能。只有经验丰富的访问人员才会有更多的方法。

1.9 努力、积极的精神与充沛的体力、精力

调查人员要“走千山万水、入千家万户、说千言万语、道千恩万谢、受千辛万苦”才能获得成功，这需要调查人员不仅要吃得起苦，经得住打击，还要有充沛的体力和精力，否则是无法胜任其本职工作的。

2 旅游市场调查人员的聘用

调查人员的招聘是访问开始前的一个重要步骤，当然，储备了足够调查人员的市场调研公司，可能从已有的固定的调查人员中做出选择，而不必临时招聘。在国内，调查人员通常都是从大学的在校生（大学生、研究生）中招聘而来的。此外，有一定素养的、富有经验的成年人，如家庭主妇、其他兼职人员等即便没有太高的学历，也能够成为调查人员，他们在艰苦的调查工作中，具有时间充分、更能吃苦也更容易与各层次人员打交道等优势。

调查人员招聘的方式很多，最简单的就是到学校中与相关部门领导或老师联络，或者在报纸、网站上刊登招聘广告，也可以通过其他调查人员推荐等方式获得相应信息。随着市场分工的发展，许多职业介绍所也经常会向调研公司提供所需的人员。

3 对调查人员的科学管理与控制

如果说调查问卷是确保调研成功的前奏，那么问卷的正确执行是确保数据收集质量的另外一个重要因素。在现场数据收集过程中，对调查人员的科学管理，是保障现场数据收集质量的关键。

调查人员的工作具有能动性，而非标准化的，所以对访问的管理也就是对调研人员的管理、对现场访问人员和其他相关人员的管理过程。现场访问需要从前期的计划、中期的控制和后期的处理来综合考虑。

3.1　市场调研的访问方式

我们把访问的形式划分为口头询问和单纯书面询问。口头询问也称在有问卷或提纲的基础上开展的口头交流式调查，口头交流方式有个别访问（拦截访问、入户访问、电话访问等）和集体讨论（主要是小组座谈会式的深度访谈）。而单纯书面询问主要包括邮寄（信函）访问、留置问卷访问、网上问卷调查等。

口头询问和单纯书面询问的共同点都是将已经设计好的问卷或问题纲要用于有计划开展的访问活动之中。二者最大的区别则在于口头询问强调的是有一定数量的访问人员，在现场通过直接访问或通过电话与被访者进行口头交流的访问行为。单纯书面访问虽然也可能有调查人员参与，但更多的是由调查人员通过某种形式（如邮寄、上门递交、网上设置、发送电子邮件等）把问卷转交给被访问者，说明填写要求后，请受访者自行填写问卷的访问方法。

3.2　调查访问指导书

在口头访问过程中，编制前期的访问手册（或纲要）和督导员手册是非常重要的。一份访问手册将主要描述对访问管理重要的内容，它必须具有实用性和可操作性，而绝不是格式完整、用词精美的八股文。访问手册一般由调研主管或访问组织者与调研设计者一起协商编写。通常的访问手册中往往会包括访问对象、访问工作原则、访问方法、访问程序、访问前的准备、问卷填写要求与说明、访问时间安排、费用支付标准和支付时间等一系列确保调研成功的相关内容。为了调研督导员管理的方便，在许多调研中，在访问手册之外还编写了督导员手册供督导员使用。访问手册和督导员手册是人员访问管理中事先控制的重要手段。

4　与市场调查专业机构的合作

市场调查的机构和人员是调查活动的主体，一般分为企业内部的市场调查主体和专业化的市场调查主体两类。企业内部的市场调查主体包括兼职市场调查人员、兼职市场调查机构和专职市场调查主体等类型。企业内部市场调查主体的配置要考虑到企业的规模、经营业务性质和范围、经营条件和市场状况等因素，遵循组织设计的原则，建立起高效、精简、协调的组织体系。

4.1　了解专业市场调查机构

专业调查机构主要有调查公司、咨询顾问公司、广告公司和政府部门设立的调查机构等。它们都属于服务机构，具有承接市场调查项目、提供信息及咨询等职能。专业市场调查公司分为综合性的市场调查公司、大型跨国公司区域市场调查机构等。

4.2　与市场调查专业机构的合作

市场调查委托方与执行方的关系是一个直接影响市场调查活动是否能顺利进行、市场调查结果是否符合预测目标的重大问题。双方的诚挚合作是关键，要建立完全信任、充分合作的关系。作为委托方的企业，一旦选定了某一调查公司作为项目的调查执行机构就应给予必要的支持和配合。要自始至终提供调查公司所需的帮助，以便于调查公司充分了解和掌握企业的实际情况和要解决的问题，确定调查主题、范围、方式和技巧。特别是有些专业性的问题，调查对象的选择还要借助于企业的关系网。作为市场调查公司，要及时地将调查中发现的问题，如企业目标与市场实际情况矛盾之处等通报给企业。双方要定期或不定期地交换意见，以便企业掌握调查的进展情况，并在彼此沟通后及时修改、调整、充实调查工作。

第二节　旅游调查人员的培训

对市场调查人员应该实行全员培训。在整个调查活动中承担各种职能的人员很多，他们承担着不同的职能和任务，从事的工作可能有所区别。但是，不管承担何种职能，都必须进行相应的培训。当然，培训的内容和方法应该有一定的区别，比如对研究策划人员的培训可能会是一种系统的、长时期的过程，培训的难度也相当大。

培训中涉及最多的是对调查人员的训练。调查人员承担收集原始资料的职能，执行能力的强弱对整个调查的成败有很大影响。对调查人员的培训目的主要有两条：一是增强调查人员必要的调查知识；二是培养调查人员访问应变的能力。对调查人员的培训也应区分不同类型和不同项目。如电话访问员工作简单，培训时间就可相应短些，内容简便些；面谈访问，特别像小组座谈访问这类方式对调查人员的要求较高，培训时间就应长些，内容也要具体和丰富些。调查人员的培训主要有书面训练和沟通训练两种。

1　书面训练

书面训练的基本点是要求调查人员牢记调查项目的重要性、目的、任务，并通过训练手册，熟悉各项业务要求。书面训练的主要内容包括：

（1）熟悉调查项目的内容与目的。

（2）熟悉并掌握按样本计划选择被调查对象，选择恰当时机、地点和访问对象的方法。

（3）得到访问对象合作所应具备的有关访问技巧。

（4）关于询问方面的技术。

（5）关于怎样鉴定调查形式、检查调查问卷的提示说明，以及如何处理访问中发生的特殊情况的说明。

2 沟通训练

沟通训练的目的是消除调查人员的恐惧和顾虑，使调查人员熟练地运用口头访问的沟通技巧。为达到这一目的，要对调查人员经常进行训练，而且还必须安排多次访问的预练，以鉴定训练的效果是否达到。通过训练，调查人员应该具备下列素质：

（1）访问态度和蔼、耐心、友好、彬彬有礼，要能够做到“嘴要甜、腰要软”。

（2）提出的问题都能抓住重点，简单明了，并给予被访问者充分的回答余地。

（3）善于选择访问时机。

（4）有较强的判断能力，善于明辨是非，善于诱导。

（5）善于完整、清楚地记录，忠实地反映被访问者的本意。

3 调查人员的承诺

有些时候，调查问卷中也包含了一些访问指示说明，所以在开展访问培训时，对问卷的讲解和理解是非常重要的。在一份问卷的封面应该有一栏注明了“我清楚本人态度对研究结果的影响。我保证问卷中所填写各项资料都由我按照访问程序规定记录，绝对真实；若发现一份作假，本人访问的所有问卷全部作废，并赔偿公司损失”的“访问员承诺”。

4 调查编组

展开实地调查之前应先编制一个作业组织，将参与研究人员的工作划分清楚。计划负责人是整个市场研究的主导人物，须对整个研究的成败负责，协同负责人负责对内、对外的联络沟通、安排所需场地与相关事务，研究人员负责问卷设计、统计分析与研究报告的撰写，技术支持组负责统计程序的设计以及数据处理的工作，实地调查执行作业则由督导负责指导各方调查人员实地执行调查。

第三节　旅游调查工作流程

市场调查是市场开发的基础，市场开发包括商品计划、销售促进和流通政策。就企业经营而言，掌握市场信息、研究拟定营销策略是企业制胜的关键，而市场调查是市场信息的源泉，市场调查对企业经营的重要性由此可见。

1　市场调查的研究架构

1.1　市场调查的研究架构

市场调查的研究架构可以分为现有市场结构分析和未来潜在市场预测分析两大项。现有市场结构分析主要调查从过去到现在，并以现在为重心的市场情况，通常可以从市场供给面和市场需求面两方面进行市场规模的了解，优先了解供给面的情况。

市场供给面主要包括生产现状分析、进出口分析、价格结构分析和竞争态势评估等项；需求面主要包括目标市场特性分析、需求结构分析和消费行为分析等。未来潜在市场预测分析，除探讨总体经济大环境外，产业面和企业面为其两大调查研究核心，产业面主要有潜在结构分析和潜在需求分析两项，企业面则包括市场占有率预测和产品潜力预测两项。

1.2　调查研究宗旨

明确旅游市场调查研究的目的，揭示为何进行本项市场调查。

1.3　调查背景

叙述本次调查研究的原因或背景说明，使这一调查活动的参与者，包括调查访问人员和被访者了解参与这一活动的意义。

1.4　调查方式的选择

调查方式又称调查方法，以收集资料和提供分析为主。资料收集一般又分为二手资料收集和初级资料收集两种。

2　确定调查研究范围

2.1　调查范围

调查研究范围的目的在于界定各项调查主题，主要包括商品范围、调查地区范围、调查对象范围和调查时间范围等。

2.2　选出合适的受访者

（1）根据调查目的，明确定义受访群体。
（2）选择适宜的时机、地点和询问技巧来遴选出合适的受访者。

2.3　抽样设计

一般包括样本数、抽样总体、抽样方法和样本分配结构等四项。具体内容请参考第九章。

3　进度管理

3.1　组织作业体系

市场调查研究作业，除极少数案例是采取单兵作战方式，由研究人员独自负责外，通常多采用团队作业方式，依工作性质分为实际作业、协助参与和意见提供等事项，由主办单位（通常是市场调查研究部门）负担主要工作职责，另由相关单位协助办理。一般而言，为了工作的推进与协调，采取目标类别编组。

3.2　组织作业流程

组织作业流程即为执行的作业流程，内容主要是工作项目和资料顺序。

3.3　进度管理

进度管理包括两方面，其一为工作时间进程，其二为工作项目的完成时间。

3.4　现场监控计划

在实施访问时，进行现场监督是必要的。但是，如何实施现场监督呢？这要在访问指导书或者调研方案设计中详细确定。比如，告知访问人员会有事后复核，复核不符合要求的会得到相应的处罚。或者可以在条件具备时，由专人陪同调查人员进行现场调查。

3.5 总结

在一项访问结束后，为了积累经验，访问管理人员会要求访问过程中的相关人员就访问的执行过程遇到的困难和问题予以总结，以备将来访问管理中引以为戒。当然这种方法大多适用于初学者和企业的调研管理人员，有经验的管理人员和市场研究公司的从业人员往往因其经验丰富而省略了这一步骤。

3.6 数据处理分析方法

资料收集后的处理分析方法，一般产业或产品调查，先将所收集资料辨别真伪，去粗取精，然后综合整理分析。至于通过问卷和调查人员访问取得的资料，通常于访问完毕，经过研究者检查问卷、编号、纠错后，利用统计分析软件做必要的分析与检验。主要的分析方法是单变量分析及多变量分析，同时包含交叉表的显著性检验。

4 调查人员管理

4.1 调查人员

调查人员是调查工作的主体，是工作人员中最多的那一类。

4.2 主持人

主持人是市场调查研究案件的主办人，负责该项调查研究案件的成败。

4.3 研究人员

研究人员实际负责案件的作业，从资料收集、整理、分析以至报告书撰写，为案件的关键人物。

4.4 助理研究人员

助理研究人员主要协助研究人员执行案件的调查研究。

4.5 行政人员

行政人员主要协助行政作业，并不直接参与案件工作。

此外，民意调查或消费行为调查需配置访员和督导员。访员实际负责调查问卷的访问作业，须在规定时段，根据访问要领和注意事项统一进行访问。督导员则肩负督导访员的责任，目的在于提高有效度和可靠度。

4.6　作业人员的介绍

介绍作业人员，一般除列出各职责人名外，通常会再个别介绍其学历、经历、工作年限、目前职位、曾承办的大型调查活动以及著作等。

4.7　衡量作业人员绩效的基本原则

衡量作业人员绩效有两大原则：一为效率，是指把事情做对；二为效果，是指做对的事情。许多实地调查作业往往仅注重调查时效的掌握而忽略调查质量的控制，故整个调查内容常常仅有效率而无效果，如何使一个调查作业兼顾效率与效果是市场研究人员应该掌握的最基本原则。

5　调查经费预算

在拟订调查研究计划时，须同时编列经费预算。在调查报告提出后，也应该核查实际经费变动支出情况。

6　调查报告期间

调查报告期间，是指从正式进行市场调查研究到调查研究结果出台的时间。调查报告期间，有时还包括调查研究的准备时间或调查结论正式施行的成果考核时间。

调查报告期间的长短并无一定标准，有的短到数日，也有的长至数月。一般期初（沟通）报告是调查案件进行之初的意见交流，其目的在于进一步确认调查目的和了解调查内容。

期中报告，顾名思义，是指调查研究中途的沟通，其目的一方面是了解报告已进行调查研究的实际进展及遇到的问题；另一方面是检查有无修正调查研究计划内容的需要。在实务作业上，期中报告的时间并非恰好在调查期间的中间时点，通常都选择在整个调查期间的2/3处，例如调查期间为30个工作日，则期中报告时间约在第20个工作日。此外，期中报告常因案件性质不需要而省略。

期末报告为调查结果出台后所作的沟通，目的在于检验调查结果，如无特别修正，期末报告通常就是调查研究、调查项目的总记录或总结果，表示此市场调查研究项目全部作业告一段落，即为结题报告。事实上，针对期末报告进行解释或重点摘要说明，往往也是结题报告的要项之一。

7　旅游市场调查的组织实施工作

在旅游市场调查的组织实施方面，应先制订周密可行的计划，以明确调查机构、调查时间、调查步骤；明确由哪些机关、部门组织领导调查工作和调查人员，以及调查经费的预算和来源。在调查的前期准备工作中，应做好试点调查以取得经验；做好宣传、培训、文件印制等工作；规定调查成果的公布时间和调查工作的规则。一项旅游市场调查工作，特别是大规模的调查，只有严密细致地组织才能保证其顺利进行。

第四节　旅游调查工作中的技巧

1　旅游调查的时间选择技巧

旅游调查的时间包括四个概念：即调查耗时、调查期限、调查时点与调查时机（图 5.4－1）。调查耗时是指无论是对时期现象还是对时点现象，在进行旅游调查时都要耗费一定的工时，或与被调查现象同步，或滞后于被调查现象。调查期限则是指为完成某一调查项目的时间范围。调查时点单指被调查现象是时点现象时，需要在调查工作正式开始之前确定一个统一的时点，在多数情况下，调查是去追溯这一时点的状态。调查时机是指选择一个最有利于调查工作开展的时间或时间段；选择被调查现象的最稳定时期等。

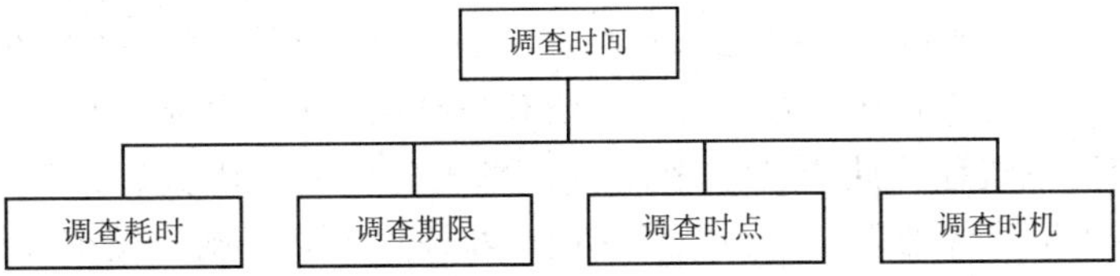

图 5.4－1　调查时间分类

2　旅游调查的地点选择技巧

旅游调查的地点，是指登记资料的地点，在一般情况下，调查单位所在地与调查地点是一致的。比如在酒店调查旅游者的情况，调查地点就是酒店。但如果要调查旅行社接待的旅游者的情况，就可能到旅游者所在的旅游景点或其住宿的酒店去调查，也可能直接让旅行社提供调查资料。

旅游市场调查所采用的调查时间和地点应符合旅游市场的特点。旅游市场调查的时间可以是旅游者到达或即将离开某一旅游目的地的时间，但这一时间一般比较短，只能收集一些人数资料。在旅游者停留在旅游城市的时间内，也可以收集一些资料，因为这一时间相对较长些，可以在旅游者的住宿地、游览地等处进行调查。此外，在乘坐交通工具的时候，旅游者有足够的空闲时间来回答问题或填写表格，如旅行社的导游员一般都是在旅游者游览完该市，坐在开往机场的旅游车上时，发给旅游者“游客意见征询卡”，这时旅游者既有时间也有心情填写表格，且收回率很高。

调查地点是和调查时间密切联系在一起的，通常在调查地点确定后，调查时间也就随之确定了。

（1）旅游参观购物场所。这些场所均属旅游者必到之处，但在这些场所进行调查，因旅游者的流动性大，且又打扰旅游者的游览参观和购物，所以收集资料会受到很大限制。

（2）海关等出入境场所。比如在海关调查，海关一般设在一个国家与其邻国的陆路边境线上、沿海一带、首都及一些大城市。在海关主要是调查一些与国际旅游有关的资料，其中包括外国公民的入境旅游资料及本国公民的出境旅游资料。目前世界上许多国家都要求所有出入境者填写出入境登记表，登记内容包括姓名、国籍、性别、年龄、常住地址、抵离时间等。

（3）饭店等住宿场所。一般指在接待旅游者的酒店、宾馆、旅馆和招待所等住宿设施内进行的调查。在这一调查地点，旅游者停留的时间相对较长，并且在住宿地或多或少地留有一些记录资料。单就酒店调查不能包括全部的旅游者，因为有些旅游者住亲朋好友家，此外，还有当日往返而不住宿的旅游者等。

（4）交通枢纽地。此类调查地点包括飞机场、港口码头、火车站和汽车站等。对于多数旅游者来说，都要经过交通枢纽地进入某一旅游城市或地区，但是也会遗漏一些没有途经交通枢纽地而直接进入该旅游城市或地区的旅游者。

（5）旅游有关组织管理部门。这些部门主要包括旅游企事业单位，如车船公司、餐馆、银行、园林文物单位等。这些部门一般都存有一些直接或间接地反映旅游市场经济情况的较为丰富的资料，是主要的旅游市场调查地点。

3　旅游调查的询问技巧

旅游调查询问技巧的运用，主要是要在询问调查中避免沟通障碍，赢得调查对象的通力合作以取得真实的答案。在询问调查中，首先要确定的问题是，使用什么样的询问方式，是直接交谈、电话询问还是书面询问？在确定了询问方式之后，在询问过程中要注意对不同的问题采用不同的询问方法。

3.1 简单问题可以直接询问

直接询问的特点是，直接对要加以确认的事实进行询问。一般来说，只要提出的问题不会带来麻烦，就可以简洁直率提出问题，这是符合心理学原理的。比如对方的常住地、从事什么职业、受过何种教育、是否经常外出旅游等。如果要了解与某企业有关的看法、态度和习惯，采用直接询问就不一定十分恰当。

3.2 利用间接询问调查心理问题

对于某些心理方面的问题，很难用直接询问方式来进行调查。对于这类问题如果采用直接询问方式，调查对象要么干脆拒绝回答，要么提供虚假答案，回答言不由衷。一般来说，对于某些微妙的心理方面的问题，最好采用间接询问方式。在这种情况下，一定要注意心理感觉方面的限度。因为有的调查对象其心机是深藏不露的，为了避免接受他给予的错误信息，要特别注意问题的复杂性。对消费行为、购买动机、购买行为，调查人员的询问不能直接表达，而要循循善诱，采用迂回战术，才能获得真实的看法和准确的观点。

在市场调查方面有个典型的例子。比如一家海外旅行商如果想要掌握哪些家庭已经有过出国旅行的经历？多大比例的家庭有过出国旅行的经历？就最好不要直接询问“请问您家出国旅游过吗?”因为出国旅游对于中国人来讲，目前还是时尚和富有的象征，公开说自己家没有出国旅游过，可能有许多人碍于面子而不愿意，难免顺口称是。这样就无法获得准确而真实的旅游市场调查信息。在这种情况下，可以采用间接的询问方法进行调查：

“目前一些家庭已经出国旅行过了，您近期是否也打算出国旅行呢?”这样的问题如果注明是非题，直接让调查对象选择，仍然无法消除他的面子意识和思想警觉。因此答案最好设计为单选题，即提供多种答案，由其选择其中之一：

A. 我已经出国旅行过了

B. 对，我是计划近期出国旅游

C. 不，目前我还不准备出国旅游

D. 我说不准

E. 不愿回答

用这种方式提问，会使调查对象产生一个印象，觉得调查的目的是要了解有多少人想出国旅游。在这种想法的支配下，被调查者就比较容易放松对自己是否已经出国旅游的面子意识和警觉，在比较自然的情况下透露实情。这样就可以把已经有过出国旅行经历的家庭状况统计出来了，由此获得这些人的数量和比例。

直接询问不当会引来人们各种不着边际、甚至错误百出的回答，这种由于提问方式不当而产生的心理障碍会经常遇到。因为尽管这样的问题并不涉及身份和地位，但人们往往从心理上的自尊反应出发，就会掩饰性地顺口回答了事，这无疑会大大偏离实际情况。

在间接询问中，可以考虑采取假设询问的方法。它的做法是在调查过程中提出的问题并不涉及调查对象自己的看法、观点或是购买行为，而是站在旁观者的立场上对别人做出评论。比较典型的例子是，雀巢公司将速溶咖啡引入德国市场的初期，销售情况不理想。为了找出究竟是什么原因妨碍德国人喝速溶咖啡，他们进行了有针对性的市场调查。调查中曾提出“您不喜欢雀巢速溶咖啡的哪一点?”这样的问题，结果得到的都是千篇一律的回答“味道不好”，这样的调查结果毫无价值。后来他们改用间接询问的方式，最终发现了潜在消费者的真实反应。他们的做法是把一位妇女拿着印有雀巢速溶咖啡的宣传画在商场寻找和购买雀巢咖啡的情况拍成照片，印成画片，拿给每一位调查对象，然后询问：

您认为拿着这种清单购物的妇女属于：

A. 懒惰型的妇女

B. 不会安排生活的妇女

C. 会计划用钱的妇女

D. 算不上会持家的妇女

调查后调查对象都提出了自己的看法，统计结果表明，影响德国人购买雀巢速溶咖啡的主要因素是人们认为购买速溶咖啡的人不会安排生活。于是他们在广告宣传中对症下药，大力进行反向宣传，改变了潜在顾客的这种偏见，扭转了这种认识偏差。

3.3 进行询问时应注意的问题

调查人员在进行询问时，应注意：

（1）调查人员在接受调查任务时，应该搞清调查地点、时间、日期和展开调查活动的环境。

（2）在进行询问前，要仔细研究问卷的内容，做到心中有数。

（3）询问中，对调查对象谈话要态度谦和、友善、语气诚恳。应该在和调查对象打招呼和寒暄以后，再提出第一个问题。

（4）应该用清晰、明确的语调向调查对象提出问题，并在准确理解回答内容的前提下，记录要点。

（5）严格按照问卷上提问的顺序进行询问，不得随意更改问题的次序。

（6）询问过程中，要始终围绕调查主题展开谈话，不要只在概念上打转。

（7）询问过程中，如果调查对象的回答出现矛盾，不要进行纠正。

（8）始终以中立的态度进行询问，对调查对象和回答内容始终保持中立，不要对调查对象的回答施加压力，因为诱导或逼迫出来的观点都是没有价值的。

（9）把询问过程中调查对象的回答清晰准确地记录下来。

（10）如果询问过程被打断或者调查对象对问题产生理解偏差，要马上重复提问，加以澄清，以避免整个调查过程和调查结果受到影响。

（11）对于过滤性问句或其他的“接问”、“跳问第几题”等都要有妥善的排列，跳跃要注意逻辑性。

（12）一个主题或一个系列的问句要排列连贯，不能在出现隔断以后又回到主题上来，这样容易使被调查者思路紊乱。

（13）触及私人隐秘的、可能引起对方不愉快或困惑的问句要放在后面提出，因为经过一段时间的交谈，双方有了一定的熟悉程度，这类问题就比较容易被调查者接受。

（14）要坚持为调查对象保密的方针，如果需要，应向调查对象表明这一点，以消除他们的顾虑。

（15）调查结束时，应向调查对象表示感谢。

（16）整个询问过程，应该根据问卷设计进行，保证整个市场调查过程按照预定的程序进行操作。

4　旅游调查评价的途径

旅游调查评价通常分为两类，一类是定性评价，另一类是定量评价。

4.1　定性评价

定性评价，通常是指对旅游调查全过程的评价，包括对旅游调查的策划、设计、组织、实施、总结与反馈等各环节分类的具体评价。

4.2　定量评价

定量评价，是指对人们最为关注的旅游调查资料进行评价。主要包括反映调查信息真实准确程度的信度指标、反映调查信息有效程度的效度指标。关于信度和效度的问题请参考本书第七章。

【思考题】

1. 对旅游市场调查人员有哪些素质方面的要求？
2. 如何衡量作业人员的绩效？
3. 旅游调查的询问技巧有哪些？
4. 旅游调查评价的途径有哪些？

第六章

基于现代信息技术的调查研究方法

【本章导读】

以现代信息技术为手段所进行的网络调查，跨越了时空界限，与传统的现场调查方式相结合，形成了优势互补的组合调查方式，是信息时代发展较快的一种调研方法。旅游网络调查是利用网络调查的各种方法进行的有系统、有计划、有组织的收集、整理、分析和保存旅游市场信息并对它们进行客观评价、发现各种现象和事实的过程。旅游网络调查的结果可以解决旅游市场的有关问题，也可以作为各项旅游决策的依据，是当今旅游市场调查不可或缺的一种重要的调研方法。本章在讨论网络调查基本原理的基础上，将调研方法分为基于前台信息的调查研究方法和基于后台数据的调查研究方法，并分别阐述这两种方法在旅游市场调研中的运用。

第一节　网络调查基本原理

在网络调研方面，日本和美国起步较早，成效显著；我国发展较晚，经验不足，但最近几年发展迅速。国内许多网络公司开始关注网络调研理论和实践的研究。网络调查研究方法分为两大类，一是网络化的传统调查方法即基于前台信息的调查研究方法，二是基于网络技术的调查方法即基于后台数据的调查研究方法。

1　网络化的传统调查方法

网络化的传统调查方法是利用互联网技术，将问卷调查、深度访谈、焦点访谈小组等传统调查方法放到互联网上来进行。其实质是网络承担信息传播渠道的角色，属于基于前台信息的调查研究方法。这种方法既可以实施定性调查也可以实施定量调查；既可以进行非概率抽样，也可以进行概率抽样。

1.1　网上定量研究方法

网上定量研究方法是借助互联网所进行的问卷调查，即调研者通过互联网向选定的对象发送调查问卷，同时也通过互联网将被调查对象填好的问卷回收的调查方法。其本质是基于概率抽样原则抽取样本或通过非概率抽样的方法抽取样本，然后对所抽取的样本进行调查并以此去推断总体的情况。网上定量研究的关键是能否抽取出具有代表性的样本。网上定量研究主要采用以下4种方式：

(1) 电子邮件调查法。电子邮件调查法（E-mail Survey）是在电子邮件中内嵌Word电子版的问卷，再将此电子邮件发送到被调查者的电子邮箱中，通过承诺送礼品等手段引起被调查者的兴趣，自愿填写并通过电子邮件方式回收问卷。

(2) 网页问卷调查法。网页问卷调查法（Web Survey）是利用图片、表格和配色等网页制作技术制作调查问卷并放在网站上，由访问网站的网民自愿填答并在线提交调查问卷。

(3) 定向弹出窗口调查法。定向弹出窗口（Pop Up Survey）调查法采用网民浏览网站时自动弹出一个窗口，在窗口中有邀请网民参与调查的说明和地址链接或直接进入调查问卷的按钮，如果网民有兴趣填答问卷，点击链接地址或按钮就可以进入调查问卷的网页来进行填答并在线提交调查问卷。

(4) 网上固定样本调查法。网上固定样本调查法（Int - Survey）是利用计算机辅助电话调查系统（又称为CATI系统）。该系统的工作方式是调查人员坐在计算机前，面对计算机屏幕上的调查问卷，通过电话向被调查者提出问题并将被调查者所回答的结果录入到计算机中。这种方法实际上是一种利用计算机的传统电话访谈调查方法。

总之，传统的定量研究方法是建立在发放和回收调查问卷的基础上，利用网络来完成这项工作就形成了网上定量研究的方法。这种方法既可以进行非概率抽样也可以进行概率抽样，是当今网络调查使用较多的一种方法。相比较而言，网页问卷调查法和定向弹出窗口调查法都属于非概率抽样的方式，其方法虽然成本低，简单易行，但由于很难确定总体样本的范围，也就无法保证所抽样本的代表性。电子邮件调查法是根据用户电子邮箱地址来确定调查对象的范围，然后使用随机抽样方法抽取样本并对所抽样本通过电子邮件发放调查表，由于事先知道总体样本的范围，所以这种方法属于概率抽样的方法，可以提高所抽样本的代表性。网上固定样本调查法是既可以实现概率抽样的方法又可以用于非概率抽样的方法。这种方法从本质上看并没有利用到计算机网络，属于网下调查的一种，更适合于对非网民的调查。这种网下调查与前面提到的网上调查相结合可以扩大调查范围，突破网络调查的局限性。

1.2　网上定性研究方法

网上定性研究方法一般指的是访谈、观察、资料收集与分析等。采用的方法有在线深度访谈法、基于论坛的调查法、在线焦点小组会谈法、观察法、文献资料分析法等。

（1）在线深度访谈法（In-depth Interview Online）。在线深度访谈类似于传统的深度访谈，调查者根据某种目的，采用结构性访谈或非结构性访谈方式对一人或者多人进行网络访谈。网上访谈方法一般有三种：电子邮件深度访谈、实时视频深度访谈和音频深度访谈。随着网络技术的不断发展，网络视频会议系统越来越多地用于网上访谈调查，这种视频、语音同步交流可以使调查更具吸引力，获得的调查效果更佳。从抽样的角度上来看，与传统的深度访谈类似，不是注重样本的代表性而是更多地注重研究目的的需要。

（2）基于论坛的调查法（BBS - Based Poll）。网站的论坛系统能够通过发布调查帖子的方式将相同的兴趣者聚集在一起。论坛调查每次可基于某个主题进行调查，参与者可以在调查帖的下面跟帖来询问或者阐述自己的观点。这类调查的针对性较强，具有一定的实用价值。

（3）在线焦点小组会谈法（Online Focus Groups Discuss）。在线焦点小组会谈法强调的是小组内成员间的互动，是传统定性研究的重要方法。通过互动可以了解参与者想的是什么、为什么这样想，从而使研究者了解到参与者的观念、态度和意见等，还可以捕捉到参与者意见的形成过程，这也使得这种方法优于其他调查方法。小组会谈的参与者可以通过群组聊天软件或者聊天室等方式来参加讨论，相互间的信息交流是实时的，具有快速、热烈、互动性强等特点。

（4）观察法（Observations）。通过观察来研究人类行为所体现和反映的社会意义，是定性研究常用的方法之一。观察法有可能从平常、熟悉的环境或行为中看到不寻常的东西或特点，还可能找到一些规律，也可能得到一些通常难于接触的人的信息。在网络环境下，较常见的是观察人们所表现出来的语言行为和非语言行为。例如，在聊天室、QQ 群等环境的聊天中，研究者可以在此环境中不发言，只需仔细地观查并分析谈话者之间的互动关系，扮演着网络中常说的“潜水者”的角色。由于网上信息的可记录性，使得滞后观察成为可能，所观察到的数据也可以量化，统计结果也更加令人信服。目前，许多网站提供对访问情况和网民的网上行为进行观察和监测的功能。

（5）文献资料分析法（Documentary Analysis）。为了加深研究者对所研究问题或现象的理解，通常收集和分析研究对象的一些电子文档资料。这些资料主要包括：记录每天活动或时间的日记或日志，个人的传记、自传、博客等。收集这些资料的方法有两种：请示式的文献资料征集和非请示式的文献资料征集。请示式的文献资料征集是指直接请求研究对象提供相关内容的自传或日记等资料。非请示式的文献资料征集是指通过各种其他可能的手段收集相关资料。传统的文献资料研究主要通过图书馆、档案馆、个人收藏品等来收集资料，与传统的方法相比，互联网提供了在众多公共网站寻找有关资料的极好条件。利用现代的网络搜索技术，能够方便和快速地搜索到大量的相关电子资料，为深入研究提供了极大的方便。

1.3　网上的非概率抽样方法

非概率抽样网络调查对参与者没有进行筛选和控制，常存在由样本覆盖率问题造成的误差且误差难以控制。因此这种调查结果一般不具有严格的科学性，其统计结果只能作为一般性的估计。例如匿名网络调查，这种方法可以很快地把一群未知者聚集起来，使调查者较容易地找到调查对象。但是，调查者对被调查者的总体情况和其社会属性并不清楚，也就是说被调查者是匿名的。其典型做法就是将调查问卷挂在某个网站上，等待被调查者来填答。至于谁会上网、谁会打开问卷、谁又会填写，调查者事先并不知道，对于多次完成问卷也没有任何控制。这种方式是目前最为常用的网络调查方法之一，与在杂志中插页进行调查的方式相类似，对目标总体人数无法确定，也无法得知每个个体入选样本的代表性和有效性。它与概率抽样中根据抽样设计主动寻找被调查者的方法不同，而是被动等待被调查者自愿填答问卷。因此，对其总体描述只是根据经验所作出的判断，而不是建立在概率统计原则之上的一种科学调查方法，也就必然存在较大的误差，对此类调查结论的利用一定要慎重。

1.4　网上的概率抽样方法

网上的概率抽样方法是基于概率抽样原则抽取样本，然后据此推断总体的一种网络调查方法，具有一定的科学性，但实践起来比较困难。例如实名网络调查，这种调查，调查者了解和掌握被调查者的总体情况和社会属性，设计抽样方案，抽取样本，然后通过互联网将问卷发送到被调查者手中，被调查者填答完成后再通过互联网将问卷发回，调查者对回收的问卷进行统计分析，得出统计结果。运用网上的概率抽样调查方法时，可将样本总体划分为全体网民和特定网民。特定网民是指诸如会员、使用某类产品的客户或特定服务的某些对象等，特定网民更容易具备严格意义上的样本代表性，如对驴友进行野外生存所需产品的调查就能取得较满意的效果。

2　基于网络技术的调查方法

基于网络技术的调查方法是指利用网络技术对网民网络行为的后台海量数据进行统计分析的调查研究方法，与网络调查常用的问卷法、讨论法、文献研究法等前台信息的调查研究方法相比，这种方法更容易掌握网民的真实想法甚至是无意识的行为。这是由于面对问卷时，人们常会受社会心理预期的影响以及对泄漏个人隐私的顾虑，不愿意填写自己的真实想法。网民的网络行为虽然具有匿名性，网民的个人身份难以确定，但其网络行为则往往反映着人们的真实想法，对网民网络行为的数据统计注重的是网络群体的特征信息，很少涉及个人隐私。因此，此类调查研究并非以个人为目标，而是描述网民群体的行为特征与价值取向。例如，通过网站流量监测系统或浏览跟踪系统自动获得网民行为数据，再对这些数据进行统计分析并转化为网络群体的特征信息，然后对网络群体特征进行研究。

基于网络技术的调查方法主要有网站流量监测法、网民行为跟踪法和搜索引擎关键词统计法三种。网站流量监测法是利用在网站服务器端安装统计分析软件，监测访问该网站的访问者的来源地、新访者与回访者的比率、综合浏览量、访问时长、访问深度、主页浏览数、网站访问周期和流量来源以及访问内容等网络行为；网民行为跟踪法是指利用安装在网民客户端电脑上的第三方统计软件来对网民的网络访问行为进行跟踪；搜索引擎关键词统计法是利用百度指数、谷歌趋势和热榜等统计分析工具对网民搜索的关键词进行统计分析，从而得到网民的行为爱好等数据。

3　网络调查的优点

与传统调查方式相比较，网络调查提供了更快捷的方式和更广阔的天地，这是由于互联网具有开放性、广泛性、平等性、直接性，而且匿名的网络世界还可以解除被调查者的顾虑。因此网络调查无论是在组织实施和信息采集上还是在信息处理和调查效果上都具有很大的优势。网络调查具有以下优点：

3.1　不受时空限制

网络调查不受时间和空间的限制，可以 24 小时全天候调查，并且能够跨地域开展调研活动。这一点明显优于受区域制约和时间制约的传统调查方式。无论何时何地，只要能使用互联网，相互之间就可以以在线或离线的方式进行交流。

3.2　降低成本

传统调查需要花费大量的人力和物力，而网络调查只需要通过旅游企业网站发布电子问卷或组织网上座谈会，然后利用计算机的专用软件来进行整理、统计和分析，大大节省了传统调查中的问卷印刷、派遣调查人员、邮寄、电话等工作与费用。

面访、邮寄问卷、电话访问等离线调查的成本主要是指采样成本。根据经验，每一个样本的投入为120～150元，如此高昂的费用使得调查者总希望在调查误差允许范围内尽可能地减少样本数，从而有效地降低采样的成本。但网络调查的过程由计算机辅助完成，"无纸化"的调研操作程序使得采样成本很低，网络传输信息的费用也比传统通信方式传输信息的费用低很多，因此网络调查方式具有很强的低成本优势。

3.3　隐匿性好

在调查过程中，调查涉及个人隐私的敏感问题时，往往很难获取真实信息。尽管在问卷设计中可以采用消虑法、虚拟法、委婉法、间接法等手段来增加一些缓冲因素，但效果并不佳，依然难以完全消除被访者的顾虑。其中面访影响最大，电话访问次之，邮寄问卷影响最小。但网络调查则不同，网民是在完全自愿的情况下参与调查，对调查的内容往往有一定的兴趣，被调查者是在不受外界因素的误导和干预的环境下，经过独立思考来填答问卷。因此回答问题时能使被访者的心理防御机制降至最低程度，更能大胆和坦诚地面对问卷，进而最大限度地保证了调查结果的客观性和真实性。

3.4　实时性和交互性

在线调查具有实时性，调查的周期短，甚至可以即时进行，这样获得的数据能够及时反映旅游市场的最新变化，便于旅游企业及时做出针对性的调整。而传统调查往往周期较长，调查结果只能说明较长时间以前的情况，难以跟上旅游市场的最新变化。

网络具有交互性，这种交互性的优越性体现在网上调查时被调查对象可以及时就问卷相关问题提出自己更多看法和建议，这样可以减少因问卷设计不合理导致调查结论的偏差。

3.5 节省时间

传统的调查要经过很长一段时间才能完成，仅调查采样所需的时间就长达数天，而对大量的纸质问卷进行统计分析以及对访谈记录进行整理的工作量也耗时巨大。而网上信息传播速度非常快又不受时间和空间的限制，使得网络调查采样所需的时间较少，再配合使用统计分析软件，可以对调查的结果进行即时统计，整个调查过程所需时间大大缩短。因此，网络调查采样速度远快于面访、电话访问、邮件访问等传统的离线调查。

3.6 调研问卷更加丰富多彩

与传统的调研方式相比，网络调研问卷由于采用了计算机多媒体技术，根据需要可以将视频、声音、图片、动画等插入到问卷中，使得调查内容更加生动和直观，调查主题更加鲜明，能更好地体现问卷交互界面的人性化和友好性，促进更多网民接受调查。在网络调研问卷设计方面，可以利用计算机信息处理技术制作互动式问卷。例如，在问卷中设计“自动跳答”可以实现根据受访者回答问卷的不同情况来自动跳转到后续问卷的相应的调查内容；也可以设计自动识别受访者的输入错误并给出相应的提示信息等；还可以统计受访者回答某一问题的时间、对某一问题答案的修改次数、完成问卷填答的所有时间以及被访者的 IP 地址等。这种智能化的问卷技术使调研问卷的形式更加丰富多彩。

3.7 缩小调研误差

传统调研所产生的误差主要体现为抽样误差、无回答误差和计量误差，这些误差致使调研效果不佳。而网络调研可以明显减少无回答误差和计量误差。这是由于现代的网络调研法使用了计算机技术和互联网，使得统计等过程自动化，明显缩小了人为的计量误差。而所谓的无回答误差是指因问题涉及被访者的隐私或敏感内容时，被访者不会诚实、准确地填答这些问题而产生的误差。基于互联网的网络调查，被访者与调查者不是面对面而是背对背，这种匿名环境下使得被调查者能在轻松自如的气氛里接受访问或填答问卷，基本上保护了被访者的隐私，极大地降低了无回答误差。

4 网络调查中的质量控制问题

网络调查具有很多优势但也存在一些问题。其中最主要的问题是互联网调查的客观性，即网络调查的结果究竟在多大程度上是可信的，更直观的表示就是统计数据的误差问题。严格控制网络调查的误差可以有效地提高统计数据的信度。网络调查的误差主要表现在以下几个方面：

4.1　覆盖范围误差问题

网络调查的最大误差源一般是由覆盖范围的误差所引起的，覆盖范围的误差指的是目标总体与抽样之间的差距。由于调查是在网上进行，接受调查的对象是网民，那么，网络调查研究就应当是以网民为主。根据《第 41 次中国互联网络发展状况统计报告》，截至 2017 年 12 月，我国网民规模达 7.72 亿，普及率为 55.8%，男女网民比为 52.6∶47.4，10～39 岁年龄段的网民占总网民数的 73.0%，城镇网民占 73.0%。从统计数据明显看出，全国仍有 44.2% 的非网民人数，触网者也以城镇中青年男性居多。因此，网络调查所能涉及的对象具有较大的局限性。对诸如“北京市大学生休闲与旅游”问题的调查，网络调查无疑是很合适的，但若要对“全国农村地区对休闲与旅游的态度”的调查，网络调查就显得不合适了。因为全国农村地区的网民的比例较小，所得到的网络调查结果无法代表真实农民的观点和态度。总之，网络调查的适用范围有限，只适合对某些特定的群体如 10～40 岁的城镇居民或特定范围之内，如在大学内部进行的某项调查。超出这个范围，被抽取的样本中就会由于不是网民而无法通过网络回答，进而影响有效样本的数量，导致无法根据样本来推断总体。

降低覆盖范围误差的有效方法之一是采用高覆盖总体清单基础上的抽样方法，这种方法是在取得某个群体上网者的邮件列表清单的基础上，通过电子邮件邀请调查参与者，并控制一人完成多份问卷或者多人完成一份问卷的可能性来获取相关信息的网络调查方法。这种方法尤其是应用在系统内部的调查时，经过有限制的总体可以达到很高的覆盖率，甚至能够完全解决覆盖范围的误差问题。例如，对某所大学的学生进行网络调查，因为所有在校学生都被分配了一个电子邮箱账户，可以先从学校的网络中心获得学生的电子邮件地址清单，然后随机抽取样本，在填答问卷的过程中，系统向所抽样本的邮箱内发电子邮件的调查问卷，但一般只有 50% 左右的样本实际回复了邮件。虽然这种调查覆盖的水平已经超过了电话调查，但拒答仍然是此类调查中的较大问题，如何提高回答率仍是现在需要研究的一个重要课题。

4.2　抽样误差问题

抽样误差是从在抽样样本中选择个体的过程中产生的。例如，把网络调查问卷放在旅游企业的网站上，由访问者自愿填写，这就面临抽样误差的问题。例如，是否能吸引到足够多的人来填写问卷，填写问卷的人是否符合调查对象的要求，是否有人多次填写同一问卷等问题。

解决抽样误差的问题，可以采用一些技术手段尽量减少抽样误差问题的影响。例如，利用随机 IP 地址自动拨叫技术进行主动的网上抽样调查。具体方法是通过一个随机产生 IP 地址的软件产生一批随机 IP 地址，再由一个 IP 自动拨叫软件向这些 IP 地址发出呼叫，传送一个邀请被调查者参加调查的信息，收到该信息的网民根据自己的意愿决定是否参加本次调查。又例如，为了尽可能消除因同一个被调查者多次填写问卷的问题，可以利用“IP 地址 + 若干特征标志”的方法作为判断被调查者填表次数唯一性的检验条件。具体方法是利用特征标志作为“过滤器”，根据具体调查问题选取有效的指标，如年龄、性别、学历、职业、职务等作为特征标志，通过特征标志将调查表中代表性差的样本过滤出去。再例如，采用电子邮件邀请和在线调查相结合的方法时，可以给被调查者提供一个含有不同被调查者的密码不一样的链接，当被调查者点击链接时，程序会读取该密码并与密码数据库进行核对，由于该密码只能使用一次，可以有效避免抽样之外的人填写问卷，还可以防止被调查者的多次填写。

4.3 非抽样误差问题

非抽样误差伴随着整个调查过程而出现，由于网络的匿名性给予了被调查者更多的自由发挥空间，使得其所产生的误差更为明显。产生的这些误差主要包含回答误差、无回答误差和其他软硬件因素引起的误差。网络调查中的回答误差可能产生于回答者的有意隐瞒或者回答者对问卷理解的偏差等主观因素引起的误差，还可能由于调查问卷设计不合理等客观因素引起的误差。回答误差在网络调查中比传统调查方法更加突出，这是由于调查员和调查对象背对背，两者之间缺乏互动而造成的。在实践中，这类误差可以采用在线答疑的方法来解决。例如，聘请专门的调查人员以在线答疑的方式解决调查对象在填报问卷过程中出现的问题。

网络调查的无回答误差所产生的原因可能是由于网民对调查主题没有兴趣，也可能是没有足够的耐心和时间，还有可能是物质或精神奖励不够丰富。要想提高调查的回答率，可以在网络调查问卷设计上下功夫，提高问卷的质量，吸引更多的网民来参与调查。还可以向被调查者提供一定的物质补偿，例如，向回答者赠送小礼品，吸引网民自愿填答网络调查问卷。其他软硬件因素可能是由于计算机连接网络有问题，网速太慢，浏览器版本过低、不支持等原因；也可能是因为受到计算机病毒的攻击、黑客入侵等技术性原因；还可能由于用户名、密码不正确、网络阻止访问等其他原因所造成的无法正常填答网络调查问卷。这些因素比较复杂，许多网民自己可能无法解决，需要通过在线答疑的方式来解决。

5 网络调查问卷的设计

网络调查取得成功的一个关键因素是客观科学地进行网络调查问卷的设计。网络调查问卷要达到能将所调查的问题明确地表达给被调查者以及能使被调查者给予真实、准确的回复。这就要求在实施网络调查的初始阶段重视调查问卷的设计。网络调查问卷可以借鉴传统调查问卷的设计方法，调查内容应该有多个问题，问题也应该有多种形式，避免网络调查问卷只设计一个题型的简单形式，要合理利用互联网所提供的特有工具，如图像、声音、动画等技术来增强调查问卷的美观性和趣味性以吸引更多的网民来参与，实现传统调查内容的网络化。

由于网络调查没有调查员作为中介，对调查问卷的设计要求往往会更高。为了减少回答误差，要求调查问卷在设计上更加注意问题的完整性和便于理解，要更具有亲和力，力求被调查者能做出准确真实的回答。在问卷设计方面还要注意问卷长度适中，不宜过长。答题形式力求简单，方便操作，尽量少用键入式而多采用选择式答题方式。如果问卷内容过于复杂，答题时间过长，可能会降低回答率。

问卷可以采用分层次的设计思想，其思路是将问卷按其内容或问题的分类来划分成几个部分，每部分相对独立但又与其他部分相互联系。设计问卷时可以利用问卷智能化技术，用这种技术一是可以实现在被调查者做完一部分调查问题时，通过弹出的对话框询问其意见来决定是否继续此项调查；二是实现问卷的自动检验，当填写有错误时自动提示错误信息；三是实现问卷的动态解释，被调查者在答题过程中，当对某个问题有疑问时，只需将鼠标指向相关的问题上就会自动出现一个提示窗口进行解释，能有效地降低理解误差；四是自动检查前后的逻辑性和完成情况，根据问卷设计的需要，能够实现自动跳转到相应的答题部分。

除了封闭性答案外，每道题还应设有开放性的回答形式，这种形式的设置能够有效地获取回答者的许多额外信息。但独立的开放性问题不能设置过多，过多的开放性问题会造成被调查者的反感。

据调查，调查问卷网页设计得越复杂回答率就越低，简单界面也比华丽界面有更高的完成率，而且在一屏设计多道问题比设计成单个问题完成时间更短。问题设计的长短与回答率的高低直接相关，因此所提问题过长且难于理解，会被调查对象跳过而产生缺失数据。总之，调查问卷设计的每一个微小变化都可能直接影响到网络调查的质量。所以，合理的问卷设计能够节约调查时间，降低回答的误差率，有利于网络调查工作的顺利完成。

第二节　基于前台信息的调查研究方法

前台信息主要是利用网络手段对旅游行业内相关的专家、旅游企业人员、游客进行调查来获取最新的一手市场信息以及收集各类中英文期刊数据库、图书馆、科研院所、高等院校的文献资料，行业资深专家公开发表的观点和政府部门、行业协会、国家统计局、旅游企业的季报、年报和其他公开信息等政府部门和官方机构的数据与资料。其调研方法分为直接收集一手信息的网上实验、网络问卷调查、网上讨论等方法和间接收集二手信息的搜索引擎等手段。调查过程中应采用哪一种方法，要根据实际调查目标和需要来确定。下面简单介绍几种常用的网络调查方法。

1　网上实验法

网上实验调查法最开始是一种招募志愿者组成的实验调查方法，这种调查方法一般通过在访问量比较高的网站上招募志愿者并在注册志愿者时收集这些志愿者的个人变量建立一个大型的潜在被调查者数据库，为以后的调查做准备。这种调查对实验个体的选择是以概率抽样的方法进行的，通常在大量备选的个体中对被调查者的个人特征严加控制，被调查者必须是受到邀请的个体，以此来保证调查的科学性。但由于上网的普及率还不高，用这种方法只适合针对网民的调查，而且尽管抽取样本的方法采取在志愿者数据库中用概率抽样方法来抽取，但志愿者数据库的样本量较少时，其抽样的实质很难达到概率抽样。因此要达到符合实质意义上概率的网络抽样就要寻求更加科学的网上实验调查法。

1.1　事先征集网民志愿者的实验调查

在志愿者的基础上组建实验往往只能实现非概率方法的网络实验调查。如果想要达到符合概率抽样的要求，关键是要有效地扩大调查的样本量。其方法是打破被动地等待上网者的访问来招募志愿者，要采用主动招募志愿者的随机拨号电话征集实验成员等方法。用电话来招募实验成员是通过电话调查收集个体的基本信息，寻找网民的群体并邀请其符合条件的网民参加实验。给同意参加实验的网民发一封网络调查的电子邮件并通过用户名和密码来控制进入调查的样本，以保证只有受到邀请的个体才可以填答问卷。由于这种方法离不开网络的支持，对于所研究的目标总体是由网民的个体组成，则不存在覆盖范围的误差问题，而研究的目标总体是由网民和非网民的个体组成，则此方法就不一定适用了。这种方法除了覆盖范围的误差问题外，另一个常见问题是拒答，但可以通过收集人口统计变量和其他变量来比较上网者与不上网者以及志愿者与非志愿者的资料，从而了解覆盖范围的误差和拒答的偏差。例如，可以通过电话调查和网络调查结果的差异来比较已调查与未完成调查的个体，进而来测算拒答偏差。

1.2 事先征集普通总体志愿者的实验调查

征集志愿者的范围限制在网民中，会造成覆盖范围的误差。解决这个难题的最好方法是采用事先征集普通总体志愿者的实验调查法。这种方法是目前唯一可以将调查结果扩展到全部总体而不仅仅是网民并基于概率抽样的方法，因此可以估计调查的信度，可以直接与传统方法获取的相关调查数据进行比较。其方法的不足之处在于无论是在征集个体样本还是在维护实验上的费用都非常昂贵，现在还很难评判这种获得高质量的调查结果与高投入之间的效益如何，但这种方法很可能取代基于概率抽样的传统调查方法。

事先征集普通总体志愿者的实验调查法是通过随机拨号的电话调查征集实验成员，对招募的实验成员提供必要的上网工具与设备，以换取他们同意成为实验调查的志愿者。该方法可以解决网络调查中的两个关键问题：一是覆盖范围的误差问题，通过为实验成员免费配置上网设备来解决与他们的合作问题；二是浏览器的兼容性问题，通过向每个参加实验的成员提供统一的调查系统，能够有效地避免由于上网设备而带来的差异。这种方法存在的主要问题仍然是拒答率，解决方法可以在随机拨号电话调查招募志愿者的过程中收集响应者与拒答者之间的差异，获取拒答率，统计拒答的偏差对实验的影响并加以控制。

上面提到的调查系统是利用计算机程序开发的网络调查系统，目前该系统越来越受到调查者的关注，现已有专门为网络调查设计的问卷链接及传输软件。网络调查系统的调查问卷由简易的可视问卷编辑器产生，然后自动上传到网站的服务器上并进行网络调查。调查结束后，调查者通过该网站可以随时在屏幕上对回收的问卷进行统计分析和生成统计图表。这种自动化的网络调查系统降低了调查成本，缩短了调查时间，大大提高了调查效率，是目前比较先进的一种网络调查方法。

2 网络问卷调查法

网上问卷调查法是在网上发布问卷，被调查对象通过网络填写问卷完成调查。据统计，目前问卷调查法占所有网络调查的 90% 左右。网上问卷调查一般有以下两种：一种是站点法，即将问卷放在网络站点上，由访问者自愿填写。另一种是用 E-mail 将问卷发送给被调查者，当他们收到问卷后，填写问卷，点击“提交”，问卷答案则回到指定的邮箱。

开展网络问卷调查首先要制定合理的网上调研提纲，该提纲是将调研具体化、条理化的重要步骤，在提纲中应写明调研信息的用途、需要的主体、题目数量与类型等。然后进行网络问卷设计，这是问卷调查中最为关键的一步。设计不合理的网络调查问卷，网民可能拒绝参与调查，更谈不上调查效果了。因此，在设计问卷时除了遵循一般问卷设计中的一些要求外，还应根据需要在网络调查问卷中附加图形的、图像的和声音的多媒体背景资料，充分利用传统调查方式所无法做到的这一优势。有关调查问卷设计的内容，请参阅书中其他的有关章节。

2.1 电子邮件调查法

由于现在的大型网站几乎都提供免费的电子邮件服务，所以大多数网民都具有自己的电子邮件信箱。我们可以利用网络调查平台通过内部邮件列表或外部邮件列表把问卷发送到选定的被调查者的电子信箱中，被调查者收到问卷后填写问卷，点击“提交”，问卷答案则回到指定的邮箱。被调查者在填写问卷时甚至不用上网，他们可以将电子邮件下载下来，在发送结果时上线提交即可。这种方式属于主动调查法，它的好处是可以有选择性地控制被调查者，缺点是容易遭到被访问者的反感，有侵犯个人隐私之嫌。因此，用该方法时首先应争取被访问者的同意，或者估计被访问者不会反感，同时可以向被访问者提供一定补偿，例如有奖回答或赠送小礼品等，以降低被访问者的敌意并且可以增加获取被问者真实信息的概率，因为只有填写真实的个人信息才能收到礼物。奖品发放的具体方法可以采取以身份证编号为依据进行计算机自动抽奖，获奖面尽可能大一点，但奖品的价值可以尽量小一点，例如小的旅游纪念品、打折的景区门票等，获奖者的名单应及时在调查的旅游网站上公布，并用 E-mail 告知获奖者，而对所有参与网络调查的被调查者也应该以适当的形式表示感谢，例如在春节来临之际用 E-mail 寄电子贺卡等。

在电子邮件的发放形式上可以采用将问卷内容直接加入邮件中，请被调查者回复的文字问卷，或者在问卷上做回信的链接以方便答卷，也可以是不在邮件中加入问卷具体内容而嵌入问卷的 URL 链接。采用前两种形式的局限性主要体现在问卷的交互性较差，并且数据的处理会很麻烦，每份问卷的答案都是以邮件形式发回，必须重新导入数据库后才能进行处理。URL 链接的形式则需一定的空间来存储被调查者反馈的问卷答案，但随着网站构建技术和专业网络调查平台（如问卷星、调查派、腾讯问卷）的发展，通过调查平台可以十分方便地导出数据，并进行基础的统计分析。网络问卷调查结束后的工作是问卷调查的统计和分析，有关这方面的内容请参阅本书中的有关章节，这里不再重述。

2.2　在线问卷调查法

在线问卷调查法是将问卷在网上发布，被调查对象通过 Internet 访问网站来自愿完成问卷调查。网络调查问卷一般采用选择答案的方式，这种方式只需用鼠标点击就可以轻而易举地实现，大大地简化了被调查者的操作，简单的操作能够争取更多的人来参与网上调查。例如，在网上进行的三峡旅游问卷调查就是采用这种方法，它的界面如图 6.2－1 所示。

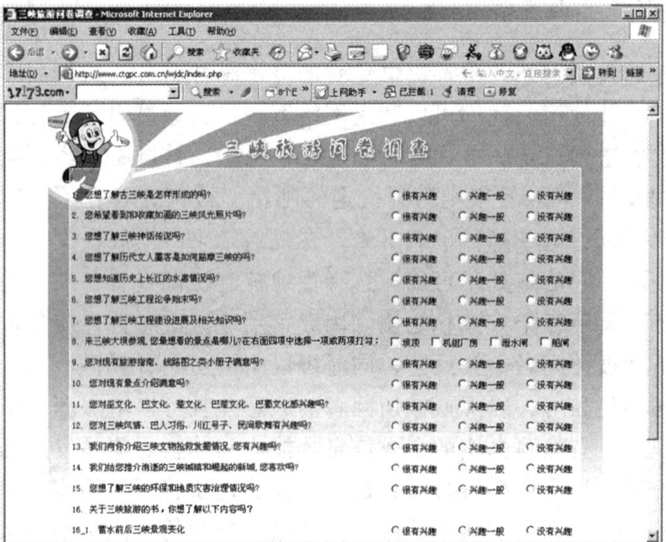

图 6.2－1　三峡旅游问卷调查网页

在线问卷调查有以下两种途径：一种是将问卷放置在旅游企业网站上，等待访问者访问时填写问卷，如三峡旅游问卷调查就是采用的这种方法，另一种是网上拦截调查，这种方法是在网站中拦截浏览者。通常是采用系统等距抽样的方法，每隔 N 个浏览者邀请一位浏览者参与调查，此方法是针对浏览该网站的网民进行抽样。为解决防止同一人多次填答问卷的问题，可以采用 Cookie 技术加以控制。这类方法属于被动调查法，它的好处是填写者一般都是自愿的，缺点是无法核对填写者的真实情况。网上拦截调查法面临的主要是时间问题，即邀请被调查者填答问卷所需要的时间，如果不是知名度较高的网站，则什么时候才能等到足够的被调查者很难预料，这会造成调查周期的延长。而拒答问题则是这种方式的另一个难以解决的问题，因为使用等距抽样的方法拦截到被调查者时，被调查者会不会接受合作是很难确定的事情。

在线问卷调查的过程中，保证被调查样本的代表性也是很重要的。也就是说要尽可能地达到一定问卷数量的回收。要想实现这个目标，可以通过各种广告宣传方式来进行，例如对网站注册用户发放 E-mail、借助在搜索引擎中注册调查网页、在影响较广的网站上建立链接、在传统媒体上做广告等手段让更多的人了解该项调查，以吸引大量访问者来参与此项调查。伴随移动互联网的发展，在线问卷调查逐渐与手机 APP 相结合，如通过微信公众号进行散播，不仅能在较短时间内完成目标数量的问卷，降低调查成本，同时填写者信息的真实性也能在一定程度上得以提高。

3 网上讨论法

网上讨论法主要是通过电子公告栏（BBS）、新闻组（Newsgroup）、网络实时交谈（IRC）或网络会议（Net meeting）等手段来进行讨论并收集感兴趣的信息。这种方法是由主持人在相应的讨论组中发布调查项目，请被调查者参与讨论，发布各自观点和意见。或是将分散在不同地域的被调查者通过互联网视频会议功能虚拟地组织起来，在主持人的引导下进行讨论。网上讨论法是小组讨论法在互联网上的应用。它的结果需要主持人加以总结和分析，对信息收集和数据处理的模式设计要求很高，难度比较大。

3.1 公告栏

公告栏（Bulletin Board System，BBS）就是在网上提供一公开讨论的论坛，任何一个网民都可以在这个论坛上面留言来回答问题或发表意见和提问，也可以查看其他网民的留言，就像在一个公共场所进行讨论一样，网民可以随意参加也可以随意离开。公告栏软件系统有以下两大类：一类是基于 Telnet 模式的文本方式，查看和浏览都不太方便，在公告栏使用的早期用得比较多；另一类是基于网页方式的公告栏，它是通过网页加上程序来实现的。这种方式界面友好，很受欢迎，使用方法就如同浏览网页。现在的公告栏，大多采用这种技术。

BBS 系统的应用大致可以分为以下五类：

（1）校园 BBS 系统。校园 BBS 发展很快，目前大多数大学都有了 BBS，深受学生和网民的喜爱。现在大多数校园 BBS 系统是由各校的网络中心建立和维护的，也有少量私人性质的 BBS。

（2）商业 BBS 系统。商业 BBS 主要是进行商业方面的宣传、产品推荐等，例如，旅游企业可以利用 BBS 来与游客进行互动，通过对某个与旅游服务有关的热点问题的讨论来获取游客的意见，为旅游企业改进服务质量提供依据。

（3）专业 BBS 系统。专业 BBS 是指国家机关、科研机构、公司等单位建立的 BBS 系统，主要用于建立地域性的文件传输和信息发布系统。

（4）情感 BBS 系统。情感 BBS 系统主要用于交流情感，许多娱乐性网站一般都会选择建立这种 BBS 系统。

（5）个人 BBS 系统。有些个人在其个人主页上创建 BBS，用于与好友进行沟通和收集别人的想法。

应用电子公告栏（BBS）来进行讨论时，要首先确定可以讨论的具体话题，其次要申请创建已确定的话题，最后引导对此话题感兴趣的人们进行讨论，从而获得有用的信息。例如，中国旅游电子商务论坛就是一个利用电子公告牌（BBS）的论坛。该论坛的界面如图 6.2－2 所示。在论坛中要进行讨论时首先确定可以讨论的具体话题并在这个论坛中申请创建此话题，然后引导对此话题感兴趣的人们进行讨论。参与讨论的人可以对这个话题发表评论，操作过程只需要按相应的中文提示操做就可以很方便地实现，操作界面如图 6.2－3 所示。

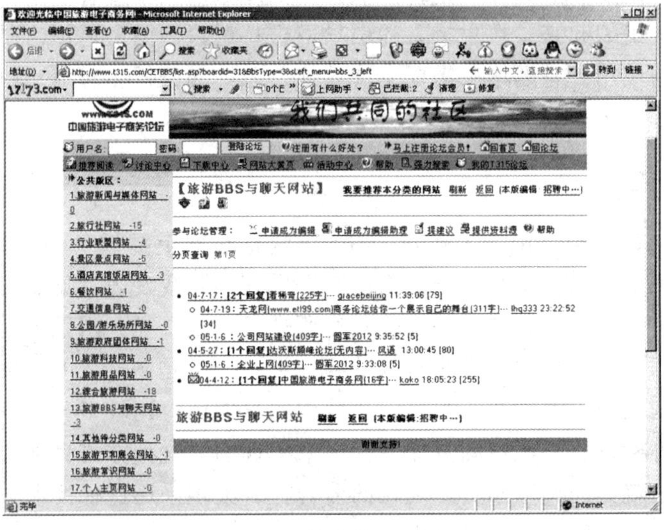

图 6.2－2　中国旅游电子商务论坛主页

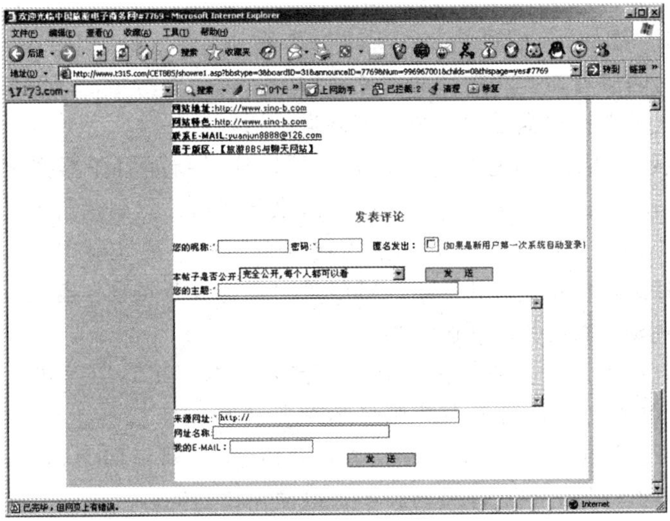

图 6.2－3 中国旅游电子商务论坛操作界面

3.2 新闻组

新闻组一般称为 Usenet 或 Newsgroup。它是以一个或多个可识别标签所标识的文章，在基于网络的计算机之间进行信息交换，以获得免费的信息或相互交换免费的信息为目的的信息交流方式。由于新闻组使用方便，内容广泛，并且可以精确地对参与者进行分类，它所包含的各种不同类别的主题已经涵盖了人类社会所能涉及到的所有内容，如科学技术、人文社会、地理历史、旅游休闲等。使用新闻组的人主要是为了及时跟踪和参与新闻组的信息交流，这有助于旅游企业获取一些问卷调查无法发现的问题。因为问卷调查是从旅游企业角度出发考虑问题，而新闻组是用户自发的感受和体会，他们传达的信息也是最接近市场和最客观的，缺点是信息不够规范，需专业人员进行整理和挖掘后才能利用。

访问新闻组的方法有多种，下面以 Outlook－express 中的新闻组功能为例介绍访问新闻组的方法。

（1）添加新闻服务器。新闻服务器在访问新闻组的过程中起到了至关重要的作用，这是由于所写的新闻是存放在新闻服务器上。新闻服务器由个人、群组或公司负责维护，每个新闻组都有一个特定的主题，任何人都可以很方便地加入新闻组，并可以向新闻组发送新闻和阅读新闻。因此，要加入新闻组首先要添加新闻服务器。添加新闻服务器的具体操作方法是在"工具"菜单上单击"账号"，再单击"添加"，最后单击"新闻"选项卡，然后按照 Internet 连接向导的提示来添加新闻服务器。添加新闻服务器后，系统会提示是否现在要预订某个新闻组，这时就可以根据提示预订个人感兴趣的话题。

（2）查找新闻组。对感兴趣的话题，可以通过新闻服务器搜索新闻组名称中的特定单词。方法是在文件夹列表中单击服务器名，然后单击工具栏上的"新闻组"按钮。在"显示包含以下文字的新闻组"框中键入要搜索的内容。如果在列表中没有找到想要找的新闻组，可能是由于这个新闻服务器没有设立在这个新闻组中，需要添加这个新闻服务器。

（3）预订新闻组。要预订新闻组时，首先单击"工具"菜单，再单击"新闻组"，然后单击文件夹列表中的服务器名，再单击工具栏上的"新闻组"按钮，之后单击要预订的新闻组，最后单击"预订"。对新闻组预订的好处在于，预订后的新闻组将包含在文件夹列表中，以便用户访问。

要查看已预订的新闻组时，在文件夹列表中单击该新闻组就可以查看。

要取消对新闻组的预订时，首先单击工具栏上的"新闻组"按钮，然后单击要取消的新闻组，最后单击"取消预订该新闻组"。

（4）对新闻邮件的操作。个人要发送邮件时，首先单击"工具"菜单上的"选择新闻组"，再单击文件夹列表中的某个新闻组，之后单击"添加"，再键入邮件的主题，撰写邮件内容，最后单击工具栏上的"投递邮件"按钮。注意 Outlook Express 无法投递不包含主题的邮件。

回复新闻组邮件时，首先在邮件列表中单击要回复的邮件，之后如果要回复所在的这个新闻组则单击工具栏上的"回复新闻组"按钮，若要选择其他新闻组则单击"工具"菜单上的"选择新闻组"，最后键入回复内容，单击"发送"按钮。

3.3　网络实时交谈

网络实时交谈（Internet Relay Chat，IRC）是一种网络即时聊天系统。它采用客户机/服务器模式，网民是通过客户端程序与远程主机建立连接，远程主机可以接受多个来自客户端程序的连接，由此实现多用户之间的实时通话。这种交谈方式的最大优点是速度特别快，传统的 Web 聊天使用的是浏览器，需要在下载的同时进行页面解释，因此页面刷新速度比较慢，通常需要数秒甚至数十秒才能完成，而网络实时交谈是利用专门的聊天软件，不需要页面解释的过程，所以它的屏幕刷新速度非常快，只需要毫秒级的时间就能完成，聊天时几乎没有延迟以及任何抖动的现象。网络实时交谈有极高的保密性，它不仅支持在线的文件传递而且具有绝对安全的私聊功能。这种聊天软件不像在某些 Web 聊天室里，管理员可以通过一些特定的 CGI 或者 ASP 程序来窥探到你的聊天内容，它可以避开公共聊天室而代之以密聊即常说的开小窗，这时其他任何人都无法了解到你们聊了些什么，包括管理员也无法得知聊天内容。利用网络实时交谈软件可以实现深度访谈。

4 利用搜索引擎收集资料

利用搜索引擎收集资料的方法主要是利用搜索引擎等工具搜索有关网站的网址，然后访问想要查找信息的网站或网页。在选择搜索引擎时可根据所需信息为中文或外文选择使用不同的搜索引擎，如果仅限于中文信息，目前国内使用较多的搜索引擎有百度、360 搜索、搜狗等；如果涉及外文信息，使用较多的搜索引擎有 Google、Yahoo、Excite、Bing 等，其中 Google、Bing 对于中文信息也有较好的搜索结果，并提供了专门的国内版本。

由于互联网上各种各样的信息非常多，许多使用者花了大量的时间和精力还是找不到所需要的信息，要想快速、准确地找到它们，就必须掌握搜索引擎的各种检索技术，下面以国际上最常用的 Google 网站为例来介绍如何使用搜索引擎来收集信息。

在浏览器的地址栏中输入网址 http：//www. google. com，进入到 google 网站的主页。在主页的查找框中输入要查找的关键字。例如，要收集关于中国旅游电子商务的信息，可以在主页的查找框中输入“中国旅游电子商务”，然后单击“google 搜索”按钮。这时你会发现有 60 多万项符合中国旅游电子商务的查询结果，如果想要扩大或缩小搜索范围，可以利用网络信息检索技术来实现，下面简单介绍常用的网络信息检索技术。

4.1 “+”或“&”

功能：该符号所连接的检索词必须出现在搜索结果中。

例如，在查找框中输入“旅游 & 资源”表示旅游与资源这两个词必须出现在搜索结果的网页中。查询结果如图 6.2 –4 所示，符合这个查询条件的结果约有 1770,000 项。

4.2 “–”或“!”

功能：该符号所连接的检索词不能出现在搜索结果中。

例如，在查找框中输入“旅游 & 资源！旅行社”（或“旅游 & 资源—旅行

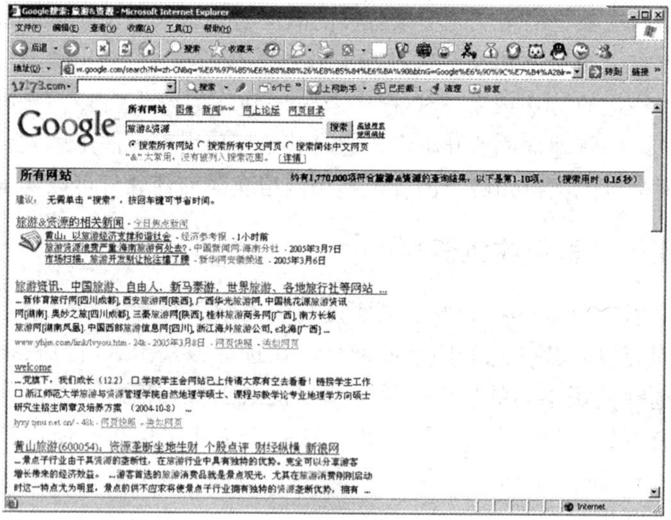

图 6.2-4　输入"旅游 & 资源"的检索结果界面

社"）表示查找旅游资源的过程中不包括旅行社的网站，查询结果如图 6.2-5 所示。符合这个查询条件的结果约有 12,100 项，比上一个搜索结果少了约 176 万项，大大缩小了范围。因此，"-"或"!"的作用就在于可以使搜索结果更能反映你的需要，使你从大量无关的搜索结果中解脱出来。

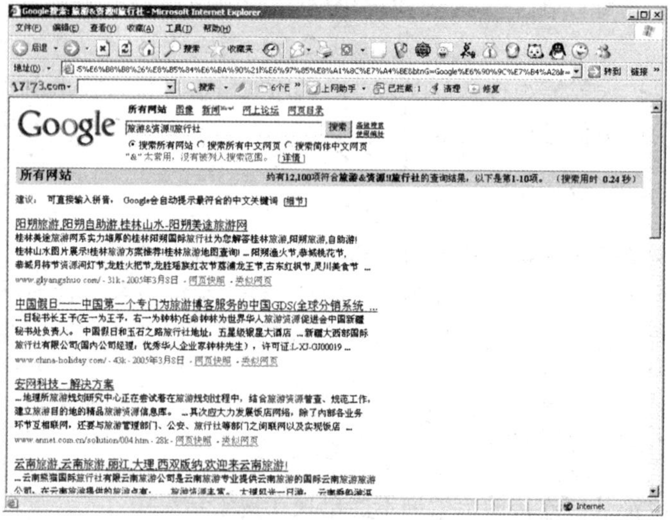

图 6.2-5　输入"旅游 & 资源！旅行社"的检索结果界面

4.3　“|”

功能：一组检索词在搜索结果中只要出现任一个即被选中。

例如，在查找框中输入“旅游 | 资源”表示旅游或者资源这两个词只要出现一个就被检索出来，它的含义是收集包括旅游资源在内的所有资源的信息。查询结果如图 6.2－6 所示。符合这个查询条件的结果约有 21,200,000 项，比前边的搜索范围要大得多。当需要更广泛地获取信息时，一般采用这种方法。

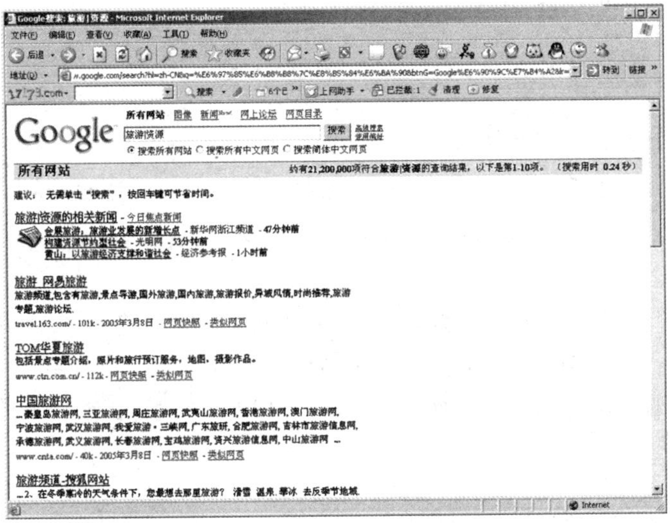

图 6.2－6　输入“旅游 | 资源”的检索结果界面

4.4　“""”

功能：词组检索功能，只检索含有该词组的信息。

例如，在查找框中输入“"中国旅游电子商务"”，表示只搜索含有词组“中国旅游电子商务”的网页。查询结果如图 6.2－7 所示，符合这个查询条件的结果约有 5,680 项。比前边在查找框中不加“""”地输入“中国旅游电子商务”要少许多查询结果，这种方法可以有效地缩小搜索范围。

4.5　“*”

功能：自动查找具有相同词干的所有单词。

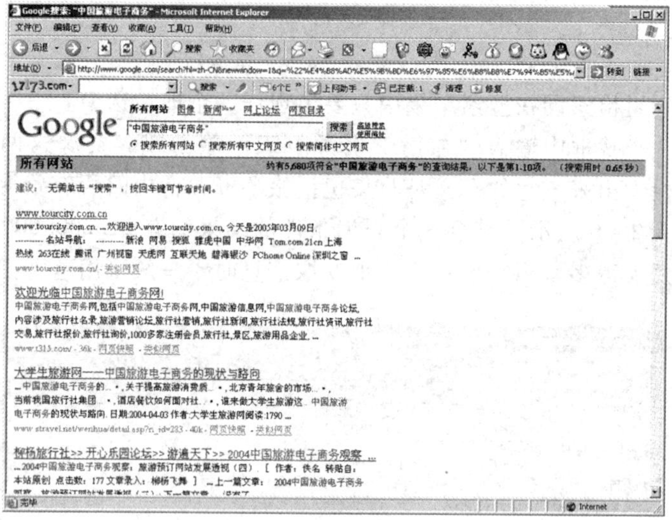

图 6.2－7 输入“" 中国旅游电子商务"”的检索结果界面

例如，在查找框中输入“旅游＊”，表示可自动查找含有“旅游”这个词干的各个网页。查询结果如图 6.2－8 所示，符合这个查询条件的结果约有 14,300,000 项。搜索的结果比较多，因此，这种方法可以提高搜索的全面性，扩大选中结果的数量。

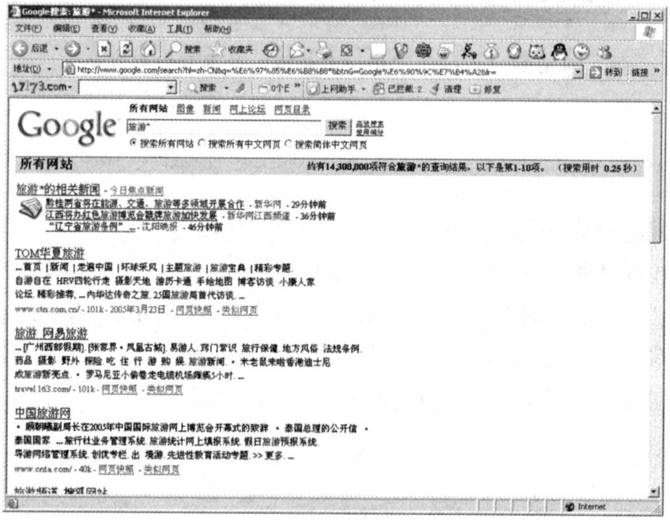

图 6.2－8 输入“旅游＊”的检索结果界面

4.6　限定查找的起止日期

功能：搜索特定时间段内的信息。

例如，要查找近6个月所发布的旅游景点的信息，可以利用高级检索功能来实现。首先进入高级搜索页面，在包含以下全部字词的输入框中输入“旅游景点”并在日期输入框中选择“过去6个月”，查询结果如图6.2－9所示，然后点击“Google 搜索”按钮，近6个月发布的旅游景点信息的链接点就都被搜索出来了。符合这个查询条件的结果约有100万项。

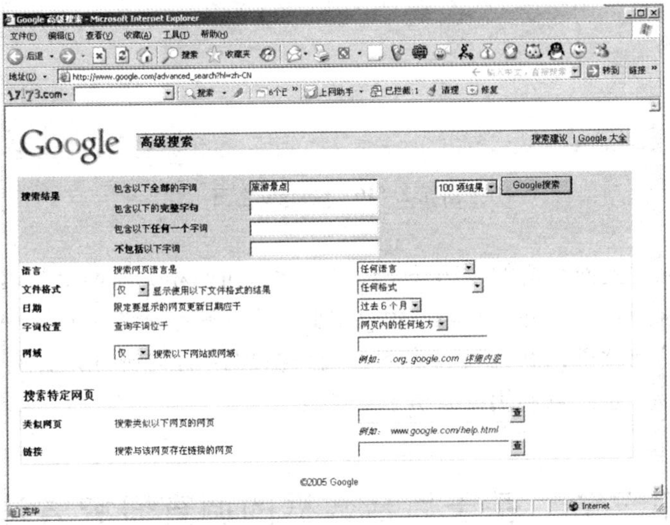

图6.2－9　高级搜索页面

4.7　搜索网站

功能：检索词必须出现在域名、主机名或主机地址中。

例如，要查询旅游景点的网站，可以在查找框中输入“domain：旅游景点”，查询结果如图6.2－10所示。然后点击“Google 搜索”按钮，与旅游景点网站的链接点就都被搜索出来了。符合这个查询条件的结果有3000多项，这个结果说明介绍旅游景点的网站有3000多个。

一般搜索引擎都支持以上这些搜索功能，但是具体使用时，符号会有所差别，因此在实际使用前可以先浏览一下“帮助”页面。

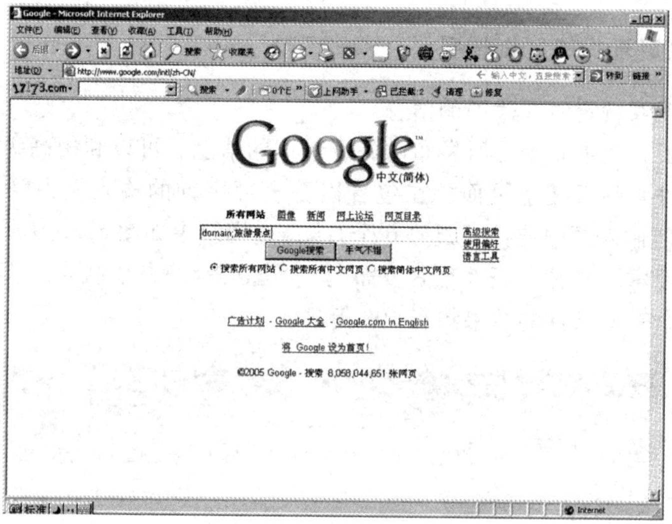

图 6.2-10　Google 主页

另外，除了上面介绍的方法外，还可以通过访问相关的网上数据库来收集资料，这就要求用户知道哪些专题的信息主要集中在哪些网络数据库中，对这些数据库的直接访问就可以获得所需资料。网络数据库的查找可以查阅《数据库指南》等出版物，也可以利用搜索引擎来查找。

第三节　基于后台数据的调查研究方法

网络后台数据的调查研究是利用网络在线数据跟踪技术，对网民的网络行为进行跟踪，从数据中分析并得到有用的信息，帮助旅游企业进行旅游市场调研。例如通过搜索引擎关键词统计法得到网民最感兴趣的旅游目的地，进行该旅游目的地的线路设计并推向市场。获取网民的网络行为数据的渠道主要有以下三个：一是网民所访问的网站，这些网站记录着网民的访问行为；二是网民所使用的客户端，包括电脑或者无线智能终端等设备；三是常用的搜索引擎，由于搜索引擎记录着网民所使用的搜索关键词，由此可以掌握网民所关注的热点。获取网民行为的数据分析法主要有网站流量监测法、网民行为跟踪法和搜索引擎关键词统计法。下面分别对这三种方法加以介绍。

1 网站流量监测法

网站流量监测是利用在网站服务器端安装统计分析软件，监测网民访问该网站的网络行为。目前，百度、Google、雅虎等知名网络公司都提供了免费的统计代码，网站所有者将统计代码放置在需要进行流量监测的页面上就可以获得网站流量的基本数据。以 Google 提供的流量统计服务为例，2005 年的时候 Google 收购了 Urchin Software 企业并推出了基于 Urchin Software 企业提供技术的 Google Analytics，该统计代码通过监测流量可以获取以下三个方面的主要数据：

1.1 访问者概况

获取的数据一是访问者的来源地，根据 IP 地址可以获取访问者的地理位置；二是新访者与回访者比率，从这个比率可以分析回头客所占的百分比，为提高客户忠诚度提供科学依据；三是综合浏览量，浏览量是网络营销的重要指标，是衡量广告投放、营销效果的重要依据；四是访问时长，即每个访问者的平均停留时间，访问时间的长短反映了访问者对网站的关注程度；五是访问深度，当访问网站的深度较深时，说明该访问者对网站的兴趣较大；六是主页浏览数，尽管有很多人不是通过主页来访问网站，但许多人通常还是会进入到主页，通过主页浏览数可以测量访问者的整体状况；七是网站访问周期，访问网站的访问者是否存在随某些热门事件起落或对某些年月日出现的周期性变化，而这些访问周期也会预示着网民的某些爱好。

1.2 流量来源

访问可能来自直接访问，也可能通过其他网站的超链接来访问以及通过搜索引擎来访问。对访问者来源的监测可以摸清访问者来自于哪种方式，如果来自搜索引擎，就可以记录访问者在搜索引擎中使用的关键词。

1.3 访问内容

主要包括网站的热门内容、网站常见的目标页及退出页、站内搜索使用状况等。网站内容的受欢迎程度是用网站流量数据来衡量的，这是由于网站的受欢迎程度及网站内容的被关注度会通过网站流量的高低直接反映出来。尽管网站的设计风格对网站流量有较大影响，但毕竟网站还是以内容为主。例如对同一主题但观点对立的网站流量情况的统计，对其中一种观点的到访人数、浏览页数及停留时间的长短等数据都可以反映人们对这一观点的关注程度。

总之，网站流量监测的方法可以对访问网站的网民行为进行全面的获取和统计。由于这种方法属于非参与式的调研方法，网民并不知道网站对他们上网行为的监测，因此获得的数据更真实可靠。但这种方式只适合于流量较大的网站，而对流量较小的网站，其监测数据不具备代表性，难以对全体网民真实地反映他们的网络行为特征。

2　网民行为跟踪法

网民行为跟踪法是利用安装在网民客户端电脑上的第三方统计软件来对网民的网络访问行为进行跟踪。第三方统计软件的发布者为了让网民安装这个统计插件，常采用提供信息服务或经济补偿等方式来获取网民的网络行为资料。例如，著名的艾瑞咨询集团所发布的调研通软件，安装此软件的网民可以获得该集团的经济报酬，软件安装后可以每天记录网民的网络访问行为。据艾瑞咨询集团公布的信息，安装该软件的大陆网民已超过10万人。艾瑞咨询集团通过调研通软件大量收集网民的数据，开展国内网民的网络行为研究，对网民访问网站的类型及使用网络应用软件的情况进行监测，每月发布各种调查报告，例如针对某行业发布网络行为的调查报告。网民行为数据是包含跨网站跨行业的网民行为数据，它可以对不同行业和不同网站进行数据对比分析。与网站流量数据相比，其覆盖面更广，应用范围更大。例如，对行业网站进行分类排名，这一排名反映了人们使用互联网的基本情况，排名的变化直接反映了行业网站的兴衰。

应用这种方法的另一个实例是法国 Net Value 公司的“基于互联网用户的全景测量”，该公司首先通过计算机辅助电话调查（CATI）的方法获得总体样本的基本人口统计资料，然后随机抽出样本，招募自愿接受这种调查的网民，将软件安装到这些网民的电脑中，保存选中网民的全部网上行为。这种方法不同于基于网站的通过计数器来统计访问量和停留时间的网上观察，它是基于用户的全面了解网站和用户访问的情况，由于这种调查是目前世界上唯一基于 TCP/IP 进行的，也就是说它既记录了用户访问的网站又记录了网民的收发电子邮件和上传与下载软件等所有的网上行为，所以被称为“全景测量”

网民行为跟踪法还可以对安装第三方统计软件的网民样本进行有效性检验，通过筛选和加权等方法，推断整体网民的网络行为，具有很强的科学性。但这种方法属于参与式调研方法，网民安装插件后会考虑到个人隐私问题，其网络访问行为出现误差的可能性也比较大。

3 搜索引擎关键词统计法

搜索引擎关键词统计法是利用百度指数、Google 趋势等统计分析工具对网民搜索的关键词进行统计分析。例如，在 Google 趋势中，可以直观地看到各个关键词在 Google 全球搜索量的变化趋势，并可以显示长达 3 ~ 5 年的城市、国家/地区、语言柱状图。Google 趋势可以同时对多达 5 个关键词的统计数据进行比较，通过比较，网民对不同关键词的偏好也就一目了然了。Google 趋势及热榜的统计分析工具是可以免费获取并使用的，百度指数目前虽然不能直接免费使用，但通过免费申请邀请码来注册，同样可以获得免费使用。

大多数网民上网时都会通过搜索引擎来查找信息，它是网民从海量网络信息中寻找所需信息的不可或缺的工具。网民通过搜索引擎中输入的关键词能直接反映网民的关注点和兴趣所在。对搜索引擎关键词数据的统计分析，可以帮助判断和预测网民的行为，对旅游市场决策具有重要的参考价值。搜索引擎关键词统计的数据获取并不困难，这种方法对无数网民的搜索行为进行了记录和统计，提供了丰富客观的网络行为数据，为人们了解网民行为创造了条件。搜索引擎关键词统计法将成为网络调查研究的一个重要方法。它为网络调查研究提供了较为真实的数据参考。随着互联网的进一步普及和网络技术的不断发展，这种方法的适用范围将进一步扩大，最终将成为研究市场和社会的一个不可或缺的工具。

【思考题】

1. 基于现代信息技术的网络调查较之于传统现场调查有哪些优势？
2. 如何进行定量的网络调查？
3. 定性的网络调查是怎样进行的？
4. 如何对网络调查进行质量控制？

第二部分

旅游研究的数据分析方法
——基础篇

第七章

抽样与参数估计

【本章导读】

抽样调查是以数理统计为理论基础的一种非全面调查方法。抽样与参数估计就是利用样本所提供的信息，对总体的数字特征作出科学的估计。参数估计是数理统计的基本方法之一。本章首先简单介绍了几种概率和非概率抽样的方法，然后给出了样本均值的分布及样本方差的分布的理论。本章的重点是利用样本均值对总体均值进行区间估计。在详细讲解计算方法的基础上，加入了丰富的案例，适当引入使用 SPSS 软件的操作步骤，以使读者能够在理解数理统计思想方法的基础上学会统计软件的使用，并对输出结果作出合理的解释。

第一节　抽样方法

1　概率抽样方法

概率抽样是严格按照确定的概率抽取样本，总体中的每一个单位被抽到的概率都是相同的。概率抽样也可以称作随机抽样，概率抽样有简单随机抽样、分层抽样、等距抽样、整群抽样等几种形式。

1.1　简单随机抽样

简单随机抽样是指从总体 N 个单位中抽取 n 个单位组成样本，每个样本被抽到的可能性完全相等的一种随机抽样方式。

1.2 分层抽样

在分层抽样中，总体首先被分成若干个“层”，然后再从每一个层中随机抽取样本。每一层内的元素应呈现出同质性或相似性，层与层间的元素应表现出异质性或差异性。当已知总体由差异明显的几部分组成时，通常使用分层抽样的方法。

1.3 等距抽样

等距抽样是在总体中每隔一定距离选取一个样本，即从数量为 N 的总体中每隔 k 个单位就选取一个样本，若需选择 n 个样本，则 $k=\frac{N}{n}$（k 的值需取整数）。

1.4 整群抽样

整群抽样首先需要把总体分为几个互不重叠的群，然后再在每一个群中随机抽取样本。在分层抽样中，同层元素具有同质性，而在整群抽样中，同群元素具有异质性。

2 非概率抽样方法

非概率抽样是不完全按照随机原则选取样本，即总体中的每一个样本不可能以同等的概率被选中。非概率抽样有方便抽样、判断抽样、定额抽样、滚雪球抽样等几种方法。

2.1 方便抽样

方便抽样是为了容易地得到样本的一种抽样方法。通常是选取那些邻近的、愿意参与的个体作为样本。

2.2 判断抽样

判断抽样是根据合理的判断而得到具有代表性的样本的一种抽取方法。如果判断正确，使用判断抽样既节约时间又节省成本，但通常就一个判断而言，没有一个客观的评价标准，出现人为的判断错误是不可避免的。

2.3 定额抽样

定额抽样是在一群满足特定条件的总体的子集中，选取一定数目的样本的抽样方法。定额就是从子集中选取样本的数量，而在子集中选取样本采用的是非概率抽样方法。

2.4　滚雪球抽样

滚雪球抽样的所有被访问对象都是由推荐人推荐产生的。在选取样本时，如果研究对象难以确定，采用滚雪球抽样的方法是最佳选择，通过这些推荐人，可以方便有效地确定研究对象。

第二节　抽样分布

1　样本均值的分布

1.1　中心极限定理

从均值为 μ 、方差为 σ^2 的一个服从任意分布的总体中，抽取容量为 n 的样本，当 n 充分大时，样本均值 $\overline{X}$ 的抽样分布近似服从均值为 μ 、方差为 $\frac{\sigma^2}{n}$ 的正态分布。

中心极限定理告诉我们，当样本总体不是正态分布或者总体的分布未知时，只要样本容量 n 充分大，样本均值就服从正态分布。那么 n 多大才叫充分大呢？当总体的分布未知时，通常要求 $n \geqslant 50$ 。

1.2　样本均值的分布

(1) 正态分布。设 $X_1, X_2, \cdots, X_n$ 是来自正态总体 $N(\mu, \sigma^2)$ 的一个样本，μ 为总体均值，σ^2 为总体方差，样本均值用 $\overline{X}$ 表示，其中：

$$\overline{X} = \frac{1}{n}\sum_{i=1}^{n} X_i \quad \text{（公式 7.2－1）}$$

则 $\overline{X} \sim N(\mu, \frac{\sigma^2}{n})$ 。

即来自正态分布总体 $N(\mu, \sigma^2)$ 的样本的均值 $\overline{X}$ 服从以总体期望为期望，以总体方差的 $\frac{1}{n}$ 为方差的正态分布。说明当用样本均值 $\overline{X}$ 估计总体均值 μ 时，n 越大，$\overline{X}$ 的离散程度越小，用 $\overline{X}$ 估计 μ 就越准确。

由中心极限定理可知，无论总体服从什么分布，若总体均值为 μ ，总体方差

为 σ^2，当 $n \geqslant 50$ 时，总有 $\overline{X} \sim N(\mu,\frac{\sigma^2}{n})$。

选取统计量：
$$u = \frac{\overline{X} - \mu}{\sigma/\sqrt{n}} \quad \text{（公式 7.2 - 2）}$$

则 $u = \dfrac{\overline{X} - \mu}{\sigma/\sqrt{n}} \sim N(0,1)$。

（2）t 分布。设 $X_1, X_2, \cdots, X_n$ 是来自正态总体 $N(\mu,\sigma^2)$ 的一个样本，μ 为总体均值，σ^2 为总体方差，而总体方差 σ^2 未知，样本均值 $\overline{X} = \frac{1}{n}\sum_{i=1}^{n} X_i$，样本方差为 S^2，

其中，
$$S^2 = \frac{1}{n-1}\sum_{i=1}^{n}(X_i - \overline{X})^2 \quad \text{（公式 7.2 - 3）}$$

选取统计量：
$$t = \frac{\overline{X} - \mu}{S/\sqrt{n}} \quad \text{（公式 7.2 - 4）}$$

则 $t = \dfrac{\overline{X} - \mu}{S/\sqrt{n}} \sim t(n-1)$。

其中，$t(n-1)$ 称为自由度为 $n-1$ 的 t 分布。

t 分布曲线与正态分布曲线十分相似，只是 t 分布曲线比正态分布曲线中间更为平缓，两侧尾部的面积更大。随着 n 的增大，t 分布越来越接近正态分布。当 $n > 45$ 时，t 分布与正态分布几乎没有差异。

t 分布通常是在小样本情况下，总体方差未知时，对总体均值 μ 的参数估计和假设检验中使用。

在大样本情况下，u 值和 t 值的差别很小，可以忽略，即使总体方差未知，仍可使用正态分布。

2 样本方差的分布

2.1 χ^2 分布

设 $X_1, X_2, \cdots, X_n$ 是来自正态总体 $N(\mu,\sigma^2)$ 的一个样本，样本均值 $\overline{X} = \frac{1}{n}\sum_{i=1}^{n} X_i$，样本方差 $S^2 = \frac{1}{n-1}\sum_{i=1}^{n}(X_i - \overline{X})^2$，

选取统计量：
$$\chi^2 = \frac{(n-1)S^2}{\sigma^2} \quad \text{（公式 7.2 - 5）}$$

则 $\chi^2 = \frac{(n-1)S^2}{\sigma^2} \sim \chi^2(n-1)$ 。

其中，$\chi^2(n-1)$ 称为自由度为 $n-1$ 的 χ^2 分布。设 $X_1, X_2, \cdots, X_n$ 是来自正态总体 $N(0,1)$ 的一个样本，则 $\sum_{i=1}^{n} X_i^2 \sim \chi^2(n)$。

χ^2 分布常用于总体方差 σ^2 的估计。在列联分析的独立性检验和一致性检验中都使用 χ^2 分布。

2.2　F 分布

设 $X_1, X_2, \cdots, X_{n_1}$ 是来自正态总体 $N(\mu_1, \sigma_1^2)$ 的一个样本，设 $Y_1, Y_2, \cdots, Y_{n_2}$ 是来自正态总体 $N(\mu_2, \sigma_2^2)$ 的一个样本，且两样本相互独立，

选取统计量：

$$F = \frac{S_1^2/S_2^2}{\sigma_1^2/\sigma_2^2} \qquad \text{（公式 7.2-6）}$$

其中，

$$S_1^2 = \frac{1}{n_1-1}\sum_{i=1}^{n_1}(X_i - \bar{X})^2 \qquad \text{（公式 7.2-7）}$$

$$S_2^2 = \frac{1}{n_2-1}\sum_{i=1}^{n_2}(Y_i - \bar{Y})^2 \qquad \text{（公式 7.2-8）}$$

则 $F = \frac{S_1^2/S_2^2}{\sigma_1^2/\sigma_2^2} \sim F(n_1-1, n_2-1)$ 。

$F(n_1-1, n_2-1)$ 为第一自由度 n_1-1 、第二自由度 n_2-1 的 F 分布。

F 分布用于方差分析和回归方程的显著性检验，还可用于检验两个正态总体的方差是否相等。

3　样本比例的分布

在统计推断的过程中，有时研究的是样本比例 $\hat{p}$ ，而不是样本均值。样本比例 $\hat{p}$ 是样本中具有某种特征的单位数量 X 除以样本中的单位总数 n 得到的。

$$\hat{p} = \frac{X}{n} \qquad \text{（公式 7.2-9）}$$

总体中具有某种特征的单位占全部单位的比例称为总体比例，记为 p 。

显然，样本比例的分布服从二项分布，在大样本情况下，当 $np > 5$ ，$n(1-p) > 5$ 时，二项分布近似于正态分布，即样本比例分布近似于正态分布。

若从总体中抽取 n 个样本，则样本比例 $\hat{p}$ 的均值为总体比例 p，$\hat{p}$ 的方差为 $\frac{1}{n}p(1-p)$，即：

$$\hat{p} \sim N\left(p, \frac{1}{n}p(1-p)\right)$$

选取统计量：

$$u = \frac{\hat{p} - p}{\sqrt{\frac{p(1-p)}{n}}} \qquad \text{（公式 7.2－10）}$$

则 $u = \dfrac{\hat{p} - p}{\sqrt{\frac{p(1-p)}{n}}}$ 近似服从 $N(0,1)$。

第三节　总体均值的区间估计

区间估计，就是用一个区间去估计未知参数，就是把未知参数估计在某两个数值之间。例如，我们有 95% 的把握预言 2010 年的人均旅游支出增长在 9% ~ 10% 之间。那么 9% ~ 10% 就是一个区间估计，其中 95% 称为置信水平，上述的是一个置信水平为 95% 的区间估计。

置信水平表达了区间估计的可靠性，它是区间估计的可靠概率。在进行区间估计时，要注意置信水平的选取。因为置信水平定得越大，置信区间相应也越大，即估计的可靠性越大，估计的精确性就越小。

1　σ^2 已知时，总体均值 μ 的区间估计

设 $X_1, X_2, \cdots, X_n$ 是来自正态总体 $N(\mu, \sigma^2)$ 的一个样本，其中总体方差 σ^2 已知，则统计量 $u = \dfrac{\overline{X} - \mu}{\sigma / \sqrt{n}} \sim N(0,1)$。

对于给定的显著性水平 $\alpha(0 < \alpha < 1)$，总体均值 μ 在置信水平 $1-\alpha$ 下的置信区间为：

$$\left(\overline{X} - u_{\frac{\alpha}{2}} \frac{\sigma}{\sqrt{n}}, \overline{X} + u_{\frac{\alpha}{2}} \frac{\sigma}{\sqrt{n}}\right) \qquad \text{（公式 7.3－1）}$$

例 7.3－1　某饭店随机抽取了 36 名顾客，对其入住天数进行统计调查，其中入住 3 天的有 14 人，入住 4 天的有 8 人，入住 2 天的有 6 人，入住 5 天的有 5 人，入住 1 天的有 2 人，入住 6 天的有 1 人，假设总体服从正态分布，其总体标准差为 1.2，试构建 98% 的置信区间，估计顾客的平均入住天数。

本例中，因为总体服从正态分布，所以样本均值服从正态分布。

解：由题意可知：$\overline{X}=3.31$，$n=36$，$\sigma=1.2$，由 $1-\alpha=0.98$，$\alpha=0.02$，得 $u_{\frac{\alpha}{2}}=2.33$，

其中，$u_{\frac{\alpha}{2}}$ 可由 SPSS 的函数“IDF. NORMAL（0.99，0，1）”获得。

根据公式 7.3－1，总体均值 μ 在置信水平 98% 下的置信区间为：

$$\left(\overline{X}-u_{\frac{\alpha}{2}}\frac{\sigma}{\sqrt{n}},\overline{X}+u_{\frac{\alpha}{2}}\frac{\sigma}{\sqrt{n}}\right)$$
$$=\left(3.31-2.33\times\frac{1.2}{\sqrt{36}},3.31+2.33\times\frac{1.2}{\sqrt{36}}\right)$$
$$=(2.84,3.78)$$

也就是说，有 98% 的把握相信，顾客平均入住天数在 2.84～3.78 天之间。

使用 SPSS 计算 $u_{\frac{\alpha}{2}}$ 的操作步骤：

- 选择菜单 Transform→Compute Variable，出现对话框；
- 在 Target Variable 框中输入“u 的上分位点”；
- 在 Function group 框中选中“Inverse DF”；
- 在 Functions and Special Variables 框中选中“Idf. Normal”，出现：IDF. NORMAL（prob，mean，stddev），表示具有指定的累计概率 prob、均值 mean 和标准差 stddev 的正态分布值。其中，累计概率 prob 为 $1-\frac{\alpha}{2}$，均值 mean 为 0，标准差 stddev 为 1；
- 点击其上方键头按钮，将其送入 Numeric Expression 框中，依次填入 $1-\frac{\alpha}{2}$、0 和 1（图 7.3－1）；
- 点击 OK 按钮，在原有数据中就增加了新变量“u 的上分位点”。

2　σ^2 未知时，总体均值 μ 的区间估计

设 $X_1,X_2,\cdots,X_n$ 是来自正态总体 $N(\mu,\sigma^2)$ 的一个样本，但总体方差 σ^2 未知，这时要选取统计量 $t=\frac{\overline{X}-\mu}{S/\sqrt{n}}$，则 $t=\frac{\overline{X}-\mu}{S/\sqrt{n}}\sim t(n-1)$。

对于给定的显著性水平 $\alpha(0<\alpha<1)$，总体均值 μ 在置信水平 $1-\alpha$ 下的置信区间为：

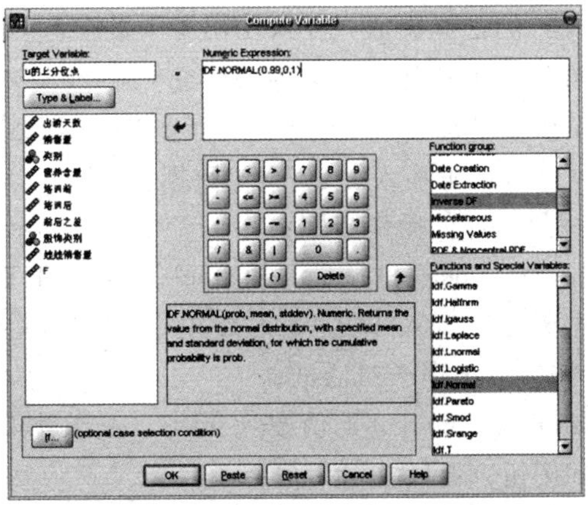

图 7.3－1　使用 SPSS 计算 $u_{\frac{\alpha}{2}}$ 的操作界面

$$\left(\overline{X}-t_{\frac{\alpha}{2}}(n-1)\frac{S}{\sqrt{n}},\overline{X}+t_{\frac{\alpha}{2}}(n-1)\frac{S}{\sqrt{n}}\right)\qquad（公式 7.3－2）$$

例 7.3－2　研究者从人群中随机抽取 16 人，调查他们的年出游天数，得到他们的年出游天数分别为 13、9、7、15、17、20、12、6、12、12、10、9、16、7、8、11，假设其总体服从正态分布，试在 $\alpha=0.1$ 下建立年人均出游天数的置信区间。

解：由题意可知：$\overline{X}=11.5$，$S=3.96$，$n=16$，

总体方差 σ^2 未知，$t=\dfrac{\overline{X}-\mu}{S/\sqrt{n}}\sim t(n-1)$，

由 $\alpha=0.1$，得 $t_{\frac{\alpha}{2}}(15)=1.753$，

其中，$t_{\frac{\alpha}{2}}(15)$ 可由 SPSS 的函数“IDF. T（0.95，15）”获得，具体操作参照“使用 SPSS 计算 $u_{\frac{\alpha}{2}}$ 的操作步骤”。其中 IDF. T（prob，df）表示具有指定的累计概率 prob 和自由度 df 为 $n-1$ 的 t 分布值。

根据公式 7.3－2，总体均值 μ 在置信水平 90% 下的置信区间为：

$$\left(\overline{X}-t_{\frac{\alpha}{2}}(n-1)\frac{S}{\sqrt{n}},\ \overline{X}+t_{\frac{\alpha}{2}}(n-1)\frac{S}{\sqrt{n}}\right)$$

$$=\left(11.5-1.753\times\frac{3.96}{\sqrt{16}},\ 11.5+1.753\times\frac{3.96}{\sqrt{16}}\right)$$

$$=(9.76,\ 13.24)$$

也就是说，有 90% 的把握相信，年人均出游天数在 9.76 ~ 13.24 天之间。

若使用 SPSS 软件进行上述计算，必须要建立一个 SPSS 数据文件。打开一个 SPSS 空白文件，首先在变量视图（Variable View）中定义变量“出游天数”，然后在数据视图（Data View）中输入上述 16 个数据。

使用 SPSS 进行区间估计的操作步骤：

- 选择菜单 Analyze→Compare Means → One – Sample T Test，出现主对话框；
- 把变量“出游天数”选入 Test Variable 框中；Test 框中的值必须为 0；
- 单击 Options 按钮，出现子对话框；
- 置信水平 Confidence Interval 的值改为 90%（其默认值为 95%）；
- 单击 Continue 按钮，返回主对话框；
- 单击 OK 按钮，结果输出见表 7.3 – 1。

表 7.3 – 1　年人均出游天数的区间估计

	Test Value（检验值）=0					
	t	df 自由度	Sig.（2 – tailed） 显著性（双侧）	Mean Difference 均值差值	90% Confidence Interval of the Difference 差分的 90% 置信区间	
					Lower 下限	Upper 上限
出游天数	11.597	15	.000	11.500	9.76	13.24

表 7.3 – 1 表明，年人均出游天数置信水平为 90% 的置信区间为（9.76，13.24）。

第四节　总体比例的区间估计

在公式 7.2 – 10 中，$u = \dfrac{\hat{p} - p}{\sqrt{\dfrac{p(1-p)}{n}}}$，要确定 p 的区间估计，用 $\hat{p}$ 代替分母中的 p，得到在 $1-\alpha$ 的置信水平下，总体比例 p 的置信区间为：

$$\left(\hat{p} - u_{\frac{\alpha}{2}}\sqrt{\frac{\hat{p}(1-\hat{p})}{n}}, \hat{p} + u_{\frac{\alpha}{2}}\sqrt{\frac{\hat{p}(1-\hat{p})}{n}}\right) \qquad \text{（公式 7.4 – 1）}$$

式中：$\hat{p}$ 是点估计值，$\pm u_{\frac{\alpha}{2}}\sqrt{\frac{\hat{p}(1-\hat{p})}{n}}$ 是估计误差。

例 7.4－1 公园和景区在旅游旺季会相应提高门票的价格，调查结果表明，部分游客认为相应的提高门票的价格，可以在一定程度上控制游客流量。在一个由 1993 名旅游者组成的简单随机样本中，有 618 人赞成季节性提价。试在 0.95 的置信水平下，估计赞成提高门票价格的人数所占的比例。

解：已知 $n=1993$，$\hat{p}=\frac{618}{1993}=0.31$，由 $\alpha=0.05$，得 $u_{\frac{\alpha}{2}}=1.96$，

其中，$u_{\frac{\alpha}{2}}$ 可由 SPSS 的函数 "IDF. NORMAL（0.975，0，1）" 获得，

由公式 7.4－1，得：

$$\left(\hat{p}-u_{\frac{\alpha}{2}}\sqrt{\frac{\hat{p}(1-\hat{p})}{n}},\hat{p}+u_{\frac{\alpha}{2}}\sqrt{\frac{\hat{p}(1-\hat{p})}{n}}\right)$$

$$=\left(0.31-1.96\times\sqrt{\frac{0.31\times(1-0.31)}{1993}},0.31+1.96\times\sqrt{\frac{0.31\times(1-0.31)}{1993}}\right)$$

$$=(0.29,0.33)$$

即赞成提高门票价格的人数所占的比例为 29% ～ 33% 之间。

第五节　样本容量的确定

在统计推断中，恰当选择样本容量 n 非常重要，如果样本容量 n 选得过大，会增加成本，如果样本容量 n 选得过小，会使抽样误差增大。

1　估计总体均值 μ 时，样本容量的确定

在大样本情况下，不论是正态总体还是非正态总体，在估计总体均值 μ 时，我们都选取统计量 $u=\frac{\overline{X}-\mu}{\sigma/\sqrt{n}}$，其中 $\overline{X}-\mu$ 就是抽样误差，记为 Δ，

$$\Delta=\overline{X}-\mu\text{，则 } u=\frac{\Delta}{\sigma/\sqrt{n}}$$

得到估计总体均值 μ 时的样本容量为：

$$n=\frac{u_{\frac{\alpha}{2}}^{2}\sigma^{2}}{\Delta^{2}} \qquad \text{（公式 7.5－1）}$$

例 7.5－1 某饭店为了合理配置前台接待人员，饭店管理部门需要了解接待一名顾客所花费的时间，要求抽样误差不超过 2 分钟，假定一名服务员接待一名顾客花费时间的标准差为 4 分钟，问在 99% 的置信水平下，需要观察多少名顾客？

解：已知 $\Delta=2$，$\sigma=4$，由 $\alpha=0.01$，得 $u_{\frac{\alpha}{2}}=2.58$，

其中，$u_{\frac{\alpha}{2}}$ 可由 SPSS 的函数 "IDF. NORMAL（0.995，0，1）" 获得，

$$n=\frac{u_{\frac{\alpha}{2}}^2\sigma^2}{\Delta^2}=\frac{(2.58)^2\times(4)^2}{2^2}=26.6$$

即需要观察 27 名顾客。

如果将上例中的抽样误差改为 1 分钟，则：

$$n=\frac{u_{\frac{\alpha}{2}}^2\sigma^2}{\Delta^2}=(2.58)^2\times(4)^2=106.6$$

即需要观察 107 名顾客。

从这个例子我们可以看出，在同一置信水平下，如果将抽样误差减少一半，样本容量将增加 4 倍。

2 估计总体比例 p 时，样本容量 n 的确定

估计样本比例时，选取统计量 $u=\dfrac{\hat{p}-p}{\sqrt{\dfrac{p(1-p)}{n}}}$，抽样误差为 Δ，

$$\Delta=\hat{p}-p=u_{\frac{\alpha}{2}}\sqrt{\frac{p(1-p)}{n}}$$

得到估计总体比例 p 时的样本容量为：

$$n=\frac{u_{\frac{\alpha}{2}}^2p(1-p)}{\Delta^2} \qquad \text{（公式 7.5－2）}$$

在公式 7.5－2 中，总体比例 p 如果是待估计参数，就是未知的，所以必须给出一个 p 的近似初始值。从公式 7.5－2 中可以看出，样本容量 n 与 $p(1-p)$ 成正比。而当 $p=0.5$ 时，$p(1-p)$ 取最大值。因此选取 $p=0.5$ 进行计算，这样求出的是最大的样本容量。

例 7.5－2 一家旅行社需要了解出国游人数所占的比例，要求抽样误差不超

过0.05，问在95%的置信水平下，应抽取多大容量的样本?

解：已知$\Delta=0.05$，选取$p=0.5$，由$\alpha=0.05$，得$u_{\frac{\alpha}{2}}=1.96$，

其中，$u_{\frac{\alpha}{2}}$可由SPSS的函数“IDF. NORMAL (0.975, 0, 1)”获得，

$$n=\frac{u_{\frac{\alpha}{2}}^{2}p(1-p)}{\Delta^{2}}=\frac{(1.96)^{2}\times(0.5)\times(1-0.5)}{(0.05)^{2}}=385$$

即应选取385人进行调查。

例7.5－3 某调查机构想要了解民众对食品安全的看法，根据其他资料显示，民众对食品安全持放心态度的比例为54%。如果要求抽样误差不超过3%，问在95%的置信水平下，应选取多少人进行调查?

解：已知$\Delta=0.03$，$p=0.54$，由$\alpha=0.05$，得$u_{\frac{\alpha}{2}}=1.96$，

其中，$u_{\frac{\alpha}{2}}$可由SPSS的函数“IDF. NORMAL (0.975, 0, 1)”获得，

$$n=\frac{u_{\frac{\alpha}{2}}^{2}p(1-p)}{\Delta^{2}}=\frac{(1.96)^{2}\times(0.54)\times(1-0.54)}{(0.03)^{2}}=1061$$

即应选取1061人进行调查。

【思考题】

1. 置信水平$1-\alpha$的实际意义是什么？置信水平的选取对置信区间有什么影响？
2. 当置信水平增大时，置信区间的宽度将如何变化？
3. 为什么在大样本情况下，即使总体方差未知，仍可使用正态分布进行区间估计？
4. 在总体均值的区间估计中，如果要减小抽样误差，最根本的方法是什么？

【练习题】

1. 某学校对一年级学生的考试成绩进行评估，现随机抽取了10个学生的数学成绩，得到如下数据：

   83，88，54，63，90，76，85，79，93，76

（1）利用 SPSS 求出其样本均值和样本标准差。

（2）利用 SPSS 求总体均值的 95% 的置信区间。

（3）利用 SPSS 求总体均值的 99% 的置信区间。

2. 为了研究中国家庭的旅游支出，现随机抽取 50 个家庭进行调查，其年均旅游支出为 3878 元，标准差为 1160 元，试对中国家庭的年均旅游支出做置信水平为 95% 的区间估计。

3. 从游客中随机抽取 200 人，调查对景点门票涨价的看法，其中有 19 人认为不能接受，求不能接受涨价人群的比例 p 的置信水平为 95% 的置信区间。

4. 某旅游公司需要对下一个黄金周的旅游市场进行调研，调查人员随机访问了 300 人，其中有 165 人表示在下一个黄金周要外出旅游，如果抽样允许误差不超过 5%，要对下一个黄金周外出旅游的比例做置信水平为 95% 的区间估计，问应取多大的样本？

5. 拥有大学本科学历毕业生的月薪的标准差为 800 元，如果希望估计月薪的 95% 的置信区间，当抽样误差分别为如下值时，样本容量应该为多少？

（1）抽样误差为 400 元。

（2）抽样误差为 200 元。

（3）抽样误差为 100 元。

（4）分析上述结论，如果将抽样误差减少一半，样本容量将如何变化。

第八章

假设检验

【本章导读】

假设检验就是利用样本所提供的信息，对总体的数字特征作出科学的判断。假设检验是数理统计中非常重要的内容，是对参数估计的验证和补充。假设检验的应用范围非常广泛，无论是在科技领域，还是在经济管理领域，事实上生活中的各个领域都进行着假设检验，它是管理和决策的有利工具。本章从假设检验的基本问题入手，介绍了假设检验的基本思想和方法步骤，然后重点讲解了总体均值的假设检验。由于假设检验的方法纷繁复杂，本章大量引入了 SPSS 的使用。对于数学基础薄弱的读者来说，只需要掌握什么是原假设及显著性的作用这两点，就可以做出恰当的假设和正确的判断。

第一节　假设检验的基本问题

1　引导案例：广告促销活动的效果是否显著

某饮料公司在为某种饮料做电视广告宣传之前，月平均销售量为 19.3 万瓶，为了了解广告的效果，饮料公司在 12 个地区做了一期调查，广告宣传之后一个月的销售量如表 8.1－1 所示。

表 8.1－1　某饮料广告播出后一个月的销售量

地　区	1	2	3	4	5	6	7	8	9	10	11	12
销售量	28	19.9	23.1	18.5	26.0	18.1	20.1	23.6	21.7	16.1	22.2	25.5

根据上述调查结果，利用假设检验的方法，我们可以了解饮料的月平均销售量是否有显著提高，判断广告的效果是否明显，以此决定该广告促销活动是否继续进行。

参数假设检验的方法，是首先对总体的某个未知参数提出一个假设，然后利用样本信息，选择适当的统计量，判断这一假设是否成立，做出接受或拒绝这个假设的决定。

2　假设检验的基本问题

2.1　原假设与备择假设

如果总体 X 的分布类型已知，需要对总体的未知参数做出“假设”。

例 8.1－1　假设的几种形式，

若要检验某产品的期望值 μ 是否为 μ_0，则记为：

$$H_0: \mu = \mu_0 \qquad H_1: \mu \neq \mu_0$$

检验在两种条件下某项指标的期望值 μ_1 与 μ_2 是否相等，则记为：

$$H_0: \mu_1 = \mu_2 \qquad H_1: \mu_1 \neq \mu_2$$

检验某产品的次品率 P 不超过 5%，则记为：

$$H_0: P \leqslant 5\% \qquad H_1: P > 5\%$$

我们通常把 H_0 叫做“原假设”，原假设一般是待检验的假设，而把与 H_0 对立的假设 H_1 叫做“备择假设”。

2.2　假设检验的基本思想

小概率事件在一次试验中几乎是不可能发生的，我们称之为“小概率原理”。小概率原理告诉我们可以轻松地乘坐飞机，放心地购买电器产品，因为飞机失事的概率极低，电器产品的废品率也很低。

例如，某产品的生产厂家承诺该产品的不合格品率为 1‰，现从这批产品中随机地抽出一件，如果为不合格品，则有理由认为厂商的承诺值得怀疑。因为 1‰是个小概率，随机抽出一件恰为不合格品几乎是不可能的。而根据这个抽样结果，我们就可以拒绝不合格品率 $P \leqslant 1‰$的假设。

2.3　假设检验的两类错误

在假设检验中，是拒绝还是接受原假设，是依赖一次试验得到的样本而做出的判断。因为随机抽样数据会受到抽样误差的影响，所以假设检验的结果也具有随机性，那么就有可能做出与真实情况不符的决策。接受原假设只是表明在给定的显著性水平下，样本数据不足以拒绝它，并不意味着它肯定是正确的；同理，拒绝原假设只是表明在给定的显著性水平下，样本数据不足以接受它，也并不意味着它肯定是错误的。

第一类错误，也称为弃真错误，是指原假设 H_0 实际上是真实的，而检验结果却拒绝了它。出现第一类错误的概率就是显著性水平 α，因此犯第一类错误的概率是可以控制的。第二类错误，也称为取伪错误，是指原假设 H_0 实际上是不真实的，而检验结果却接受了它。第二类错误的概率用 β 表示。

表 8.1－2　假设检验的两类错误

检验结果	总体情况	
	原假设 H_0 为真	备择假设 H_1 为真
接受 H_0	判断正确	第二类错误
拒绝 H_0	第一类错误	判断正确

当弃真错误的概率降低时，取伪错误的概率就会增加；当取伪错误的概率降低时，弃真错误的概率就会增加。弃真错误和取伪错误的概率存在此消彼长的关系。同时减小犯这两类错误的概率的唯一方法是增大样本容量，但这又是不现实的。

我们做假设检验的目的，就是要确定原假设 H_0 是真实的可能性有多大。因此，通常都是首先控制弃真错误的概率，即确定显著性水平 α。

2.4　双侧检验和单侧检验

假设检验可以分为双侧检验和单侧检验两种形式。

表 8.1－3　假设的两种形式

	双侧检验	单侧检验	
原假设 H_0	$\mu=\mu_0$	$\mu\geq\mu_0$	$\mu\leq\mu_0$
备择假设 H_1	$\mu\neq\mu_0$	$\mu<\mu_0$	$\mu>\mu_0$

（1）双侧检验。双侧检验（Two Tailed Testing）如图 8.1－1 所示，有两个临界值，两个拒绝域，每个拒绝域的面积为 $\frac{\alpha}{2}$。原假设 $\mu = \mu_0$，只要 $\mu > \mu_0$ 或 $\mu < \mu_0$ 有一侧出现，就要拒绝原假设。双侧检验强调的是"差异"，不论是"小于"还是"大于"都要拒绝原假设。因此，需要将 α 二等分，即两侧拒绝域的面积各为 $\frac{\alpha}{2}$。

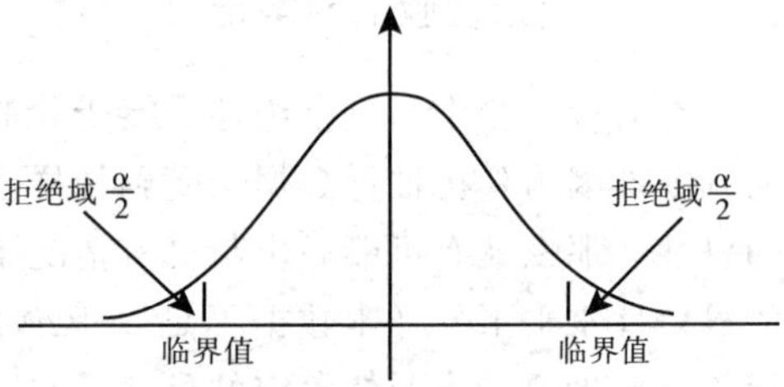

图 8.1－1　双侧假设检验示意图

例如，原假设 $H_0: \mu = 500$，备择假设 $H_1: \mu \neq 500$

（2）单侧检验。单侧检验（One Tailed Testing）如图 8.1－2 和图 8.1－3 所示，有一个临界值，一个拒绝域，拒绝域的面积为 α。单侧检验强调某一具体方向，即"大于"或者"小于"。当所考察的数值越大越好时，用单侧检验。比如，考察灯泡的使用寿命，我们要知道灯泡寿命低于什么水平时不能接受它。还有，当所考察的数值越小越好时，也用单侧检验。比如，考察产品的废品率，我们要知道样本中废品的比例高于多少时产品就不能被接受。

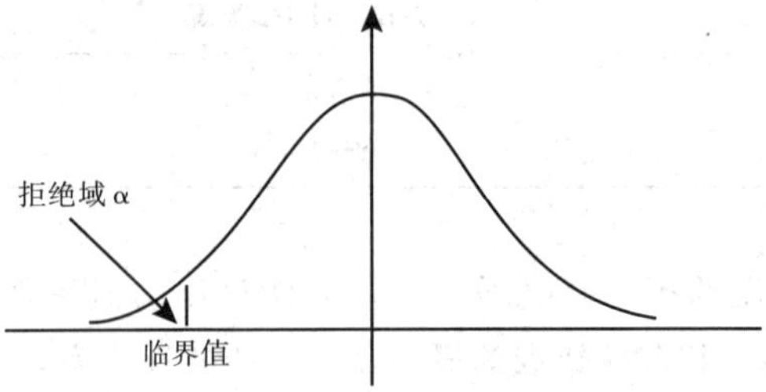

图 8.1－2　单侧假设检验示意图（一）

例如，原假设 $H_0: \mu \leqslant 1.5\%$，备择假设 $H_1: \mu > 1.5\%$

原假设 $H_0: \mu \geqslant 1200$，备择假设 $H_1: \mu < 1200$

例 8.1－2　食盐每袋净重（单位：克）$X \sim N(500, 9^2)$，现随机抽取 9 袋，测得其平均重量为 505.3 克，问在显著性水平 $\alpha = 0.05$ 下，该包装是否合格？（分别作双侧检验和单侧检验）

双侧检验：

$H_0: \mu = 500$　　　$H_1: \mu \neq 500$

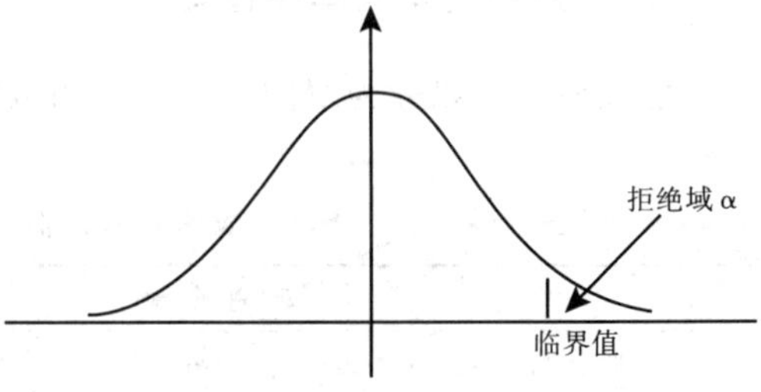

图 8.1－3　单侧假设检验示意图（二）

$$u=\frac{\overline{X}-\mu_0}{\sigma/\sqrt{n}}=\frac{505.3-500}{9/\sqrt{9}}=1.77$$

在双侧检验中，$u_{\frac{\alpha}{2}}=1.96$，

其中，$u_{\frac{\alpha}{2}}$ 可由 SPSS 的函数“IDF. NORMAL（0.975，0，1）”获得，

$$u=1.77<u_{\frac{\alpha}{2}}=1.96 \qquad \text{接受 } H_0$$

单侧检验：

$$H_0:\mu\leqslant 500 \qquad H_1:\mu>500$$

$$u=\frac{\overline{X}-\mu_0}{\sigma/\sqrt{n}}=\frac{505.3-500}{9/\sqrt{9}}=1.77$$

在单侧检验中，$u_{\alpha}=1.65$，

其中，u_{α} 可由 SPSS 的函数“IDF. NORMAL（0.95，0，1）”获得，

$$u=1.77>u_{\alpha}=1.65 \qquad \text{拒绝 } H_0$$

从上面的分析可见，针对同一个问题，双侧假设比单侧假设更容易接受原假设。

2.5　假设检验的步骤

- 提出假设；
- 选取检验统计量，并在原假设 H_0 成立的条件下确定其分布；
- 对于给定的显著性水平 α，确定临界值；
- 在原假设 H_0 成立的条件下计算统计量的值；
- 用统计量的值与临界值作比较，对假设做出判断。

以例 8.1－2 为例，具体步骤如下：

解：提出假设：$H_0:\mu=500, H_1:\mu\neq 500$，

选取检验统计量，在原假设 H_0 成立的条件下确定其分布：

$$u=\frac{\overline{X}-\mu_0}{\sigma/\sqrt{n}}\sim N(0,1)$$

对于给定的显著性水平 α，确定临界值：

$$\alpha=0.05, \text{临界值 } u_{\frac{\alpha}{2}}=1.96$$

其中，$u_{\frac{\alpha}{2}}$ 可由 SPSS 的函数“IDF. NORMAL（0.975，0，1）”获得，

在原假设 H_0 成立的条件下计算统计量的值：

$$u = \frac{\overline{X} - \mu_0}{\sigma/\sqrt{n}} = \frac{505.3 - 500}{9/\sqrt{9}} = 1.77$$

对假设做出判断，

$$|u| = 1.77 < u_{\frac{\alpha}{2}} = 1.96 \qquad \text{接受 } H_0$$

即食盐的包装合格。

2.6　显著性水平 α

以例 8.1-2 为例，如果显著性水平 α 选取不同的值，将会对假设做出不同的判断，如表 8.1-4 所示。

表 8.1-4　显著性水平 α 对判断结果的影响

显著性水平 α	临界值 $u_{\frac{\alpha}{2}}$	判断结果
0.01	2.58	接受 H_0
0.05	1.96	接受 H_0
0.10	1.65	拒绝 H_0

可见，显著性水平 α 越大，拒绝域越大，越容易拒绝原假设 H_0。

由上可知，α 的值定得越小，则拒绝原假设的可能性就越小，接受原假设的可能性就越大；反之，α 的值定得越大，则拒绝原假设的可能性就越大，接受原假设的可能性就越小。

因此，在统计检验的问题中，如果拒绝原假设将会给企业造成严重的经济损失时，α 的值应该定得小一些。比如，汽车、空调、冰箱等产品的检验问题，如果 α 的值取得较大，轻易地拒绝了原假设，也许是因为样品误差，一批合格产品就会被拒绝接受。但是如果轻易接受原假设会导致严重的后果时，则 α 的取值应大一些。比如，航天技术、药品研究等，在接受其产品为合格时，必须非常慎重，不能轻易地承认其为合格品。

2.7　假设检验中的 P 值

使用统计软件进行假设检验，在输出的结果中，会出现 P 值，P 值是判断检验结果的另一个衡量标准，是进行检验决策的另一个依据。

在假设检验中，当 $P > \alpha$ 时，接受 H_0；当 $P < \alpha$ 时，拒绝 H_0。

在 SPSS 的输出结果中，P 值以显著性（Significance）Sig. 表示。SPSS 默认的显著性水平为 0.05。

当 Sig. <0.05 时，拒绝原假设 H_0；当 Sig. > 0.05 时，接受原假设 H_0。

第二节　总体均值的假设检验

1　一个正态总体均值的假设检验

1.1　总体方差 σ^2 已知时均值 μ 的检验

已知总体 $X \sim N(\mu,\sigma^2)$，其中 $\sigma^2 = \sigma_0{}^2$，选取统计量：

$$u = \frac{\overline{X} - \mu}{\sigma_0/\sqrt{n}} \qquad \text{（公式 8.2-1）}$$

设 $X_1, X_2, \cdots, X_n$ 为 X 的一个样本，样本均值为 $\overline{X} = \frac{1}{n}\sum_{i=1}^{n} X_i$，

当原假设 $H_0: \mu = \mu_0$ 成立时，$u = \frac{\overline{X} - \mu_0}{\sigma_0/\sqrt{n}} \sim N(0,1)$。

例 8.2-1　某商场欲购进一批灯泡，按合同规定，灯泡的使用寿命（单位：小时）$X \sim N(1200, 80^2)$，现随机抽取了 100 个灯泡，测得样本均值为 1180 小时，问商场是否可以购进这批灯泡？（$\alpha = 0.05$）

解：提出假设：$H_0: \mu = 1200$，$H_1: \mu \neq 1200$

选取检验统计量，在原假设 H_0 成立的条件下确定其分布，

$$u = \frac{\overline{X} - \mu_0}{\sigma_0/\sqrt{n}} \sim N(0,1)$$

对给定的显著性水平 α，确定临界值，

$$\alpha = 0.05, u_{\frac{\alpha}{2}} = 1.96$$

其中，$u_{\frac{\alpha}{2}}$ 可由 SPSS 的函数“IDF. NORMAL（0.975，0，1）”获得。

在原假设 H_0 成立的条件下计算统计量的值，

$$u = \frac{\overline{X} - \mu}{\sigma/\sqrt{n}} = \frac{1180 - 1200}{80/\sqrt{100}} = -2.5$$

对假设做出判断：

$$|u| = 2.5 > u_{\frac{\alpha}{2}} = 1.96 \qquad \text{拒绝 } H_0$$

即灯泡的平均寿命不能达到1200小时，所以，商场不能购进这批灯泡。

1.2　总体方差 σ^2 未知时均值 μ 的检验

已知总体 $X \sim N(\mu, \sigma^2)$，其中 σ^2 未知，这时就不能选择 u 这个统计量，需要用样本标准差 S 来代替总体方差 σ，应该选取统计量，

$$t = \frac{\overline{X} - \mu}{S/\sqrt{n}} \qquad \text{（公式 8.2－2）}$$

当原假设 $H_0: \mu = \mu_0$ 成立时，$t = \dfrac{\overline{X} - \mu_0}{S/\sqrt{n}} \sim t(n-1)$。

例 8.2－2　某机床加工一种零件，其直径 X 服从正态分布，现从其加工的零件中随机抽取 9 件，测得样本均值 $\overline{X} = 11.2\text{cm}$，标准差 $S = 2.6\text{cm}$，问这批零件的直径能否认为是 12cm？（$\alpha = 0.05$）

解：提出假设：$H_0: \mu = 12$，$H_1: \mu \neq 12$，

选取检验统计量，原假设 H_0 成立的条件下确定其分布，

$$t = \frac{\overline{X} - \mu_0}{S/\sqrt{n}} \sim t(n-1)$$

对给定的显著性水平 α，确定临界值，

$$\alpha = 0.05, t_{\frac{\alpha}{2}}(n-1) = t_{\frac{\alpha}{2}}(8) = 2.306$$

其中，$t_{\frac{\alpha}{2}}(8)$ 可由 SPSS 的函数“IDF. T（0.975，8）”获得。

在原假设 H_0 成立的条件下计算统计量的值，

$$t = \frac{\overline{X} - \mu_0}{S/\sqrt{n}} = \frac{11.2 - 12}{2.6/\sqrt{9}} = -0.92$$

对假设做出判断，

$$|t| = 0.92 < t_{\frac{\alpha}{2}} = 2.306 \quad 接受 H_0$$

即可以认为这批零件的直径为 12cm。

1.3 对引导案例的分析

引导案例是总体方差 σ^2 未知，对均值 μ 做双侧检验，

解：

$$\overline{X} = 21.9, S = 3.55$$

提出假设：$H_0: \mu = 19.3$，$H_1: \mu \neq 19.3$

选取检验统计量，在原假设 H_0 成立的条件下确定其分布，

$$t = \frac{\overline{X} - \mu_0}{S/\sqrt{n}} \sim t(n-1)$$

对给定的显著性水平 α，确定临界值，

$$\alpha = 0.05, t_{\frac{\alpha}{2}}(n-1) = t_{\frac{\alpha}{2}}(11) = 2.201$$

其中，$t_{\frac{\alpha}{2}}(11)$ 可由 SPSS 的函数“IDF. T（0.975，11）”获得。

在原假设 H_0 成立的条件下计算统计量的值，

$$t = \frac{\overline{X} - \mu_0}{S/\sqrt{n}} = \frac{21.9 - 19.3}{3.55/\sqrt{12}} = 2.54$$

对假设做出判断，

$$|t| = 2.54 > t_{\frac{\alpha}{2}} = 2.201 \quad 拒绝 H_0$$

即饮料的月平均销售量有显著变化，从计算中可以看出销售量增加了，说明广告的效果比较明显，因此该广告促销活动应继续进行。

若使用 SPSS 软件进行上述计算，必须要建立一个 SPSS 数据文件。打开一个 SPSS 空白文件，首先在变量视图（Variable View）中定义变量“销售量”，然后在数据视图（Data View）中输入上述 12 个数据。

使用 SPSS 进行假设检验的操作步骤：

- 选择菜单 Analyze→Compare Means→One-Sample T Test，出现主对话框；
- 把变量“销售量”选入 Test Variable 框中；
- Test 框中输入的检验值为 19.3；
- 单击 OK 按钮，结果输出见表 8.2－1 及表 8.2－2。

表 8.2－1　销售量的基本描述统计量

	N 样本量	Mean 均值	Std. Deviation 标准差	Std. Error Mean 均值的标准误
销售量	12	21.900	3.5461	1.0237

表 8.2－1 表明，销售量的样本均值为 21.9，样本标准差为 3.55。

表 8.2－2　平均销售量的 T 检验结果

	Test Value（检验值）=19.3					
	t	df 自由度	Sig.（2－tailed） 显著性（双侧）	Mean Difference 均值差值	95% Confidence Interval of the Difference 差分的 95%置信区间	
					Lower 下限	Upper 上限
销售量	2.540	11	.027	2.6000	.347	4.853

表 8.2－2 表明，统计量 $t = 2.54$，其 Sig. $= 0.027 < 0.05$，拒绝原假设，认为平均销售量与 19.3 万瓶有显著差异。进一步分析，这个“有显著差异”的结论并没有体现平均销售量是高于 19.3 万瓶还是低于 19.3 万瓶。表 8.2－2 中的第五列是样本均值与检验值 19.3 的差，其值为 2.6 大于 0，说明样本均值（即平均销售量）大于 19.3，也就是说销售量增加了。

2　两个正态总体均值的假设检验

2.1　两个独立样本（Independent Samples），检验其均值是否相等

设总体 $X \sim N(\mu_1, \sigma_1^2)$，$Y \sim N(\mu_2, \sigma_2^2)$，$X$、$Y$ 相互独立，要检验它们的均值是否相等，即原假设 $H_0: \mu_1 = \mu_2$。

设 $X_1, X_2, \cdots, X_{n_1}$ 为来自总体 X 的一个样本，样本均值为 $\overline{X}$，样本方差为 S_1^2，其中，

$$\overline{X} = \frac{1}{n_1}\sum_{i=1}^{n_1} X_i \qquad \text{（公式 8.2－3）}$$

$$S_1^2 = \frac{1}{n_1 - 1}\sum_{i=1}^{n_1}(X_i - \overline{X})^2 \qquad \text{（公式 8.2－4）}$$

设 $Y_1, Y_2, \cdots, Y_{n_2}$ 为来自总体 Y 的一个样本，样本均值为 $\overline{Y}$，样本方差为 ${S_2}^2$，其中，

$$\overline{Y} = \frac{1}{n_2}\sum_{i=1}^{n_2} Y_i \qquad \text{（公式 8.2－5）}$$

$$S_2^2 = \frac{1}{n_2 - 1}\sum_{i=1}^{n_2}(Y_i - \overline{Y})^2 \qquad \text{（公式 8.2－6）}$$

在大样本情况下，即 $n_1 \geqslant 50$，$n_2 \geqslant 50$ 时，

选取统计量，
$$U = \frac{(\overline{X} - \overline{Y}) - (\mu_1 - \mu_2)}{\sqrt{\dfrac{{S_1}^2}{n_1} + \dfrac{{S_2}^2}{n_2}}} \qquad \text{（公式 8.2－7）}$$

当原假设 H_0 成立时，$U = \dfrac{\overline{X} - \overline{Y}}{\sqrt{\dfrac{{S_1}^2}{n_1} + \dfrac{{S_2}^2}{n_2}}} \sim N(0,1)$。

在小样本情况下，即 $n_1 < 50$，$n_2 < 50$ 时，

选取统计量，

$$T = \frac{(\overline{X} - \overline{Y}) - (\mu_1 - \mu_2)}{\sqrt{(n_1 - 1){S_1}^2 + (n_2 - 1){S_2}^2}}\sqrt{\frac{n_1 n_2 (n_1 + n_2 - 2)}{n_1 + n_2}} \qquad \text{（公式 8.2－8）}$$

当原假设 H_0 成立时，

$$T = \frac{\overline{X} - \overline{Y}}{\sqrt{(n_1 - 1){S_1}^2 + (n_2 - 1){S_2}^2}}\sqrt{\frac{n_1 n_2 (n_1 + n_2 - 2)}{n_1 + n_2}} \sim t(n_1 + n_2 - 2)$$

在检验两个独立样本的总体均值是否相等时，首先需要检验其总体方差是否相等，称为方差齐性检验，使用 F 检验法。

方差齐性检验（F 检验法）的步骤：

提出假设：H_0：$\sigma_1^2 = \sigma_2^2$，H_1：$\sigma_1^2 \neq \sigma_2^2$，

选取检验统计量，并在原假设 H_0 成立的条件下确定其分布，

$$F = \frac{S_1^2}{S_2^2} \sim F(n_1 - 1, n_2 - 1)$$

对于给定的显著性水平 α，确定临界值，

$$F_{\frac{\alpha}{2}}(n_1-1,n_2-1), F_{1-\frac{\alpha}{2}}(n_1-1,n_2-1)$$

其中，$F_{\frac{\alpha}{2}}(n_1-1,n_2-1)$ 可由 SPSS 的函数“IDF. F $\left(\frac{\alpha}{2},n_1-1,n_2-1\right)$”获得；

$F_{1-\frac{\alpha}{2}}(n_1-1,n_2-1)$ 可由 SPSS 的函数“IDF. F $\left(1-\frac{\alpha}{2},n_1-1,n_2-1\right)$”获得。

在原假设 H_0 成立的条件下计算统计量的值 F，

用统计量的值与临界值作比较，对假设做出判断：

当 $F_{\frac{\alpha}{2}}(n_1-1,n_2-1) < F < F_{1-\frac{\alpha}{2}}(n_1-1,n_2-1)$ 时，接受 H_0，即两个总体方差相等；

当 $F < F_{\frac{\alpha}{2}}(n_1-1,n_2-1)$ 或 $F > F_{1-\frac{\alpha}{2}}(n_1-1,n_2-1)$ 时，拒绝 H_0，即两个总体方差不等。

例 8.2-3 两种同类食品，要检测它们的某种营养元素的含量是否相同，现从中各抽取 8 例，测得其含量为：

A：21，23，24，29，26，20，27，26

B：23，26，31，27，29，26，28，22

据知，这种营养元素的含量服从正态分布，问这两种食品的营养元素的平均含量是否有显著差异（$\alpha=0.05$）？

解：设 A、B 的营养元素的含量分别为 X,Y，$X\sim N(\mu_1,\sigma_1^2)$，$Y\sim N(\mu_2,\sigma_2^2)$

$$\overline{X}=24.5, S_1{}^2=3.07^2, \overline{Y}=26.5, S_2{}^2=2.98^2$$

方差齐性检验：

提出假设：H_0：$\sigma_1^2=\sigma_2^2$，H_1：$\sigma_1^2\neq\sigma_2^2$，

选取检验统计量，并在原假设 H_0 成立的条件下确定其分布，

$$F=\frac{S_1^2}{S_2^2}\sim F(n_1-1,n_2-1)$$

对于给定的显著性水平 α，确定临界值：

$$F_{\frac{\alpha}{2}}(n_1-1,n_2-1)=0.20, F_{1-\frac{\alpha}{2}}(n_1-1,n_2-1)=4.99$$

$F_{\frac{\alpha}{2}}(n_1-1,n_2-1)$ 可由 SPSS 的函数“IDF. F（0.025，7，7）”获得；

$F_{1-\frac{\alpha}{2}}(n_1-1,n_2-1)$ 可由 SPSS 的函数“IDF. F（0.975，7，7）”获得。

在原假设 H_0 成立的条件下计算统计量的值 F，

$$F=\frac{S_1^2}{S_2^2}=\frac{3.07^2}{2.98^2}=1.06$$

用统计量的值与临界值作比较，对假设做出判断：

$$F_{\frac{\alpha}{2}}(n_1-1,n_2-1)<F<F_{1-\frac{\alpha}{2}}(n_1-1,n_2-1),\qquad \text{接受 } H_0$$

即两个总体的方差相等。

均值的 T 检验：

提出假设：$H_0: \mu_1=\mu_2$，$H_1: \mu_1\neq\mu_2$

选取检验统计量，在原假设 H_0 成立的条件下确定其分布，

$$T=\frac{\overline{X}-\overline{Y}}{\sqrt{(n_1-1)S_1{}^2+(n_2-1)S_2{}^2}}\sqrt{\frac{n_1n_2(n_1+n_2-2)}{n_1+n_2}}\sim t(n_1+n_2-2)$$

对给定的显著性水平 α，确定临界值，

$$\alpha=0.05, t_{\frac{\alpha}{2}}(n_1+n_2-2)=t_{\frac{\alpha}{2}}(14)=2.14$$

其中，$t_{\frac{\alpha}{2}}(14)$ 可由 SPSS 的函数“IDF. T（0.975，14）”获得。

在原假设 H_0 成立的条件下计算统计量的值，

$$T=\frac{24.5-26.5}{\sqrt{7\times3.07^2+7\times2.98^2}}\sqrt{\frac{64\times14}{16}}=-1.32$$

对假设做出判断，

$$|T|=1.32<t_{\frac{\alpha}{2}}(14)=2.14\qquad \text{接受 } H_0$$

即两种食品的营养元素的含量没有显著差异。

若使用 SPSS 软件进行上述计算，必须要建立一个 SPSS 数据文件。打开一个 SPSS 空白文件，首先在变量视图（Variable View）中定义变量“类别”，其值标签（Values）为“1 = A，2 = B”；再定义变量“营养含量”，然后在数据视图（Data View）中输入上述两组数据。

使用 SPSS 进行假设检验的操作步骤：

- 选择菜单 Analyze→Compare Means→Independent-Sample T Test，出现主对话框；
- 把变量“营养含量”选入 Test Variable（s）框中；
- 把变量“类别”选入 Grouping Variables 框中；

- 单击 Define Groups 按钮，进入子对话框；
- 在 Group 1 框中输入 “A” 的标签值：1；
- 在 Group 2 框中输入 “B” 的标签值：2；
- 单击 Continue 按钮，返回主对话框；
- 单击 OK 按钮，结果输出见表 8.2－3 和表 8.2－4。

表 8.2－3 营养含量的基本描述统计

	类别	N 样本量	Mean 均值	Std. Deviation 标准差	Std. Error Mean 均值的标准误
营养含量	A	8	24.50	3.071	1.086
	B	8	26.50	2.976	1.052

由表 8.2－3 得到：$\overline{X}=24.5$，$S_1{}^2=3.07^2$，$\overline{Y}=26.5$，$S_2{}^2=2.98^2$。

表 8.2－4 营养含量均值的 T 检验结果

		Levene's Test for Equality of Variances 方差方程的 Levene 检验		T－test for Equality of Means 均值方程的 T 检验						
		F	Sig. 显著性	t	df 自由度	Sig. (2－tailed) 显著性 (双侧)	Mean Difference 均值差值	Std. Error Difference 标准误差值	95% Confidence Interval of the Difference 差分的 95% 置信区间	
									Lower 下限	Upper 上限
营养含量	Equal Variances Assumed 假设方差相等	.093	.764	－1.323	14	.207	－2.000	1.512	－5.243	1.243
	Equal Variances Not Assumed 假设方差不相等			－1.323	13.986	.207	－2.000	1.512	－5.243	1.243

由表 8.2－4 可知，方差齐性检验的 F 值为 0.093，其 Sig. ＝0.764＞0.05，接受原假设，认为两个总体的方差相等。T 检验的统计量 $t=-1.323$，其 Sig. ＝0.207＞0.05，接受原假设，认为两个总体的均值相等，即两种食品的营养元素

的平均含量无显著差异。

需要说明的是，SPSS 在进行方差齐性检验时，使用的不是 F 检验法，而是 Levene's 方差齐性检验法，所以，其 Levene's Test for Equality of Variances 的 F 值 0.093 与上述计算（其 F 值为 1.06）有所不同。上述计算中使用的 F 检验法只适用于两样本方差齐性的检验，而 Levene's 检验法可用于检验两个或两个以上样本间的方差是否齐性。虽然所用的方法不同，导致 F 值不同，但假设检验的结论完全一致，均认为两个总体的方差相等，其余结果也完全吻合。

2.2　两个配对样本（Paired Samples），检验其均值是否相等

配对样本 T 检验的目的也是推断两个均值是否存在显著差异。配对样本可以是同一个变量在“前与后”、“新与旧”等两种状态下的两组抽样数据，也可以是对某一问题两个不同侧面的表述，即每个样本个体提供一对数据值。配对样本与独立样本的差异在于配对样本的抽样不是相互独立的，而是相互关联的。

例 8.2－4　某工厂为提高效率，对员工进行了技术培训，随机抽取 12 名员工，对其培训前后完成同一项工作的时间进行记录，如表 8.2－5 所示。

假设完成工作的时间服从正态分布，在显著性水平为 0.05 以下，分析技术培训是否使员工的工作效率有显著提高。

表 8.2－5　培训前后完成工作的时间

单位：分钟

编　号	培 训 前	培 训 后	培训前－培训后(d)
1	30	27.6	2.4
2	28	22.2	5.8
3	34.4	31	3.4
4	38.5	33.8	4.7
5	37.2	20	17.2
6	36	30.2	5.8
7	28.8	31.7	－2.9
8	32.1	26	6.1
9	37.6	32	5.6
10	29	31.2	－2.2
11	30.1	33.4	－3.3
12	28.3	26.5	1.8

设培训前后完成工作的时间为 X，Y，$X \sim N(\mu_1, \sigma_1^2)$，$Y \sim N(\mu_2, \sigma_2^2)$，要检验培训前后完成工作的平均时间 μ_1 与 μ_2 是否有显著差异。应提出假设：

$$H_0: \mu_1 = \mu_2,\ H_1: \mu_1 \neq \mu_2$$

设 d = 培训前时间 - 培训后时间，上述假设可转化为 d 的均值 μ_d 是否等于 0 的问题，

$$H_0: \mu_d = 0,\ H_1: \mu_d \neq 0$$

显然，这是一个正态总体均值的假设检验。

所以，选取检验统计量，

$$t = \frac{\bar{d} - \mu_d}{S_d / \sqrt{n}} \qquad \text{（公式 8.2-9）}$$

其中，

$$\bar{d} = \bar{X} - \bar{Y},$$

$$S_d = \sqrt{\frac{1}{n-1}\sum_{i=1}^{n}(d_i - \bar{d})^2} \qquad \text{（公式 8.2-10）}$$

在原假设 H_0 成立的条件下统计量，

$$t = \frac{\bar{d}}{S_d / \sqrt{n}} \sim t(n-1)$$

案例 8.2-4 的解答：

提出假设：$H_0: \mu_1 = \mu_2$，$H_1: \mu_1 \neq \mu_2$，

选取检验统计量，在原假设 H_0 成立的条件下确定其分布，

$$t = \frac{\bar{X} - \bar{Y}}{S_d / \sqrt{n}} \sim t(n-1)$$

对给定的显著性水平 α，确定临界值，

$$\alpha = 0.05,\ t_{\frac{\alpha}{2}}(n-1) = t_{\frac{\alpha}{2}}(11) = 2.201$$

其中，$t_{\frac{\alpha}{2}}(11)$ 可由 SPSS 的函数“IDF. T（0.975，11）”获得。

在原假设 H_0 成立的条件下计算统计量的值，

$$\bar{X} = 32.5,\quad \bar{Y} = 28.8,\quad \bar{d} = 3.7,\quad S_d = 5.51$$

$$t = \frac{\overline{X} - \overline{Y}}{S_d / \sqrt{n}} = \frac{3.7}{5.51 / \sqrt{12}} = 2.33$$

对假设做出判断，

$$t = 2.33 > t_{\frac{\alpha}{2}} = 2.201 \quad 拒绝 H_0$$

培训前后完成工作的平均时间有显著差异。从 $\overline{X} = 32.5$，$\overline{Y} = 28.8$ 可以得知，培训使完成工作的平均时间缩短了，员工的工作效率有所提高，该培训应该推广。

若使用 SPSS 软件进行上述计算，必须要建立一个 SPSS 数据文件。打开一个 SPSS 空白文件，首先在变量视图（Variable View）中定义两个变量“培训前”和“培训后”，然后在数据视图（Data View）中输入表 8.2－5 中“培训前”和“培训后”两组数据。

使用 SPSS 进行假设检验的操作步骤：

- 选择菜单 Analyze→Compare Means→Paired-Sample T Test，出现主对话框；
- 把变量“培训前”和“培训后”选入 Paired Variables 框 Pair 1 中；
- 单击 OK 按钮，结果输出见表 8.2－6。

表 8.2－6 “培训前”和“培训后”平均时间的 T 检验结果

	Paired Differences 成对差					t	df 自由度	Sig.（2－tailed）显著性（双侧）
	Mean 均值	Std. Deviation 标准差	Std. Error Mean 均值的标准误	95% Confidence Interval of the Difference 差分的 95% 置信区间				
				Lower 下限	Upper 上限			
Pair 1 培训前－培训后	3.7000	5.5120	1.5912	.1979	7.2021	2.325	11	.040

由表 8.2－6 可知，T 检验的统计量 $t = 2.325$，其 Sig. $= 0.040 < 0.05$，拒绝原假设，即培训前后完成工作的平均时间有显著差异。从表 8.2－6 中第二列可以得知，$\overline{d} = \overline{X} - \overline{Y} = 3.7$，说明培训使完成工作的平均时间缩短了，即工作效率有所提高。

第三节　总体比例的假设检验

1　引导案例：牛奶公司其产品的市场占有率是否可信

某牛奶公司对外宣称，其公司产品的市场占有率为27%，现随机选出500名消费者进行调查，其中125人选择该品牌牛奶，在显著性水平为0.05下，问是否可以认为有27%的人群选择该公司牛奶?

总体比例的假设检验，就是对总体的某个特征的比率进行检验。比率是0~1之间的一个值，表示总体的某个特征。比率由总体中具有某种性质的个体数目除以总数得到。

用 $\hat{P}$ 表示样本比率，P 表示总体比率，原假设 $H_0: p = p_0$，

选取统计量，

$$u = \frac{\hat{p} - p}{\sqrt{\frac{p(1-p)}{n}}} \qquad \text{（公式 8.3-1）}$$

其中，n 为样本容量，当 n 充分大（$n \geqslant 50$），原假设 H_0 成立时，有：

$$u = \frac{\hat{p} - p_0}{\sqrt{\frac{p_0(1-p_0)}{n}}} \text{近似服从} N(0,1)$$

2　对引导案例的分析

提出假设：$H_0: \mu = 27\%$，$H_1: \mu \neq 27\%$，

选取检验统计量，在原假设 H_0 成立的条件下确定统计量的分布，

$$u = \frac{\hat{p} - p_0}{\sqrt{\frac{p_0(1-p_0)}{n}}} \text{近似服从} N(0,1)$$

给定的显著性水平 α，确定临界值，

$$\alpha = 0.05, u_{\frac{\alpha}{2}} = 1.96$$

其中，$u_{\frac{\alpha}{2}}$ 可由SPSS的函数“IDF. NORMAL（0.975，0，1）”获得。

在原假设 H_0 成立的条件下计算统计量的值，

$$u=\frac{\hat{p}-p}{\sqrt{\frac{p(1-p)}{n}}}=\frac{0.25-0.27}{\sqrt{\frac{0.27\times0.73}{500}}}=-1.007$$

对假设做出判断，

$$|u|=1.007<u_{\frac{\alpha}{2}}=1.96\qquad\qquad \text{接受 } H_0$$

可以认为有27%的人群选择该公司牛奶，即其宣传的27%的市场占有率可信。

【思考题】

1. 假设检验与参数估计有什么相同点和不同点？
2. 显著性水平 α 的意义是什么？在显著性水平 α 的选取上应注意什么问题？
3. 均值的假设检验有几种方法？分别可以解决什么问题？
4. 什么是零假设？使用 SPSS 时，拒绝零假设的法则是什么？

【练习题】

1. 某校随机抽取了三个班，每班各 12 名同学，其数学成绩和英语成绩见表 8.4－1。

表 8.4－1　数学成绩和英语成绩

班级	数学	英语	班级	数学	英语	班级	数学	英语
1	76	82	2	65	76	3	70	65
1	69	62	2	73	80	3	57	60
1	66	70	2	81	80	3	93	85
1	63	69	2	57	72	3	66	75
1	42	60	2	63	56	3	70	69
1	89	82	2	47	75	3	85	90
1	65	60	2	68	60	3	81	69
1	90	90	2	85	78	3	75	76
1	67	65	2	81	90	3	70	68
1	65	70	2	79	85	3	67	88
1	76	83	2	89	92	3	65	79
1	65	75	2	56	78	3	86	90

(1) 全体同学的“数学”、“英语”的平均成绩是否可以达到78分？($\alpha=0.05$)

(2) 1班和3班的“数学”平均成绩是否具有显著差异？($\alpha=0.05$)

(3) 1班和2班的“英语”平均成绩是否具有显著差异？($\alpha=0.05$)

(4) 全体同学的“数学”和“英语”的平均成绩是否具有显著差异？($\alpha=0.05$)

2. 一项调查结果声称，某市老年人口的比重为15.2%，为了检验该项调查结果，随机抽取了400名居民，发现其中有62位老年人，问是否应支持该市老年人口的比重为15.2%的看法？($\alpha=0.01$)

第九章

单因素方差分析

【本章导读】

方差分析也是一种假设检验。在假设检验中，解决了两个总体的均值是否具有显著差异的问题。方差分析是对多个总体的均值进行比较，即分析多个总体的均值是否存在显著差异。由于方差分析的计算十分复杂，本章只介绍最为常用的单变量单因素方差分析。本章在引导案例的基础上，首先引出方差分析的概念，然后就单因素方差分析的思想原理进行了细致的分析，还有针对引导案例的具体计算过程。最后，重点介绍了利用 SPSS 软件进行方差分析的方法步骤和输出结果的分析。

第一节　单因素方差分析的基本问题

1　引导案例：是什么影响了服饰娃娃的销售量

某玩具公司，新近推出一种仿真娃娃，分别设计了三种不同类型的服饰，新产品同时在 8 个地理位置相似、经营规模相仿的商场出售。玩具公司收集了售价相同的三种服饰娃娃的销售情况，从中分析哪种服饰的娃娃较受儿童欢迎，以此来决定今后的产量。

从表 9.1 -1 中的数据可以看出，8 个商场的销售情况各不相同。产生这种情况的原因有两方面，一是销售地点的影响，二是娃娃不同服饰的影响。由于选择的 8 家商场的地理位置相似、经营规模相仿，因此，把销售地点不同所造成的差异看成是随机因素的影响。现在需要考察的是三种不同服饰对销售量所造成的影响。同理，就一种商品而言，还可以选择几家不同档次的商场，根据对其销售量的分析来判断不同层次消费者的偏好，为今后的产品开发做出决策。

表 9.1－1　三种不同服饰娃娃的销售量

单位：个

服饰 1	服饰 2	服饰 3
650	638	650
636	619	631
644	626	641
658	623	636
634	622	643
654	627	629
640	629	633
656	619	639

要判断三种不同服饰娃娃的销售量是否相同，实际上就是要判断三种服饰娃娃的平均销售量是否存在差异。

2　什么是方差分析

均值的假设检验就是检验两个均值 μ_1 和 μ_2 是否相等，而方差分析要做的是，检验若干个均值 μ_1，μ_2，…，μ_r 是否相等。

在试验中，通常把影响试验结果的各种条件称为试验因素，因素所处的状态称为因素水平。把在不同条件下得到的试验结果称为试验指标。在试验中，如果只考察某一种因素对试验指标的影响，这样的试验称为单因素试验，对单因素试验进行的方差分析称为单因素方差分析。单因素方差分析就是要鉴别因素水平对试验结果有无显著影响。

单因素方差分析，只观察分析一个因素 A，这个因素有 r 个水平，一般用 A_1，A_2，…，A_r 表示。每个水平下试验的次数可以不同，试验指标的观测值用 X_{ij}表示，X_{ij}表示 A 的第 j 个水平第 i 次试验的观测值。

每个水平 A_j 均为正态总体，且方差相等，即 $X_{ij} \sim N(\mu_j, \sigma^2)$，需要检验 μ_1，μ_2，…，μ_r 是否相等。

表 9.1－2　单因素方差分析数据表

因素水平 / 试验序号	A_1	A_2	……	A_r
1	X_{11}	X_{12}	……	X_{1r}
2	X_{21}	X_{22}	……	X_{2r}
⋮	⋮	⋮		⋮
n_j	$X_{n_1 1}$	$X_{n_2 2}$	……	$X_{n_r r}$

第二节　方差分析的原理

1　单因素方差分析的原理

试验的观测值各不相同，即试验结果存在差异，其原因一般可以分为两类，一类是因为试验条件不同所产生的，即因素的不同水平的影响，这种差异是水平性差异。如引例中的不同服饰所造成的销售量的差异；另一类是由随机因素造成的，是由于选取样本的随机性而产生的误差，这种差异是随机性差异。

1.1　离差平方和的分解

SS 表示平方和，*SST* 表示总平方和，*SSB* 表示组间的平方和，*SSW* 表示组内的平方和。*SST* 总平方和表示所有的样本观测值（X_{ij}）与样本总均值（$\overline{X}$）的离差平方和，反映了总波动的大小。*SSB* 组间的平方和表示各组（各列）的均值（$\overline{X}_j$）与样本总均值（$\overline{X}$）的离差平方和，反映了不同因素水平对总波动影响的大小。*SSW* 组内的平方和表示同组（同列）的每个样本观测值（X_{ij}）与它们所在的组（列）的均值（$\overline{X}_j$）的离差平方和，它反映了组内随机波动的大小。

把总离差平方和分解成组间的离差平方和与组内的离差平方和。

$$SST = SSB + SSW \qquad (公式\ 9.2-1)$$

$$\sum_{i=1}^{n_j}\sum_{j=1}^{r}(X_{ij}-\overline{X})^2 = \sum_{j=1}^{r} n_j(\overline{X}_j-\overline{X})^2 + \sum_{i=1}^{n_j}\sum_{j=1}^{r}(X_{ij}-\overline{X}_j)^2 \qquad (公式\ 9.2-2)$$

其中，

$$SST = \sum_{i=1}^{n_j}\sum_{j=1}^{r}(X_{ij}-\overline{X})^2 \qquad (公式\ 9.2-3)$$

$$SSB = \sum_{j=1}^{r} n_j(\overline{X}_j-\overline{X})^2 \qquad (公式\ 9.2-4)$$

$$SSW = \sum_{i=1}^{n_j}\sum_{j=1}^{r}(X_{ij}-\overline{X}_j)^2 \qquad (公式\ 9.2-5)$$

当把总误差 *SST* 分解成两类误差 *SSB* 和 *SSW* 后，我们要比较 *SSB* 与 *SSW* 的大小，以确定是因素水平的影响大，还是随机波动的影响大。

1.2　F 检验法

比较 SSB 与 SSW 的大小，不是直接比较两者的绝对大小，而是比较它们的相对大小。利用假设检验中的 F 检验法，对于给定的显著性水平 α，得到临界值 $F_\alpha\ (r-1,\ N-r)$，与 F 值相比较，确定因素水平的影响是否显著。

MS 表示均值平方，MSB 表示组间的均值平方，MSW 表示组内的均值平方，r 表示因素水平的个数（即列数），N 表示观测数据的总数。

均值平方等于离差平方和除以其自由度 df。

$$MSB = \frac{SSB}{df_B} \quad \text{（公式 9.2－6）}$$

$$df_B = r - 1 \quad \text{（公式 9.2－7）}$$

$$MSW = \frac{SSW}{df_W} \quad \text{（公式 9.2－8）}$$

$$df_W = N - r \quad \text{（公式 9.2－9）}$$

$$F = \frac{MSB}{MSW} \quad \text{（公式 9.2－10）}$$

若 $F > F_\alpha\ (r-1,\ N-r)$，说明因素水平影响显著，即不同因素水平下的总体均值具有显著差异。

2　单因素方差分析的步骤

单因素方差分析的一般步骤如下：

提出假设：$H_0: \mu_1 = \mu_2 = \cdots = \mu_r$，$H_1: \mu_1, \mu_2, \cdots, \mu_r$ 不全相等，

选取统计量，并确定其分布，

$$F = \frac{MSB}{MSW} = \frac{SSB/r-1}{SSW/N-r} \sim F_\alpha(r-1, N-r)$$

对于给定的 α，确定临界值 $F_\alpha(r-1, N-r)$，

$F_\alpha(r-1, N-r)$ 可由 SPSS 的函数“IDF. F（$1-\alpha, r-1, N-r$）”获得。

计算统计量 F 的值，

对假设做出判断：

当 $F > F_\alpha(r-1, N-r)$ 时，因素水平影响显著，拒绝 H_0；

当 $F \leqslant F_\alpha(r-1, N-r)$ 时，因素水平影响不显著，接受 H_0。

第三节　对引导案例的分析

分析三种不同服饰娃娃的平均销售量有无显著差异（$\alpha = 0.05$）。

表 9.3－1　三种不同服饰娃娃销售量的统计

单位：个

因素水平 / 试验序号	A_1	A_2	A_3	合　计
1	650	638	650	
2	636	619	631	
3	644	626	641	
4	658	623	636	
5	634	622	643	
6	654	627	629	
7	640	629	633	
8	656	619	639	
T	5172	5003	5102	15277
n	8	8	8	24
$\overline{X}$	646.5	625.375	637.75	636.542

T_j：$T_1 = 5172$　　$T_2 = 5003$　　$T_3 = 5102$　　$T = 15277$

n_j：$n_1 = 8$　　$n_2 = 8$　　$n_3 = 8$　　$N = 24$

$\overline{X}_j$：$\overline{X}_1 = 646.5$　　$\overline{X}_2 = 625.375$　　$\overline{X}_3 = 637.75$　　$\overline{X} = 636.542$

提出假设：$H_0: \mu_1 = \mu_2 = \mu_3$，$H_1: \mu_1, \mu_2, \mu_3$ 不全相等，

选取统计量，并确定其分布，

$$F = \frac{MSB}{MSW} = \frac{SSB/r-1}{SSW/N-r} \sim F_\alpha(r-1, N-r)$$

对 $\alpha = 0.05$，得 $F_\alpha(r-1, N-r) = F_\alpha(2,21) = 3.47$

$F_\alpha(2,21)$ 可由 *SPSS* 的函数“*IDF. F*（0.95，2，21）”获得。

计算统计量的值，

$$SST = \sum_{i=1}^{n_j} \sum_{j=1}^{r} (X_{ij} - \overline{X})^2$$

$$= [(650-636.542)^2+(636-636.542)^2+(644-636.542)^2$$
$$+\cdots+(633-636.542)^2+(639-636.542)^2]$$
$$=3019.96$$

$$SSB=\sum_{j=1}^{r}n_j(\bar{X}_j-\bar{X})^2$$
$$=[8\times(646.5-636.542)^2+8\times(625.375-636.542)^2+8\times(637.75-636.542)^2]$$
$$=1802.58$$

$$SSW=\sum_{i=1}^{n_j}\sum_{j=1}^{r}(X_{ij}-\bar{X}_j)^2$$
$$=[(650-646.5)^2+(636-646.5)^2+\cdots+(640-646.5)^2+(656-646.5)^2]$$
$$+[(638-625.375)^2+(619-625.375)^2+\cdots+(619-625.375)^2]$$
$$+[(650-637.75)^2+(631-637.75)^2+\cdots+(639-637.75)^2]$$
$$=1217.38$$

$$df_B=r-1=3-1=2$$
$$df_W=N-r=24-3=21$$
$$df_T=N-1=24-1=23$$
$$MSB=\frac{SSB}{df_B}=\frac{1802.58}{2}=901.29$$
$$MSW=\frac{SSW}{df_W}=\frac{1217.38}{21}=57.97$$
$$F=\frac{MSB}{MSW}=\frac{901.29}{57.97}=15.55$$

对假设做出判断，

$$F=15.55>3.47\qquad 拒绝\ H_0$$

即三种不同服饰娃娃的平均销售量有显著差异。

从上述计算中可以看出，第一种服饰娃娃的销售量最高，第二种服饰娃娃的销售量最低，所以在今后的生产中可以加大第一种服饰娃娃的产量，减少第二种服饰娃娃的产量。

第四节　利用 SPSS 进行单因素方差分析

使用 *SPSS* 软件对上述引导案例进行计算分析，必须要建立一个 *SPSS* 数据文件。打开一个 *SPSS* 空白文件，首先在变量视图（*Variable View*）中定义变量“服饰类型”和“娃娃销售量”，然后在数据视图（*Data View*）中输入表 9.1－1 中的数据。

使用 *SPSS* 进行单因素方差分析的操作步骤：

- 选择菜单 *Analyze→Compare Means→One-Way AVOVA*，出现主对话框；
- 把变量“娃娃销售量”作为因变量选入 *Dependent List* 框中；
- 把变量“服饰类型”作为控制变量选入 *Factor* 框中；
- 单击 *Post Hoc* 按钮，出现 *Post Hoc Multiple Comparisons* 子对话框；
- 在 *Equal Variances Assumed* 框中选择 *LSD*；
- 在 *Equal Variances Not Assumed* 框中选择 *Tamhane's*（图 9.4－1）；
- 单击 *Continue* 按钮，返回主对话框；
- 单击 *Option* 按钮，出现 *Options* 子对话框；
- 在 *Statistics* 框中选择 *Homogeneity of variance test* 和 *Descriptive* 选项；
- 同时选择 *Means Plot* 选项；
- 单击 *Continue* 按钮，返回主对话框；
- 单击 *OK* 按钮，结果输出见表 9.4－1、表 9.4－2、表 9.4－3、表 9.4－4 及图 9.4－2。

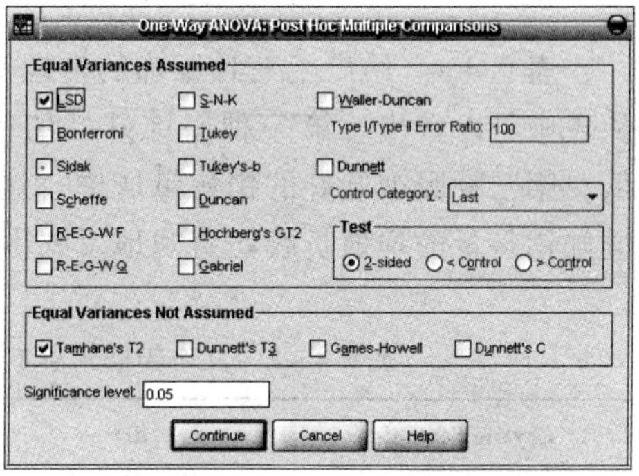

图 9.4－1　多重比较的子对话框

其中，“*Post Hoc*”选项用来实现多重比较（*Multiple Comparisons*）检验。在多重比较的子对话框中，*Equal Variances Assumed* 框中是满足方差齐性条件下的检验方法，*Equal Variances Not Assumed* 框中是不满足方差齐性条件下的检验方法。

在满足方差齐性条件下，当各组样本的样本容量相等时，一般使用 *LSD* 检验法；当各组样本的样本容量不相等时，通常使用 *Scheffe* 检验法。

“*Option*”选项用来实现方差分析的前提条件的检验，并可选择输出其他统计量。其中，“*Homogeneity of variance test*”提供方差齐性检验；“*Descriptive*”选项输出观测变量的基本描述统计量；“*Means Plot*”选项输出各水平下观测变量均值的折线图。

表 9.4－1 三个因素水平下娃娃销售量的描述统计量

	N 样本量	Mean 均值	Std. Deviation 标准差	Std. Error 标准误	95% Confidence Interval for Mean 均值的 95%置信区间		Minimum 极小值	Maximum 极大值
					Lower Bound 下限	Upper Bound 上限		
1	8	646.50	9.304	3.290	638.72	654.28	634	658
2	8	625.38	6.255	2.211	620.15	630.60	619	638
3	8	637.75	6.944	2.455	631.94	643.56	629	650
Total	24	636.54	11.459	2.339	631.70	641.38	619	658

表 9.4－1 给出了三种服饰的娃娃销售量的描述统计量以及 95% 的置信区间。从表中可以看出，第一种服饰娃娃的销售量最高，第二种服饰娃娃的销售量最低，第三种服饰娃娃的销售量居中。这一点也可以从图 9.4－2 三个因素水平下娃娃销售量的均值折线图直观地反映出来。

表 9.4－2 三个因素水平下娃娃销售量的方差齐性检验结果

Levene Statistic Levene 统计量	df1 第一自由度	df2 第二自由度	Sig. 显著性
1.763	2	21	.196

表 9.4－2 给出了 Levene 方差齐性检验的结果。Levene 统计量对应的显著性 Sig. $=0.196>0.05$，说明在三个因素水平下娃娃销售量的方差齐性的条件成立。因此，在下面的多重比较的检验中，应该以方差齐性成立的条件下的 LSD 检验结果为准。

表 9.4－3 单因素方差分析结果

	Sum of Squares 平方和	df 自由度	Mean Square 均方	F	Sig. 显著性
Between Groups 组间	1802.583	2	901.292	15.547	.000
Within Groups 组内	1217.375	21	57.970		
Total 总数	3019.958	23			

表 9.4－3 给出的是单因素方差分析的结果。与第三节对引导案例的分析的结果完全吻合。其统计量 $F=15.547$，对应的显著性 Sig. $=0.000<0.05$，所以拒绝原假设，即认为三种服饰娃娃的销售量具有显著差异。

单因素方差分析只能说明三种服饰娃娃的销售量不完全相同，如果还需要研究是三个因素水平下娃娃的销售量都有差异，还是某两个因素水平下娃娃的销售量有差异，就需要通过多重比较来完成。

表 9.4－4 给出的是多重比较检验的结果。表中的上半部分为 LSD 检验的结果，下半部分为 Tamhane's 的检验结果。由于方差满足齐性的条件，所以这里以 LSD 检验的结果为准。表中的第四列 Mean Difference（I－J）给出了不同服饰娃娃销量的平均值之差。其中后面以“＊”标注的表示其均值有显著差异，没有以“＊”标注的表示其均值没有显著差异。同样的结论也可以从表中的第六列显著性的结果得到。

表 9.4－4　多重比较检验结果

Dependent Variable 因变量：娃娃的销售量

	(I)服饰类别	(J)服饰类别	Mean Difference (I－J) 均值差(I－J)	Std. Error 标准误	Sig. 显著性	95% Confidence Interval 95%置信区间	
						Lower Bound 下限	Upper Bound 上限
LSD	1	2	21.125*	3.807	.000	13.21	29.04
		3	8.750*	3.807	.032	.83	16.67
	2	1	－21.125*	3.807	.000	－29.04	－13.21
		3	－12.375*	3.807	.004	－20.29	－4.46
	3	1	－8.750*	3.807	.032	－16.67	－.83
		2	12.375*	3.807	.004	4.46	20.29
Tamhane's	1	2	21.125*	3.964	.001	10.18	32.07
		3	8.750	4.105	.150	－2.49	19.99
	2	1	－21.125*	3.964	.001	－32.07	－10.18
		3	－12.375*	3.304	.007	－21.34	－3.41
	3	1	－8.750	4.105	.150	－19.99	2.49
		2	12.375*	3.304	.007	3.41	21.34

*. The mean difference is significant at the 0.05 level. 在 .05 水平上均值差显著。

从表 9.4－4 中 LSD 检验的结果可以看出，所有的均值差都以“＊”标注，所有的显著性 Sig. 均小于 0.05，表示每两种服饰娃娃销量的均值都有显著差异。

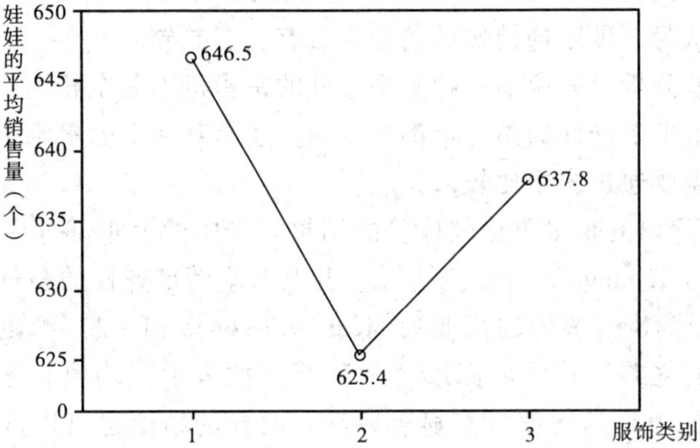

图 9.4－2　三个因素水平下娃娃销售量的均值折线图

【思考题】

1. 将总离差平方和分解成组间平方和与组内平方和的目的是什么？
2. 表 9.5－1 所示是一个方差分析简表，一些信息被略去。请填入缺失的信息，并回答下面的问题。

表 9.5－1　单因素方差分析结果

	Sum of Squares 平方和	df 自由度	Mean Square 均方	F
Between Groups 组间	632.389	—	901.292	—
Within Groups 组内	—	33	—	
Total 总数	6710.889	35		

（1）有几个总体？共有多少个观察值？

（2）假如每个总体的样本量相等，每个总体的样本量是多少？

（3）如果 $\alpha=0.05$，F 的临界值是多少？

（4）根据表中的数据，可以拒绝原假设吗？

【练习题】

1. 某班学生按高考成绩分成 A_1、A_2、A_3 三组，现将其本学期的英语考试成绩统计如表 9.5-2 所示，试在显著性水平 $\alpha=0.05$ 下，分析本学期的英语考试成绩与高考成绩有无显著关系。

表 9.5-2　英语考试成绩

	A_1	A_2	A_3
1	96	71	91
2	53	75	86
3	83	47	56
4	67	62	65
5	46	80	70
6	82	60	72
7	77	89	40
8	71	87	78
9	60	32	
10	65		

2. 有 6 名观察员，对四个饭店的服务质量进行综合测评，考核分数如表 9.5-3所示，试在显著性水平 $\alpha=0.05$ 下，分析四个饭店的服务质量有无显著差异。

表 9.5-3　综合测评考核分数

饭店 / 观察员	A	B	C	D
1	89	87	63	71
2	86	75	72	63
3	79	71	79	59
4	71	66	66	60
5	78	82	75	75
6	74	62	81	68

3. “关爱生命委员会”做了一项调查，以下的资料是某个地区在三个不同时期各季度香烟销售量的统计数据，在显著性水平 $\alpha=0.05$ 下，分析香烟广告禁止令前、中、后三个时间段，香烟的消费是否存在明显不同，禁止香烟广告的措施有没有取得实际效果。

表 9.5-4　香烟销售量

单位：千件

	禁烟广告前的六个季度	禁烟广告期的八个季度	禁烟广告后的六个季度
1	572	423	433
2	489	596	470
3	601	502	564
4	654	489	493
5	556	591	446
6	638	623	508
7		497	
8		521	

第十章

相关分析与回归分析

【本章导读】

相关分析可以检验两个或多个随机变量之间相互联系的程度，相关系数是一个有效的检验两个随机变量间关系的统计量。本章重点介绍 Pearson 相关系数和 Spearman 相关系数。

回归分析是对相关关系进行定量研究的统计分析方法，这种方法就是用函数关系近似地描述这种相关关系，以求准确把握一个变量受其他变量影响的程度，进而为预测和控制提供科学依据。本章重点介绍了一元和多元线性回归及回归分析的显著性检验。在回归分析和显著性检验过程中，计算纷繁复杂，特别是多元回归分析，就必须借助统计软件来完成。所以，理解和明确 SPSS 输出结果的意义十分重要。

第一节　相关分析

1　引导案例：家庭支出与收入的关系

7 个家庭的年收入与支出的数据如下（单位：万元）：

收入 X	3.3	3.45	3.65	4.05	4.45	4.90	4.55
支出 Y	1.5	2.0	2.5	3.0	3.5	4.0	4.5

对收入与支出作相关分析。

在现实生活中，家庭支出受收入的影响和制约，这是显而易见的。那么，这两个变量之间是否真的存在相互关联的关系？并且在多大程度上相互关联呢？

2 变量间的相关关系

在自然界和经济领域中，许多现象之间存在着相互依存、相互制约的关系。如果用变量与变量之间的关系来描述，通常可以分为两种类型：函数关系和相关关系。

函数关系，即确定性关系，两个变量之间可以用函数 $y = f(x)$ 来描述。例如：圆的半径 R 和圆的周长 L，对于一个给定的半径 R，都有一个确定的周长 L 与之对应：$L = 2\pi R$，圆的半径 R 和周长 L 之间就是函数关系，即确定性关系。另一种是相关关系，即不确定关系，两个变量之间的关系不能用确定的数学表达式来描述，也就是对于一个给定的 x 的值，不能找到唯一确定的 y 值与之对应。但两个变量之间确实存在着相互依赖的内在联系。例如：家庭的支出与收入；商品的销售量与广告费用；子女的身高与父母的平均身高。

具有相关关系的变量，虽然它们的关系具有不确定性，但可以从大量的试验数据中找出它们的统计规律性，相关分析就是用定量的方法来描述这种相关关系。

3 相关系数

相关系数就是以数值的方式定量地反映两个变量之间线性相关的强弱程度。

- 相关系数 R 的取值范围在 $-1 \sim 1$ 之间，即 $-1 \leqslant R \leqslant 1$；
- $|R|$ 越大，两变量之间的线性关系越显著；
- $R > 0$ 时，称两变量正相关。说明当一个随机变量的数值增加时，另一个随机变量的数值也呈现增加的趋势；
- $R < 0$ 时，称两变量负相关。说明当一个随机变量的数值增加时，另一个随机变量的数值却呈现减小的趋势，或者说明当一个随机变量的数值减小时，另一个随机变量的数值却呈现增加的趋势；
- 当 $|R| = 1$ 时，两变量完全线性相关。当 $R = 1$ 时，称两变量完全正相关。当 $R = -1$ 时，称两变量完全负相关。说明两个随机变量之间就是确定性的关系，即函数关系。这时所有的样本点都在一条直线上；
- $R = 0$ 时，说明两变量不存在线性相关关系。

SPSS 软件中涉及的有 Pearson 相关系数、Spearman 相关系数、Kendall τ 相关系数。

- Pearson 相关系数是常用的描述线性相关程度的指标。适用于两个服从正态分布的定距型变量（Scale 型）的相关性分析；
- Spearman 相关系数是用来度量两个定序变量（Ordinal 型）间的线性相关关系，或用来度量一个是定序型而另一个是定距型变量的线性相关关系，也适用于不满足正态分布假设的定距型变量的相关性分析；

- Kendall τ 相关系数是用来度量两个定序变量间的线性相关关系。

3.1 Pearson 相关系数

Pearson 相关系数用于对两个连续型变量的线性相关关系的度量。连续型变量即定距型（Scale 型）变量，是在某个范围内可以连续取值的随机变量。例如，身高、体重、比例等。

其基本公式如下：

$$R = \frac{L_{xy}}{\sqrt{L_{xx}L_{yy}}} \qquad \text{（公式 10.1-1）}$$

其中，

$$L_{xx} = \sum (x_i - \bar{x})^2 = \sum x_i^2 - \frac{1}{n}\left(\sum x_i\right)^2 \qquad \text{（公式 10.1-2）}$$

$$L_{yy} = \sum (y_i - \bar{y})^2 = \sum y_i^2 - \frac{1}{n}\left(\sum y_i\right)^2 \qquad \text{（公式 10.1-3）}$$

$$L_{xy} = \sum (x_i - \bar{x})(y_i - \bar{y}) = \sum x_i y_i - \frac{1}{n}\sum x_i \sum y_i \qquad \text{（公式 10.1-4）}$$

3.2 Spearman 相关系数

Spearman 相关系数是将数据转换为等级数据，因此，转换后的数据表示从低到高的等级顺序。事实上，高度相关的随机变量拥有相同或相似的等级顺序，这样一对数据的等级顺序之差就会很小。其基本公式如下：

$$R_s = 1 - \frac{6\sum D^2}{N(N^2 - 1)} \qquad \text{（公式 10.1-5）}$$

其中，D 是等级序数之差，N 是数据的对数。所以，Spearman 相关系数非常适合两个都是定序型变量的相关分析。同时，Spearman 相关系数对于数据中一个是定序型变量而另一个是定距型或比例数据也非常适合。就是对不满足正态分布假设的定距型变量也适用。

4 引导案例的解答

$$\sum_{i=1}^{n} x_i = 28.35 \qquad \sum_{i=1}^{n} y_i = 21 \qquad n = 7$$

$$\sum_{i=1}^{n} x_i^2 = 117.0325 \qquad \sum_{i=1}^{n} y_i^2 = 70 \qquad \sum_{i=1}^{n} x_i y_i = 88.775$$

$$\overline{X} = \frac{1}{n}\sum_{i=1}^{n} x_i = 4.05 \qquad \overline{Y} = \frac{1}{n}\sum_{i=1}^{n} y_i = 3$$

$$L_{xx} = \sum_{i=1}^{n} x_i^2 - \frac{1}{n}(\sum_{i=1}^{n} x_i)^2 = 117.0325 - \frac{1}{7}(28.35)^2 = 2.215$$

$$L_{yy} = \sum_{i=1}^{n} y_i^2 - \frac{1}{n}(\sum_{i=1}^{n} y_i)^2 = 70 - \frac{1}{7} \times 21^2 = 7$$

$$L_{xy} = \sum_{i=1}^{n} x_i y_i - \frac{1}{n}\sum_{i=1}^{n} x_i \sum_{i=1}^{n} y_i = 88.775 - \frac{1}{7} \times 28.35 \times 21 = 3.725$$

$$R = \frac{L_{xy}}{\sqrt{L_{xx}L_{yy}}} = \frac{3.73}{\sqrt{2.22 \times 7}} = 0.9459$$

所以，收入与支出之间存在相关关系。

在给定的显著性水平 α 下，可以查相关系数临界值表，得到临界值 $R_\alpha(n-2)$，与计算出的 $|R|$ 的值相比较，判断回归方程的线性相关性是否显著。

若 $|R| \geqslant R_\alpha(n-2)$，则回归方程的线性相关性显著；

若 $|R| < R_\alpha(n-2)$，则回归方程的线性相关性不显著。

本例中，若 $\alpha = 0.05$，$R_{0.05}(7-2) = 0.7545$，$R > R_\alpha$。

所以，y 与 x 的线性关系显著。

5　使用 SPSS 进行相关分析的实例

例 10.1 -1　根据某项调查的数据显示，其中 24 人的“月薪”和“娱乐花费”的状况如表 10.1 -1 所示，分析“月薪”和“娱乐花费”之间是否存在相关关系。

表 10.1 -1　“月薪”和“娱乐花费”数据表

单位：元

月　薪	娱乐花费	月　薪	娱乐花费
4500	300	6500	500
550	380	18000	2500
3300	1000	20000	3000
3000	1200	8200	500
5200	500	2800	400
8000	1000	2300	350
20000	2000	4600	100

续表

月　薪	娱乐花费	月　薪	娱乐花费
900	100	3800	120
1800	50	1200	0
6800	3000	1000	50
4000	200	4300	500
3500	1000	2800	100

使用 SPSS 软件对上述引导案例进行计算分析，必须要建立一个 SPSS 数据文件。打开一个 SPSS 空白文件，首先在变量视图（Variable View）中定义变量“月薪”和“娱乐花费”，然后在数据视图（Data View）中输入表 10.1－1 中的数据。本例中的两个变量都是连续型即定距型变量，在进行相关分析时，需要使用 Pearson 相关系数。

使用 SPSS 的操作步骤：

- 选择菜单 Analyze→Correlate→Bivariate，出现主对话框；
- 把变量“月薪”和“娱乐花费”都选入 Variable 框中；
- 在 Correlation Coefficents 框中选中所需要的相关系数：Pearson；
- 选中 Flag Significance Correlations 选项；
- 单击 OK 按钮，结果输出见表 10.1－2。

其中，选中 Flag Significance Correlations 选项，表示在输出结果中，将以星号标志标明变量间的线性相关性是否显著。在相关系数右上角星号标志为“＊＊”，表明变量间的线性相关性在 0.01 的水平下显著；若星号标志为“＊”，表明变量间的线性相关性在 0.05 的水平下显著。

表 10.1－2　“月薪”与“娱乐花费”的相关关系结果

		月　薪	娱乐花费/月
月　薪	Pearson Correlation Pearson 相关性	1	.781 **
	Sig.（2－tailed） 显著性（双侧）		.000
	N 样本量	24	24
娱乐花费/月	Pearson Correlation Pearson 相关性	.781 **	1
	Sig.（2－tailed） 显著性（双侧）	.000	
	N 样本量	24	24

**. Correlation is significant at the 0.01 level（2－tailed）. 在 0.01 水平（双侧）上显著相关。

表 10.1－2 是使用 Pearson 相关系数的检验结果。可知，“娱乐花费”与“月薪”间的相关系数 $R=0.781$，Sig. $=0.000<0.01$，在 0.01 的水平下线性关系显著。说明“娱乐花费”与“月薪”之间存在显著的正相关关系。

两变量之间是否线性相关还可以描绘“散点图”进行直观的观察。两变量的每一组数据都对应平面直角坐标系上的一个点，描绘出所有的点，就得到了一个“散点图”。从散点图中可以对两个变量之间的线性相关程度做一个初步的判断。

使用 SPSS 制作散点图的操作步骤：

- 选择菜单 Graphs→Legacy Dialogs→Scatter；
- 选中 Simple Scatter，单击 Define 按钮，出现主对话框；
- 把变量“娱乐花费”选入 Y Axis 框中；
- 把变量“月薪”选入 X Axis 框中；
- 单击 OK 按钮，结果输出见图 10.1－1。

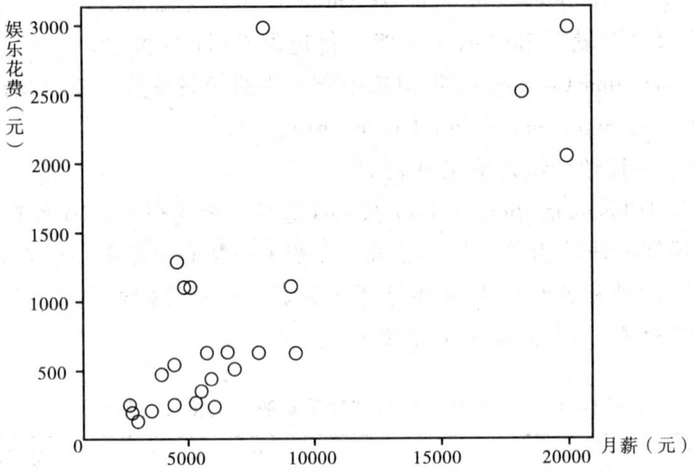

图 10.1－1 “月薪”与“娱乐花费”的散点图

例 10.1－2 根据某项调查的数据显示，其中 24 人的“月薪”和“教育程度”的状况如表 10.1－3 所示，分析“月薪”和“教育程度”之间是否存在相关关系。

其中，1 代表“高中及以下”；2 代表“大专”；3 代表“本科”；4 代表“硕士”；5 代表“博士”。

本例中的“月薪”与例 10.1－1 的数据相同，所以在建立 SPSS 数据文件时，可以继续沿用例 10.1－1 的数据，只需在变量视图（Variable View）中再定义变量“教育程度”，然后在数据视图（Data View）中输入表 10.1－3 中的“教育程度”的数据即可。

表 10.1－3　“月薪”和“教育程度”数据表

月薪（元）	教育程度	月薪（元）	教育程度
4500	4	6500	3
550	3	18000	3
3300	3	20000	3
3000	3	8200	3
5200	5	2800	3
8000	1	2300	2
20000	3	4600	3
900	1	3800	4
1800	1	1200	1
6800	3	1000	1
4000	5	4300	4
3500	3	2800	1

本例中的变量“月薪”是连续型即定距型变量，而“教育程度”却是定序型变量，在进行相关分析时，就不应该使用 Pearson 相关系数，而应该使用 Spearman 相关系数。下面同时使用 Pearson 相关系数和 Spearman 相关系数，以便于比较。

使用 SPSS 的操作步骤：

- 选择菜单 Analyze→Correlate→Bivariate，出现主对话框；
- 把变量“月薪”和“教育程度”都选入 Variable 框中；
- 在 Correlation Coefficents 框中选中所需要的相关系数：Pearson 和 Spearman；
- 选中 Flag Significance Correlations 选项；
- 单击 OK 按钮，结果输出见表 10.1－4 及表10.1－5。

表 10.1－4 表明，“月薪”与“教育程度”间的 Pearson 相关系数 $R=0.209$，Sig. $=0.326>0.05$，说明“月薪”与“教育程度”之间不存在线性相关关系。这个结论明显与实际情况不符。“月薪”与“教育程度”存在一定的线性相关关系，这一点从散点图图 10.1－2 上可以直观地表现出来。实际上，就是因为使用了 Pearson 相关系数，才出现了上述错误。

表 10.1－4 “月薪”与“教育程度”的相关关系结果（一）

		月　　薪	教育程度
月　　薪	Pearson Correlation Pearson 相关性	1	.209
	Sig.（2－tailed） 显著性（双侧）		.326
	N 样本量	24	24
教育程度	Pearson Correlation Pearson 相关性	.209	1
	Sig.（2－tailed） 显著性（双侧）	.326	
	N 样本量	24	24

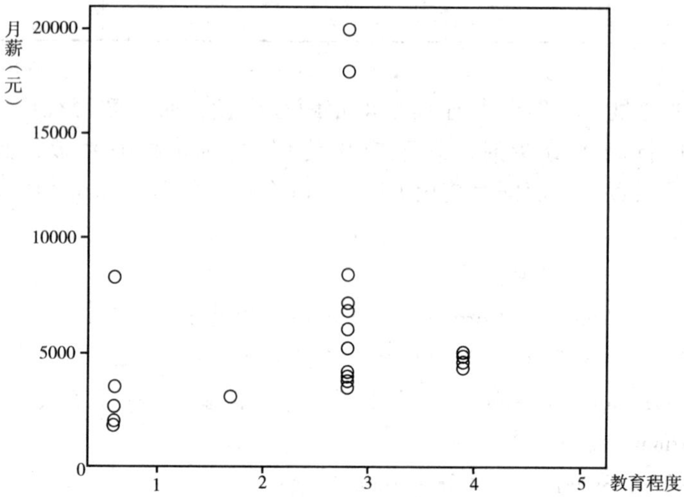

图 10.1－2 “月薪”与“教育程度”的散点图

表 10.1－5 表明，“月薪”与“教育程度”间的 Spearman 相关系数 $R=0.439$，其 Sig. $=0.032<0.05$，说明在 0.05 的水平下，“月薪”与“教育程度”之间线性关系显著。

表 10.1-5 "月薪"与"教育程度"的相关关系结果(二)

			月 薪	教育程度
Spearman's rho	月 薪	Correlation Coefficient 相关系数	1.000	.439*
		Sig. (2-tailed) 显著性(双侧)	.	.032
		N 样本量	24	24
	教育程度	Correlation Coefficient 相关系数	.439*	1.000
		Sig. (2-tailed) 显著性(双侧)	.032	.
		N 样本量	24	24

*. Correlation is significant at the 0.05 level (2-tailed). 在 0.05 水平(双侧)上显著相关。

6 偏相关分析

偏相关分析仍然是度量两个变量间的线性相关程度,但是排除了第三方变量对两个分析变量的影响。在对两个变量进行相关分析时,往往由于第三方变量的作用,使相关系数不能真正地反映两个变量之间的线性关系。

在 SPSS 中,第三方变量被称为控制变量(Control Variable)。偏相关分析就是在排除了控制变量的影响的条件下分析两个变量间的线性相关关系。

例 10.1-3 综合例 10.1-1 及例 10.1-2 的数据,在排除"教育程度"影响的条件下,分析"娱乐花费"与"月薪"之间的相关关系。

使用 SPSS 的操作步骤:

- 选择菜单 Analyze→Correlate→Partial,出现主对话框;
- 把变量"月薪"、"娱乐花费"选入 Variable 框中;
- 把控制变量"教育程度"选入 Controlling for 框中;
- 单击 OK 按钮,结果输出见表 10.1-6。

表 10.1-6 表明,在排除"教育程度"影响的条件下,"娱乐花费"和"月薪"之间的偏相关系数 $R=0.775$,Sig. $=0.000<0.01$,在 0.01 的水平下线性关系显著。

在没有控制"教育程度"这个第三方变量的条件下,"娱乐花费"与"月薪"间的相关系数为 $R=0.781$,说明"教育程度"对"娱乐花费"与"月薪"的相关关系所产生的影响不大。

表 10.1－6　“月薪”与“娱乐花费”的偏相关分析

Control Variables 控制变量			月　薪	娱乐花费/月
教育程度	月　薪	Correlation 相关性	1.000	.775
		Sig.（2－tailed）显著性（双侧）	.	.000
		df 自由度	0	21
	娱乐花费/月	Correlation 相关性	.775	1.000
		Sig.（2－tailed）显著性（双侧）	.000	.
		df 自由度	21	0

第二节　一元线性回归分析

1　引导案例：是什么决定了中国居民的旅游花费

根据国家统计局官网的年度数据，我们收集了 2004～2016 年中国人均 GDP 和人均旅游花费的数据，如表 10.2－1 所示。

表 10.2－1　人均 GDP 和人均旅游花费

单位：元

人均 GDP	人均旅游花费	人均 GDP	人均旅游花费
12487	427.5	36403	731
14368	436.1	40007	767.9
16738	446.9	43852	805.5
20505	482.6	47203	839.7
24121	511	50251	857
26222	535.4	53935	888.2
30876	598.2		

在现实生活中，人均旅游花费不仅受人均 GDP 的影响，还与上年的消费水平、银行利率、商品价格指数等影响有关。那么这些影响中哪一个对年均旅游花

费是至关重要的呢？是什么决定了中国居民的旅游花费？

2　回归分析的概念

2.1　被解释变量与解释变量

被解释变量和解释变量的术语经常在统计分析中使用。如果被解释变量和解释变量之间有显著性关系，也就是说解释变量可影响被解释变量。

比如，如果“娱乐花费”受“月薪”的影响，那么“娱乐花费”是被解释变量，而“月薪”是解释变量。尽管，“月薪”和“娱乐花费”之间没有严格的一一对应关系，但收入水平会促使或制约娱乐花费的说法很容易被人们接受。所以“娱乐花费”依赖于收入的水平。有时一个被解释变量会依赖于多个解释变量，如图 10.2－1 所示，假设“娱乐花费”依赖于“收入”、“婚姻”和“年龄”。

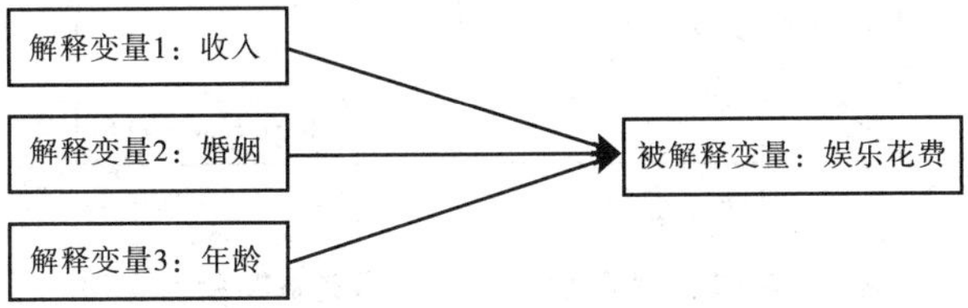

图 10.2－1　“娱乐花费”与“收入”、“婚姻”和“年龄”的关系

2.2　回归分析

“回归”是英国统计学家 F. Galton 最先提出的，他在大量的父亲身高和其成年儿子身高的数据中，发现了一条贯穿其中的直线，它能够描述父亲身高和其成年儿子身高的关系。F. Galton 将这种现象称为“回归”，将贯穿于数据点中的直线称为“回归线”。回归分析就是探究被解释变量如何随解释变量的变化而变化，并通过回归模型的形式描述和反映这种关系。

3　一元线性回归分析

“一元”是指只有一个解释变量，“线性”是指被解释变量和解释变量之间存在线性关系。一元线性回归分析是在不考虑其他因素的条件下，分析一个解释变量对被解释变量如何产生线性影响。

3.1 一元线性回归的散点图与回归直线

已知(x_1,y_1),(x_2,y_2),…,(x_n,y_n)为一组样本观测值，其中自变量X为解释变量，因变量Y为被解释变量。上述的每一组数据都对应平面坐标系上的一个点，描绘出所有的样本点，就得到一个散点图。

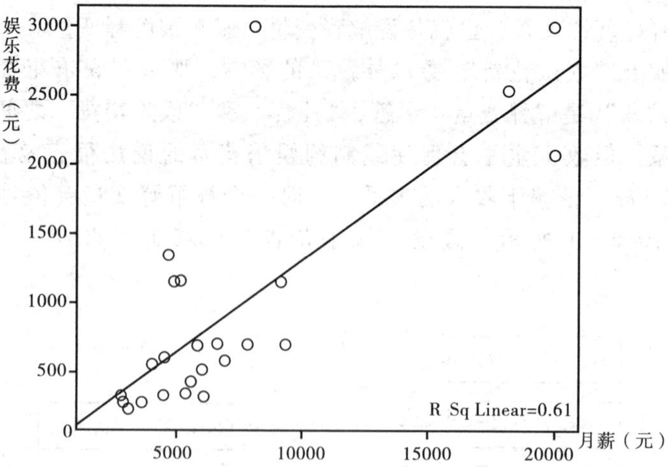

图 10.2－2 “月薪”与“娱乐花费”的散点图

这些样本点并不一定严格地落在一条直线上，但如果这些点都在一条直线附近，我们就用这条直线来拟合所有的散点$(x_i,y_i)(i=1,2,\cdots,n)$，这条直线就称为“回归直线”。回归直线的方程：

$$\hat{y}=a+bx \qquad \text{（公式 10.2－1）}$$

称之为“回归模型”，其中，$\hat{y}$为y的预测值，a、b为回归系数。

一元线性回归分析，就是要寻找被解释变量随解释变量的变化而变化的直线趋势，在散点图上找到这样一条直线，并确定这条直线的方程。

对每一组样本观测值(x_i,y_i)　$(i=1,2,\cdots,n)$

$$y_i=a+bx_i+\varepsilon_i \qquad \text{（公式 10.2－2）}$$

在图 10.2－3 中，由散点(x_i,y_i)到回归直线上点$(x_i,\hat{y}_i)$的距离，就是Y的每一个样本值y_i与其对应的预测值$\hat{y}_i$之间的差：

$$\varepsilon_i = y_i - \hat{y}_i \qquad \text{（公式 10.2－3）}$$

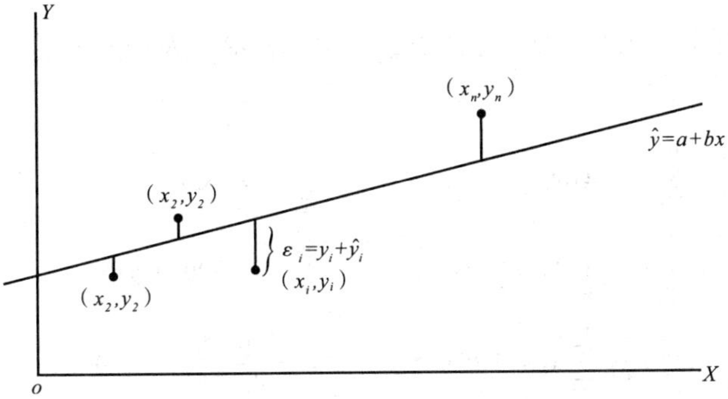

图 10.2－3　一元线性回归示意图

ε_i 代表了回归直线与这些点拟合时的偏差，我们称之为“残差”。如果 $\varepsilon_i = 0$，说明这个点就在回归直线上。

我们寻找的回归直线应该使所有的残差越小越好，即要使得残差的平方和 $\sum_{i=1}^{n} \varepsilon_i^2$ 最小。

3.2　回归系数的确定

应用二元微积分中求极值的方法，也就是最小二乘法，我们可以确定回归系数 a、b。

回归系数 a、b 的估计值：

$$\hat{b} = \frac{L_{xy}}{L_{xx}} \qquad \text{（公式 10.2－4）}$$

$$\hat{a} = \overline{Y} - \hat{b}\,\overline{X} \qquad \text{（公式 10.2－5）}$$

式中：

$$\overline{X} = \frac{1}{n}\sum_{i=1}^{n} x_i, \qquad \overline{Y} = \frac{1}{n}\sum_{i=1}^{n} y_i;$$

$$L_{xx} = \sum_{i=1}^{n}(x_i - \overline{X})^2 = \sum_{i=1}^{n} x_i^2 - \frac{1}{n}\left(\sum_{i=1}^{n} x_i\right)^2;$$

$$L_{xy} = \sum_{i=1}^{n}(x_i - \overline{X})(y_i - \overline{Y}) = \sum_{i=1}^{n} x_i y_i - \frac{1}{n}\sum_{i=1}^{n} x_i \sum_{i=1}^{n} y_i。$$

3.3 对引导案例的分析

在这个问题中，人均 GDP 是自变量，用 x 表示；人均旅游花费是因变量，用 y 表示。

$$\sum_{i=1}^{13} x_i = 416968 \qquad \sum_{i=1}^{13} y_i = 8327$$

$$\sum_{i=1}^{13} x_i^2 = 15796730360 \qquad \sum_{i=1}^{13} x_i y_i = 297076402.9$$

$$\overline{X} = \frac{1}{13}\sum_{i=1}^{13} x_i = 32074.5 \qquad \overline{Y} = \frac{1}{13}\sum_{i=1}^{13} y_i = 640.5$$

$$L_{xx} = \sum_{i=1}^{13}(x_i - \overline{X})^2 = \sum_{i=1}^{13} x_i{}^2 - \frac{1}{13}\left(\sum_{i=1}^{13} x_i\right)^2$$

$$= 15796730360 - \frac{1}{13}(416968)^2 = 2422706281$$

$$L_{xy} = \sum_{i=1}^{13}(x_i - \overline{X})(y_i - \overline{Y}) = \sum_{i=1}^{13} x_i y_i - \frac{1}{13}\sum_{i=1}^{13} x_i \sum_{i=1}^{13} y_i$$

$$= 297076402.9 - \frac{1}{13} \times 416968 \times 8327 = 29992362$$

$$\hat{b} = \frac{L_{xy}}{L_{xx}} = \frac{29992362}{2422706281} \approx 0.01238$$

$$\hat{a} = \overline{Y} - \hat{b}\overline{X} = 640.5 - 0.01238 \times 32074.5 = 243.4$$

y 对 x 的回归直线方程为：

$$\hat{y} = 243.4 + 0.01238x$$

在本章第一节相关分析的引导案例“家庭支出与收入的关系”中，

$$\hat{b} = \frac{L_{xy}}{L_{xx}} = \frac{3.725}{2.215} = 1.68$$

$$\hat{a} = \overline{Y} - \hat{b}\overline{X} = 3 - 1.68 \times 4.05 = -3.8$$

Y 对 X 的回归直线方程为：

$$\hat{y} = -3.8 + 1.68x$$

第三节　回归分析的显著性检验

1　回归模型的显著性检验

1.1　R 检验法

R 检验法即 Pearson 相关系数检验法。

1.2　R^2 检验法

$$R^2 = \frac{SSR}{SST} \quad \text{（公式 10.3－1）}$$

$$SST = SSE + SSR \quad \text{（公式 10.3－2）}$$

式中：R^2 为决定系数（拟合优度系数），SSR 为回归平方和，SSE 为残差平方和，SST 为总离差平方和。

$$SST = L_{yy} = \sum_{i=1}^{n}(y_i - \bar{y})^2 \quad \text{（公式 10.3－3）}$$

$$SSR = \sum_{i=1}^{n}(\hat{y}_i - \bar{y})^2 = b^2\sum_{i=1}^{n}(x_i - \bar{x})^2 = b^2L_{xx} \quad \text{（公式 10.3－4）}$$

$$SSE = \sum_{i=1}^{n}(y_i - \hat{y}_i)^2 \quad \text{（公式 10.3－5）}$$

$$\sum_{i=1}^{n}(y_i - \bar{y})^2 = \sum_{i=1}^{n}(y_i - \hat{y}_i)^2 + \sum_{i=1}^{n}(\hat{y}_i - \bar{y})^2 \quad \text{（公式 10.3－6）}$$

SSR 为回归平方和，在总离差中，由解释变量 x 可以说明的部分。SSE 为残差平方和，在总离差中，由随机因素所引起的误差。R^2 为决定系数，表示被解释变量 y 的方差中能被解释变量 x 做出说明部分的比例。

- 当 $R^2=0$ 时，说明 x 完全不能解释 y 的方差，即 x 与 y 不存在相关关系；
- 当 $R^2=1$ 时，说明 y 的方差完全是由 x 造成的，x 与 y 完全相关。

在本章第一节相关分析的引导案例“家庭支出与收入的关系”中，

$$SSR = \sum_{i=1}^{n}(\hat{y}_i - \bar{y})^2 = b^2\sum_{i=1}^{n}(x_i - \bar{x})^2 = b^2L_{xx} = 6.251616$$

$$SST = L_{yy} = \sum_{i=1}^{n}(y_i - \bar{y})^2 = 7$$

$$R^2 = \frac{SSR}{SST} = \frac{6.251616}{7} = 0.893088$$

说明 y 的方差中有 89% 是由 x 造成的，即 y 与 x 相关关系显著。

1.3　标准差检验法

$$S_e = \sqrt{\frac{SSE}{n-2}} \qquad \text{（公式 10.3－7）}$$

S_e 称为“估计标准误差”，是总体标准差 σ 的一个样本估计。

在正态分布中，若随机变量 $X \sim N(\mu, \sigma^2)$，则有：

$$P(\mu - \sigma < X < \mu + \sigma) \approx 68\%$$

$$P(\mu - 2\sigma < X < \mu + 2\sigma) \approx 95\%$$

$$P(\mu - 3\sigma < X < \mu + 3\sigma) \approx 99\%$$

在回归分析中，假设随机误差 $\varepsilon \sim N(0, \sigma^2)$，所以有大约 68% 的误差落在 $0 \pm 1S_e$ 内，有大约 95% 的误差落在 $0 \pm 2S_e$ 内，有大约 99% 的误差落在 $0 \pm 3S_e$ 内。

在本章第一节相关分析的引导案例“家庭支出与收入的关系”中，

$$SSE = \sum_{i=1}^{n}(y_i - \hat{y}_i)^2 = 0.735610$$

$$S_e = \sqrt{\frac{SSE}{n-2}} = \sqrt{\frac{0.735610}{5}} = 0.383565$$

说明有大约 68% 的误差落在 0 ± 0.383565 内。

2　回归系数 b 的假设检验

2.1　F 检验法

在回归方程 $\hat{y} = a + bx$ 中，$|b|$ 越大，y 随 x 变化的趋势越明显，$|b|$ 越小，y 随 x 变化的趋势越不明显。而当 $b = 0$ 时，$\hat{y} = a$，即 y 与 x 不存在相关关系。所以，要检验 y 与 x 是否线性相关，即要对下述假设进行检验。

$$H_0: b = 0, H_1: b \neq 0$$

假设检验的具体步骤如下：
提出假设：H_0：$b = 0$，H_1：$b \neq 0$
选取统计量并确定其分布：

$$F = \frac{SSR}{SSE/(n-2)} \sim F_\alpha(1,n-2) \qquad \text{（公式 10.3-8）}$$

对给定的显著性水平 α，得临界值 $F_\alpha(1,n-2)$，
其中，$F_\alpha(r-1,N-r)$ 可由 SPSS 的函数“IDF. F（$1-\alpha,1,n-2$）”获得。
计算统计量的值。
比较 F 与 F_α，做出判断：
若 $F > F_\alpha(1,n-2)$，则拒绝 H_0，即 y 与 x 的线性关系显著；
若 $F \leqslant F_\alpha(1,n-2)$，则接受 H_0，即 y 与 x 的线性关系不显著。
在本章第一节相关分析的引导案例“家庭支出与收入的关系”中，

$$F = \frac{SSR}{SSE/(n-2)} = \frac{6.251616}{0.735610/5} = 42.49236$$

$$F_{0.05}(1,5) = 6.61$$

其中，$F_{0.05}(1,5) = 6.61$ 可由 SPSS 的函数“IDF. F（0.95，1，5）”获得。

$$F > F_{0.05}(1,5) \qquad \text{拒绝 } H_0$$

即 y 与 x 的线性关系显著。

2.2　T 检验法

假设检验的具体步骤如下：
提出假设：H_0：$b = 0$，H_1：$b \neq 0$
选取统计量并确定其分布：

$$t = \frac{b\sqrt{(n-2)L_{xx}}}{\sqrt{SSE}} \sim t_{\frac{\alpha}{2}}(n-2) \qquad \text{（公式 10.3-9）}$$

对给定的显著性水平 α，得临界值 $t_{\frac{\alpha}{2}}(n-2)$，

其中，$t_{\frac{\alpha}{2}}(n-2)$ 可由 SPSS 的函数“IDF. T（$1-\frac{\alpha}{2},n-2$）”获得。

计算统计量的值 t：
比较 t 与 $t_{\frac{\alpha}{2}}$，做出判断：
若 $t > t_{\frac{\alpha}{2}}(n-2)$，则拒绝 H_0，即 y 与 x 的线性关系显著；

若 $t \leqslant t_{\frac{\alpha}{2}}(n-2)$，则接受 H_0，即 y 与 x 的线性关系不显著。

在本章第一节相关分析的引导案例“家庭支出与收入的关系”中，

$$t = \frac{b\sqrt{(n-2)L_{xx}}}{\sqrt{SSE}} = \frac{1.68\sqrt{5 \times 2.215}}{\sqrt{0.735616}} = 6.5186$$

$$t_{\frac{\alpha}{2}}(n-2) = 2.571$$

其中，$t_{\frac{\alpha}{2}}(5)$ 可由 SPSS 的函数“IDF. T（0.975，5）”获得，

$$t > t_{\frac{\alpha}{2}} \qquad \text{拒绝 } H_0$$

即 y 与 x 的线性关系显著。

第四节　利用SPSS进行回归分析

在本章例 10.1－1 中，给出了 24 人的“月薪”和“娱乐花费”的数据，如表 10.1－1 所示，其散点图见图 10.2－2。分析“月薪”对“娱乐花费”的影响，并确定其回归模型。

在这个问题中，“娱乐花费”为被解释变量 y，“月薪”为解释变量 x。

使用 SPSS 的操作步骤：

- 选择菜单 Analyze→Regression→Linear，出现主对话框；
- 把被解释变量“娱乐花费”选入 Dependent 框中；
- 把解释变量“月薪”选入 Independent（s）框中；
- 单击 OK 按钮，结果输出见表 10.4－1、表 10.4－2 和表 10.4－3。

表 10.4－1　回归统计表

Model 模型	R	R Square R 方	Adjusted R Square 调整的 R 方	Std. Error of the Estimate 估计的标准差
1	.781[a]	.610	.593	587.493

a. Predictors：(Constant)，预测变量：(常量)，月薪。

在表 10.4－1 中，决定系数 $R^2 = 0.610$，表示在“娱乐花费”的变异中有 61% 是由“月薪”所引起的。相关系数 $R = 0.781$。二者都说明解释变量“月薪”与被解释变量“娱乐花费”的线性相关关系显著。

表 10.4－2　方差分析表

Model 模型		Sum of Squares 平方和	df 自由度	Mean Square 均方	F	Sig. 显著性
1	Regression 回归	1.190E7	1	1.190E7	34.472	.000[a]
	Residual 残差	7593252.516	22	345147.842		
	Total 合计	1.949E7	23			

a. Predictors：(Constant)，预测变量：(常量)，月薪。

b. Dependent Variable 因变量：娱乐花费/月。

在表 10.4－2 中，其方差分析的结果为 Sig. ＝0.000＜0.05，拒绝原假设，说明回归系数 $b \neq 0$，即解释变量对被解释变量的影响显著。

表 10.4－3　回归系数表

Model 模型		Unstandardized Coefficients 非标准化系数		Standardized Coefficients 标准化系数	t	Sig. 显著性
		B	Std. Error 标准误	Beta		
1	Constant 常量	19.923	177.144		.112	.911
	月薪	.129	.022	.781	5.871	.000

a. Dependent Variable 因变量：娱乐花费/月。

在回归系数表中，输出了回归系数，还有回归系数显著性检验的结果。是对回归系数 b 进行单个样本的 T 检验，其假设同样为 $H_0: b=0$，$H_1: b \neq 0$。在表 10.4－3 中，T 检验的结果为 Sig. ＝0.000＜0.05，拒绝原假设，说明解释变量对被解释变量的影响显著。

在一元线性回归中，回归方程的显著性检验与回归系数的显著性检验的作用是相同的，两者可以互相替代。

从表 10.4－3 中可知，$a=19.923$，$b=0.129$，其回归模型为：

$$\hat{y} = 19.923 + 0.129x$$

从回归模型中可见，“月薪”中的12.9%被用在“娱乐花费”上，或者说“月薪”每增加1个单位，“娱乐花费”就增加0.129个单位。

使用SPSS分析引导案例：

从表10.4－4中可知，相关系数$R=0.990$，决定系数$R^2=0.980$，即“人均旅游花费”变异中的98%都是由“人均GDP”引起的。说明解释变量与被解释变量的线性相关关系高度显著。

表10.4－4 回归统计表

Model 模型	R	R Square R方	Adjusted R Square 调整的R方	Std. Error of the Estimate 估计的标准差
1	.990[a]	.980	.979	25.9811

a. Predictors：(Constant)，预测变量：(常量)，人均GDP。

在表10.4－5中，其方差分析的结果为Sig. =0.000＜0.05，拒绝原假设，说明回归系数$b\neq0$，即解释变量“人均GDP”对被解释变量“人均旅游花费”的影响显著。

表10.4－5 方差分析表

Model 模型		Sum of Squares 平方和	df 自由度	Mean Square 均方	F	Sig. 显著性
1	Regression 回归	371296.251	1	371296.251	550.054	.000[a]
	Residual 残差	7425.200	11	675.018		
	Total 合计	378721.451	12			

a. Predictors：(Constant)，预测变量：(常量)，人均GDP。

b. Dependent Variable 因变量：人均旅游花费。

在表10.4－6中，回归系数T检验的结果为Sig. =0.000＜0.05，拒绝原假设。从表10.4－6中可知，$a=243.466$，$b=0.012$，其回归模型为：

$$\hat{y}=243.466+0.012x$$

表 10.4－6　回归系数表

Model 模型		Unstandardized Coefficients 非标准化系数		Standardized Coefficients 标准化系数	t	Sig. 显著性
		B	Std. Error 标准误	Beta		
1	Constant 常量	243.466	18.400		13.232	.000
	人均 GDP	0.12	.001	.990	23.453	.000

a. Dependent Variable 因变量：人均旅游花费。

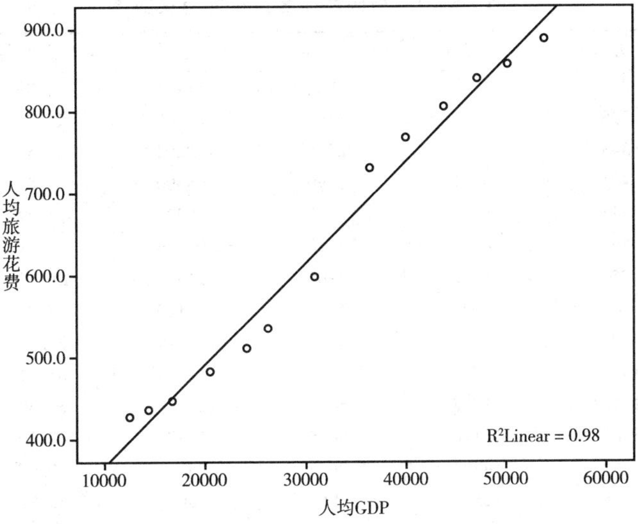

图 10.4－1　“人均 GDP”与“人均旅游花费”的散点图

第五节　多元线性回归分析

在实际问题中，对某种现象有着重要影响的因素一般有许多，也就是说可作为解释变量的往往不只一个，而是几个。这一节，我们介绍被解释变量 y 与多个解释变量 x 有关的线性回归问题，即多元线性回归分析。在多元线性回归分析中，被解释变量受众多因素的影响，其变异是多个解释变量共同作用的结果，也就是一个被解释变量会依赖于多个解释变量。

1　引导案例：中国民航客运量与哪些因素有关

为了研究我国民航客运量的变化趋势及其成因，我们以中国民航客运量作为被解释变量 y（万人），解释变量是国民收入为 x_1（亿元），消费额为 x_2（亿元），铁路客运量为 x_3（万人），民航航运里程为 x_4（万公里），入境旅游人数为 x_5（万人）。根据某一年的民航相关统计摘要获得了共 16 年的统计数据如表10.5－1，试确定中国民航客运量的回归模型。

表 10.5－1　中国民航客运量的有关数据

年　份	y（万人）	x_1（亿元）	x_2（亿元）	x_3（万人）	x_4（万公里）	x_5（万人）
01	231	3010	1888	81491	14.89	180.92
02	298	3350	2195	86389	16.00	420.39
03	343	3688	2531	92204	19.53	570.25
04	401	3941	2799	95300	21.82	776.71
05	445	4258	3054	99922	23.27	792.43
06	391	4736	3358	106044	22.91	947.70
07	554	5652	3905	11353	26.02	1285.22
08	744	7020	4879	112110	27.72	1783.30
09	997	7859	5552	108579	32.43	2281.95
10	1310	9313	6386	112429	38.91	2690.23
11	1442	11738	8038	122645	37.38	3169.48
12	1283	13176	9005	113807	47.19	2450.14
13	1660	14384	9663	95712	50.68	2746.20
14	2178	16557	10969	95081	55.91	3335.65
15	2886	20223	12985	99693	83.66	3311.50
16	3383	24882	15949	105458	96.08	4152.70

2　利用 SPSS 进行多元回归分析

根据表 10.5－1 给出的民航客运量的有关数据建立 SPSS 数据文件。

使用 SPSS 的操作步骤：

- 选择菜单 Analyze→Regression→Linear，出现主对话框；
- 把被解释变量“中国民航客运量”选入 Dependent（s）框中；
- 把解释变量“国民收入”、“消费额”、“铁路客运量”、“民航航运里程”

和“入境旅游人数”选入 Independent（s）框中；

- 单击 OK 按钮，结果输出见表 10.5－2、表 10.5－3 和表 10.5－4。

表 10.5－2 回归统计表

Model 模型	R	R Square R 方	Adjusted R Square 调整的 R 方	Std. Error of the Estimate 估计的标准差
1	.998[a]	.996	.994	75.238

a. Predictors:（Constant），预测变量:（常量），入境旅游人数，铁路客运量，民航航运里程，消费额，国民收入。

从表 10.5－2 中可知，相关系数 $R=0.998$，决定系数 $R^2=0.996$，即“中国民航客运量”变异中的 99.6% 都是由五个解释变量引起的。因此回归方程高度显著。

表 10.5－3 方差分析表

Model 模型		Sum of Squares 平方和	df 自由度	Mean Square 均方	F	Sig. 显著性
1	Regression 回归	1.287E7	5	2574716.270	454.838	.000[a]
	Residual 残差	50946.648	9	5660.739		
	Total 合计	1.292E7	14			

a. Predictors:（Constant），预测变量:（常量），入境旅游人数，铁路客运量，民航航运里程，消费额，国民收入。

b. Dependent Variable 因变量: 民航客运量。

在多元线性回归分析中，方差分析仍是对回归方程的显著性进行假设检验，但其原假设 H_0 为所有的偏回归系数同时为零，即检验所有偏回归系数 b_i 与零有无显著差异。在表 10.5－3 中，其方差分析的结果为 Sig. $=0.000<0.05$，拒绝原假设，即认为偏回归系数不同时为零。说明全体解释变量对被解释变量的影响显著，可以用线性模型描述它们之间的关系。

实际上，回归方程显著并不意味每个解释变量 x_i 对被解释变量 y 的影响都显著，还需要对每个解释变量都进行显著性检验。根据检验结果，从回归方程中剔除那些无关紧要的、可有可无的变量，然后建立更为简单的回归方程。如果某个解释变量 x_i 对被解释变量 y 的影响不显著，那么在回归方程中，x_i 的系数 β_i 的取值就应该接近于零。因此，只要检验回归系数 β_i 是否为零，就可以判断 x_i 对 y 的影响是否显著。

在多元线性回归分析中，回归系数的显著性检验是对偏回归系数 b_i 逐一进行单个样本的 T 检验。其假设为 $H_0: b_i = 0$，$H_1: b_i \neq 0$，即检验第 i 个偏回归系数 b_i 与零有无显著差异。显然，当 $b_i = 0$ 时，无论解释变量 x_i 如何变化都不会对被解释变量 y 产生影响，被解释变量 y 与解释变量 x_i 之间完全没有线性相关关系，x_i 就不应该保留在回归方程之中。

表 10.5－4　回归系数表

Model 模型		Unstandardized Coefficients 非标准化系数		Standardized Coefficients 标准化系数	t	Sig. 显著性
		B	Std. Error 标准误	Beta		
1	Constant 常量	-170.606	107.513		-1.587	.147
	国民收入	.554	.132	3.820	4.193	.002
	消费额	-.817	.198	-3.588	-4.128	.003
	铁路客运量	.001	.001	.016	.689	.508
	民航航运里程	14.666	6.240	.360	2.350	.043
	入境旅游人数	.343	.069	.426	4.993	.001

a. Dependent Variable 因变量：民航客运量。

在表 10.5－4 中，解释变量“铁路客运量”T 检验的显著性 Sig. ＝0.508 > 0.05，接受原假设，说明“铁路客运量”对“民航客运量”的影响不显著。

因为中国的民航客源和铁路客源有着显著的差别，所以铁路客运量与民航客运量之间的关系并不密切，应该剔除“铁路客运量”x_3。

在多元线性回归分析中，回归方程的显著性检验与回归系数的显著性检验其作用不尽相同。回归方程的显著性检验是检验所有偏回归系数是否同时为零。如果所有偏回归系数不同时为零，并不能说明方程中不存在偏回归系数为零的解释变量。而回归系数的显著性检验正是对每个偏回归系数 b_i 是否为零逐一进行 T 检验，以保证保留在方程中每一个解释变量 x_i 对被解释变量 y 的影响都是显著的。

表 10.5－5、表 10.5－6 和表 10.5－7 是剔除了“铁路客运量”后的输出结果。

表 10.5－5 回归统计表

Model 模型	R	R Square R 方	Adjusted R Square 调整的 R 方	Std. Error of the Estimate 估计的标准差
1	.998[a]	.996	.994	73.233

a. Predictors：(Constant)，预测变量：(常量)，入境旅游人数，民航航运里程，消费额，国民收入。

表 10.5－6 方差分析表

Model 模型		Sum of Squares 平方和	df 自由度	Mean Square 均方	F	Sig. 显著性
1	Regression 回归	1.287E7	4	3217724.391	599.981	.000[a]
	Residual 残差	53630.434	10	5363.043		
	Total 合计	1.292E7	14			

a. Predictors：(Constant)，预测变量：(常量)，入境旅游人数，民航航运里程，消费额，国民收入。
b. Dependent Variable 因变量：民航客运量。

表 10.5－7 回归系数表

Model 模型		Unstandardized Coefficients 非标准化系数		Standardized Coefficients 标准化系数	t	Sig. 显著性
		B	Std. Error 标准误	Beta		
1	Constant 常量	－129.299	86.842		－1.489	.167
	国民收入	.538	.127	3.714	4.249	.002
	消费额	－.794	.190	－3.486	－4.182	.002
	民航航运里程	14.829	6.069	.364	2.443	.035
	入境旅游人数	.347	.067	.431	5.201	.000

a. Dependent Variable 因变量：民航客运量。

从表 10.5－7 中可以看出，所有解释变量 T 检验的显著性都小于 0.05，即每一个偏回归系数都与零有显著差异。

所以，中国民航客运量的回归模型为：

$$y = -129.299 + 0.538x_1 - 0.794x_2 + 14.829x_4 + 0.347x_5$$

【思考题】

1. 两变量间的相关系数的数值范围是什么？负相关系数反映了两变量间的什么关系？
2. SPSS 提供了几种相关分析的方法，各针对什么类型的变量？
3. 偏相关分析的优势是什么？
4. 相关分析和回归分析的联系和区别是什么？
5. 在多元回归分析中，回归模型的显著性检验与回归系数的显著性检验的作用有什么不同？分别采用了什么检验法？

【练习题】

1. 已知某公司的广告支出与销售额之间的一组统计数据，如表 10.6－1 所示：

表 10.6－1　广告支出与销售额

广告支出（万元）	销售额（万元）	广告支出（万元）	销售额（万元）
131.13	1829.50	55.70	536.27
92.70	1497.18	40.25	535.00
60.41	811.54	17.00	219.81

试建立广告支出对销售额的回归模型，在显著性水平 $\alpha = 0.05$ 下，对回归模型的显著性进行讨论，并描绘出散点图。

2. 根据某项调查的数据，其中 24 人的“月薪”、“娱乐花费”和“婚姻状况”的资料如表 10.6－2 所示，其中 1 代表“已婚”，0 代表“单身”。

表 10.6－2　“月薪”、“娱乐花费”、“婚姻状况”数据表

月薪（元）	娱乐花费（元）	婚姻状况	月薪（元）	娱乐花费（元）	婚姻状况
4500	300	1	6500	500	1
550	380	1	18000	2500	0
3300	1000	0	20000	3000	0

续表

月薪(元)	娱乐花费(元)	婚姻状况	月薪(元)	娱乐花费(元)	婚姻状况
3000	1200	0	8200	500	1
5200	500	1	2800	400	1
8000	1000	1	2300	350	0
20000	2000	1	4600	100	1
900	100	0	3800	120	1
1800	50	1	1200	0	1
6800	3000	0	1000	50	1
4000	200	1	4300	500	1
3500	1000	1	2800	100	1

（1）控制“婚姻状况”变量，分析“娱乐花费”和“月薪”之间的相关关系。

（2）以“月薪”和“婚姻状况”为解释变量，“娱乐花费”为被解释变量，在显著性水平 $\alpha=0.05$ 下，建立多元回归模型，分析“月薪”和“婚姻状况”对“娱乐花费”的影响。

3. 从某个行业的大量工人中随机抽取 15 人作为样本，这些工人的平均月薪及其学历和工龄数据如表 10.6－3 所示。试在显著性水平 $\alpha=0.05$ 下，以学历和工龄为解释变量，月薪为被解释变量，建立多元回归模型，分析学历和工龄对月薪的影响。

表 10.6－3　月薪及其学历和工龄数据

月薪 y（元）	是否具有大专及以上学历 x_1（是＝1，不是＝0）	工龄 x_2（年）
1250	0	8
1375	0	11
1462	1	7
1786	1	12
970	0	4
2087	1	15
1856	1	14
1432	0	13
1660	1	13
1128	0	8
1456	0	10
1820	1	10
1560	0	12
954	0	3
1080	1	2

第十一章

交叉列联分析

【本章导读】

变量间的交叉列联分析，尤其是定类变量和定序变量的交叉列联分析，作为一种定量化的、基础的研究方法，随着休闲与旅游调查的发展得到越来越普遍的应用。本章从传统的交叉列联表的卡方分析入手，在介绍交叉列联表的结构及其频数分布的基础上，重点讲解两个定类、定序变量间的卡方分析方法和相关性测量法。简要介绍了近些年来在国内统计调查中颇为流行的Loglinear模型分析方法，与传统交叉列联表的卡方分析相比，Loglinear模型分析方法的最大优势在于可以同时进行多个分类变量间的交互关系的研究，并且能够对每个变量进行有效的统计控制，进行变量间因果关系研究，同时，还可以精确地研究各个变量类别间的关系。由于Loglinear模型分析方法比较复杂，有兴趣的读者可以阅读专门的教程。

第一节　什么是交叉列联表

1　引导案例：不同收入的人群如何选择休闲度假地点

某地度假村管理者为了开拓市场，欲研究不同收入人群和选择休闲度假地点之间存在怎样的关系，两个因素之间的关系强度如何？最重要的是，该度假村的决策者想要了解不同收入类别对“价格和距离”及“风光景色”是如何选择的，这对于管理者制定正确的决策方案有着重要的影响。为此，管理者在该度假村内进行了一项随机抽样调查，共取得有效问卷52份，收入水平和选择休闲度假地点原因的交叉列联表如表11.1－1所示。

表 11.1-1 收入类别和选择休假地点交叉列联表

	满 意	不满意	合 计
4000 元以下	12	17	29
6000~10000 元	4	4	8
10000 元以上	2	13	15
合 计	18	34	52

资料来源：薛薇. SPSS 统计分析方法及应用［M］. 北京：电子工业出版社，2005；有改动。

2 交叉列联表的分布

2.1 交叉列联表的定义

交叉列联表是两个及两个以上变量进行交叉分类的频数分布表。变量可以分为定类和定序、定距和定比变量。本章所要研究的交叉列联表变量主要是定类、定序两类变量。设变量 x 有 c 类，变量 y 有 r 类，我们可以将数据先按 x 分类，然后分别统计当 $x=x_1$，$x=x_2$，…，$x=x_c$ 情况下 y 的分类，这样就得到了数据按两个变量进行交叉分类的频次分布表，即二维的交叉列联表。如果数据的分类不止两类，那么还可以得到更多变量的交叉分类表，又称多维交叉列联表。如引导案例中不同收入的人群选择休闲度假地点的原因，根据不同的收入类别和人群选择休假地点进行分类（表 11.1-1）。

交叉列联表通过两个变量交叉形成的单元格，研究变量间是否存在关系，也就是说变量 x 的分类是否与变量 y 的分类有关。例如，从上面的例子中可以看出，收入在 4000 元以下人群选择休闲度假地点时更看中价格和距离比例（12/18 = 66.7%）明显高于收入在 6000~10000 元（4/18 = 22.2%）和 10000 元以上的人群（2/18 = 11.1%），从而可以得出收入越低的人群，在选择休闲度假地点时更看中价格和距离的论断。

但以上仅仅根据价格和距离的比例来讨论是不全面的，因为风光景色也是其中的一个原因，比如不同的收入类别人群选择休假地点在整体上也存在差异。因此，就产生了交叉列联表的相关性问题。此外，如果调查资料来自抽样的话，还必须通过检验，以排除随机误差的干扰。

2.2 交叉列联表的分布

（1）条件分布。如表 11.1-1，表中每一个单元格中的频数都反映了收入变量和选择休闲度假地点原因变量两个内容，表中最右边列栏中列出了每个收入变量的总合计数值 29、8、15，表中最下边行栏中列出了原因变量的总合计数值 18、34，我们把这些频数分布称为交叉列联表的条件分布，每个频数值都是条件频数。为了使交叉列联表数据更容易对比，可以计算相应的行、列和总百分比。

从表 11.1 - 2 可以看出，行百分比、列百分比和总百分比的情况，我们发现，各百分比数据方便比较，如上面我们论述过的不同收入人群与价格和距离上的关系，我们可以通过列百分比来反映。同时，通过行百分比的比较，我们发现，收入在 4000 元以下的人群在选择度假地点时，考虑风光景色的百分比（58.6%）要比考虑价格和距离的百分比（41.4%）高，那么，情况是不是这样呢？依靠百分比的分布表格还难以进行深入的分析。

表 11.1 - 2　收入类别和选择休假地点交叉列联表（含百分比）

收入			选择休闲度假地点的原因		
			价格和距离	风光景色	合计
收入水平	4000 元以下	计数	12	17	29
		收入水平中的百分比(%)	41.4	58.6	100.0
		选择休闲度假地点的原因中的百分比(%)	66.7	50.0	55.8
		总数的百分比(%)	23.1	32.7	55.8
	6000 ~ 10000 元	计数	4	4	8
		收入水平中的百分比(%)	50.0	50.0	100.0
		选择休闲度假地点的原因中的百分比(%)	22.2	11.8	15.4
		总数的百分比(%)	7.7	7.7	15.4
	10000 元以上	计数	2	13	15
		收入水平中的百分比(%)	13.3	86.7	100.0
		选择休闲度假地点的原因中的百分比(%)	11.1	38.2	28.8
		总数的百分比(%)	3.8	25.0	28.8
合计		计数	18	34	52
		收入水平中的百分比(%)	34.6	65.4	100.0
		选择休闲度假地点的原因中的百分比(%)	100.0	100.0	100.0
		总数的百分比(%)	34.6	65.4	100.0

（2）理论值分布。如果我们想讨论交叉列联表的相关性和假设检验问题，除了知道交叉列联表的实际分布外，还需要知道交叉列联表的理论分布，也就是期望值分布。期望值分布值的计算方法是：

$$f_e = \frac{RT}{n} \times \frac{CT}{n} \times n = \frac{RT \times CT}{n} \qquad \text{（公式 11.1 - 1）}$$

其中，f_e 为频数期望值；RT 为单元格所在行的观测频数合计；CT 为单元格所在列的观测频数合计；n 为实际观测频数总计。

根据公式 11.1 - 1，我们可以计算出表 11.1 - 2 的期望值，如表 11.1 - 3 所示。

表 11.1 - 3　收入类别和选择休假地点交叉列联表（含期望值）

选择休闲度假地点的原因 *　收入水平

			收入水平			合　计
			4000 元以下	6000 ~ 10000 元	10000 元以上	
选择休闲度假地点的原因	价格和距离	计　数	12	4	2	18
		期望的计数	10.0	2.8	5.2	18.0
	风光景色	计　数	17	4	13	34
		期望的计数	19.0	5.2	9.8	34.0
合　计		计　数	29	8	15	52
		期望的计数	29.0	8.0	15.0	52.0

第二节　交叉列联表的检验

1　交叉列联表的卡方检验

卡方统计量 χ^2 检验是常用的检验两个类别变量是否相关的检验统计量。主要的检验步骤如下：

第一步，建立零假设（H_0），卡方检验的零假设为行变量与列变量独立。

第二步，选择和计算样本统计量。交叉列联表分析的卡方统计量主要有 Pearson 卡方统计量、似然比卡方（Lilelihood Ratio）统计量、线性相关卡方（Linear-by-Linear Association）统计量和 Fisher 精确检验统计量。当样本数很大时，Pearson 卡方统计量和似然比卡方统计量计算值和检验结果很接近。当小样本时，我们可以参考 Fisher 精确检验方法。如果行列变量都是定序变量，我们就不能用 Pearson 卡方统计量、似然比卡方统计量，而需要运用线性相关卡方统计量进行检验。

在这里，我们主要给出 Pearson 卡方统计量计算公式：

$$\chi^2 = \sum_{i=1}^{r}\sum_{j=1}^{c}\frac{(f_{ij}^0 - f_{ij}^e)^2}{f_{ij}^e} \quad \text{（公式 11.2-1）}$$

式中，f_{ij}^0 为实际观测频数；f_{ij}^e 为期望频数；r 为列联表的行数；c 为列联表的列数。

在公式 11.2－1 中不难看出，卡方统计量观测值的大小取决于两个因素：第一，列联表的单元格子数；第二，观测频数与期望频数的总差值。在列联表确定的情况下，卡方统计量观测值的大小仅取决于观测频数与期望频数的总差值。当总差值越大时，卡方值也就越大，实际分布与期望分布的差距越大，表明行列变量之间越相关；反之，当总差值越小时，卡方值也就越小，实际分布与期望分布越接近，表明行列变量之间越独立。在统计上，卡方统计量观测值的大小需要依据一个理论分布。由于该检验中的 Pearson 卡方统计量近似服从卡方分布，因此可依据卡方理论分布找到某自由度和显著性水平下的卡方值，即卡方临界值。

表 11.2－1　Pearson 卡方统计量计算表

f_{ij}^0	f_{ij}^e	$f_{ij}^0 - f_{ij}^e$	$(f_{ij}^0 - f_{ij}^e)^2$	$\frac{(f_{ij}^0 - f_{ij}^e)^2}{f_{ij}^e}$
12	10	2	4	0.400
17	19	－2	4	0.211
4	2.8	1.2	1.44	0.514
4	5.2	－1.2	1.44	0.277
2	5.2	－3.2	10.24	1.969
13	9.8	3.2	10.24	1.045
合　计				4.42

第三步，确定显著性水平和临界值。显著性水平 α 是指零假设为真却将其拒绝的风险，即弃真的概率。通常设为 0.05 或 0.01。在卡方检验中，由于卡方统计量服从一个（行数－1）×（列数－1）自由度卡方分布，所以，在行列数目和显著性水平 α 确定时，卡方临界值也是唯一的确定值。

第四步，作出决策。根据样本统计量的概率 p 值和显著性水平 α 进行比较，或样本统计量值与临界值进行比较，决定是否接受零假设。

我们以引导案例为例来说明列联表的 Pearson 卡方统计量的计算和比较。

$$\chi^2 = \sum_{i=1}^{r}\sum_{j=1}^{c}\frac{(f_{ij}^0 - f_{ij}^e)^2}{f_{ij}^e} = 4.42$$

当 $\alpha = 0.05$ 时，χ^2 的自由度为（3－1）×（2－1）＝2，通过查卡方检验表，$\chi^2_{0.05}(2) = 5.991$。因为 $4.42 < 5.991$，所以不能拒绝零假设。即认为不同收入的人群选择休闲度假地点的原因之间不存在明显差异。

2　交叉列联表的 Pearson 卡方检验注意事项

第一，交叉列联表中不应该有期望频数小于 1 的单元格。如果交叉列联表中有 20% 以上单元格中的期望频数小于 5，则一般不宜使用 Pearson 卡方检验，在这种情况下，如果使用 Pearson 卡方统计量计算样本，就会导致统计量值变大，容易拒绝零假设。对此，可以采用似然比卡方检验等方法进行修正。

第二，从 Pearson 卡方检验计算公式可知，卡方统计量值大小会受到样本量的影响。如果单元格中频数同比增大，卡方统计量值也会同比变大，但自由度和显著性水平并没有改变，卡方临界值不变，从而导致拒绝零假设的概率提高。为此，可以对 Pearson 卡方值进行必要的修正，剔除样本量的影响。我们在使用 SPSS 时，系统会自动对卡方统计量值进行校正。同时，我们也可以使用多种卡方检验方法来验证 Pearson 卡方值。

第三节　交叉列联表的相关测量法

上节谈到通过统计量 χ^2 值检验交叉列联表变量间是否存在关系。在确定了存在关系之后，进一步要解决的问题将是关系的程度如何。相关程度的度量方法根据变量层次的不同而有所不同。具体来说，由于列联表研究对象仅是分类变量，因此列联表中的频次分布情况不仅是检验是否存在关系的依据，同时也是度量变量间关系强弱的依据。相关程度越高，说明旅游现象间的关系越密切。交叉列联表根据度量变量的尺度方法不同，大致可以分为五类：两个定类变量相关性测量方法；两个定序变量相关性测量方法；一个定类变量和一个定序变量的测量方法；一个定类变量和一个连续变量的测量方法；两个连续变量相关性测量方法。由于后面两类变量间的关系我们可以通过专门的方差分析和相关回归分析来判断，在前面章节已经讲解过，所以，下面重点介绍前三种两个变量间关系的判断方法。

1　两个定类变量的测量法

两个定类变量的相关性测量法主要有 Phi 系数、列联相关系数、Gramer's V 系数、λ 系数、tau-y 相关测量法。这些方法多数都是从 Pearson 卡方统计量派生出来的，并将数值控制在 0 ~ 1 之间。

1.1　Phi 系数

$$\phi = \sqrt{\frac{\chi^2}{n}} \qquad \text{（公式 11.3 - 1）}$$

式中：χ^2 为 Pearson 卡方统计量，n 为样本量。Phi 系数主要应用于 2 × 2 的交叉列联表，其取值范围在 - 1 ~ 1 之间，由于 Phi 系数为对称系数，所以 Phi 系数的正负符号没有意义。绝对值越接近 1，表明行列变量关系越强；反之，变量关系越弱。但当交叉列联表的行或列大于 2 时，Phi 系数将随着行或列的增大而变大，而且 Phi 系数没有上限。

我们来计算引导案例行列变量 Phi 系数值：

$$\phi = \sqrt{\frac{4.42}{52}} = 0.292$$

1.2　列联相关系数

$$C = \sqrt{\frac{\chi^2}{\chi^2 + n}} \qquad \text{（公式 11.3 - 2）}$$

式中：χ^2 为 Pearson 卡方统计量，n 为样本量。其取值范围在 0 ~ 1 之间。我们来计算引导案例行列变量列联相关系数值：

$$C = \sqrt{\frac{4.42}{4.42 + 52}} = 0.28$$

1.3　Gramer's V 系数

$$V = \sqrt{\frac{\chi^2}{n \times \min[(\text{行} - 1) \times (\text{列} - 1)]}} \qquad \text{（公式 11.3 - 3）}$$

式中：χ^2 为 Pearson 卡方统计量，n 为样本量，min［（行－1）×（列－1）］表示取（行－1）和（列－1）最小值。其取值范围在 0～1 之间。我们来计算引导案例行列变量 V 系数值：

$$V = \sqrt{\frac{4.42}{52 \times \min[(3-1)\times(2-1)]}} = 0.292$$

1.4　λ 系数

$$\lambda_y = \frac{\sum m_y - M_y}{n - M_y} \qquad \text{（公式 11.3－4）}$$

式中：m_y 为自变量（x）每个类别下因变量（y）的众数值，M_y 为自变量（x）的众数值，n 为样本量，其取值范围在 0～1 之间。在这里，需要说明的是，λ 系数假定两个定类变量中有一个为自变量 x，另一个为因变量 y，系数为不对称的形式。我们来计算引导案例行列变量 λ 系数值。

当假定休闲度假地点的原因为自变量，收入为因变量时，则：

$$\lambda_y = \frac{(12+17)-29}{52-29} = 0$$

当假定收入为自变量，休闲度假地点的原因为因变量时，则：

$$\lambda_y = \frac{(17+4+13)-34}{52-34} = 0$$

1.5　tau-y 相关测量系数

$$E_1 = \sum \frac{(n-F_y)F_y}{n}$$

$$E_2 = \sum \frac{(F_x-f)f}{F_x}$$

$$\text{tau-y} = \frac{E_1-E_2}{E_1} \qquad \text{（公式 11.3－5）}$$

式中：F_x 为自变量 x 的某个边缘次数，F_y 为因变量 y 的某个边缘次数，f 为某条件次数，n 为样本量，其取值范围在 0～1 之间。我们来计算引导案例行列变量 tau-y 系数值。当假定休闲度假地点的原因为自变量，收入为因变量时，则：

$$E_1 = \frac{(52-29)\times 29}{52} + \frac{(52-8)\times 8}{52} + \frac{(52-15)\times 15}{52} = 30.27$$

$$E_2 = \frac{(18-12)\times 12 + (18-4)\times 4 + (18-2)\times 2}{18} + \frac{(34-17)\times 17 + (34-4)\times 4 + (34-13)\times 13}{34} = 28.95$$

$$\text{tau-y} = \frac{30.27 - 28.95}{30.27} = 0.044$$

2　两个定序变量的测量法

两个定序变量的相关性测量方法主要有 Gmma 系数、Kendall'tau－c 系数等。这些方法都与“同序对”和“异序对”有关。所谓同序对是指假设 A 变量具有等级（x_i，y_i），B 变量具有等级（x_j，y_j），如果 $x_i > x_j$ 时，$y_i > y_j$，则称 A 和 B 是同序对；如果 $x_i > x_j$ 时，$y_i < y_j$，则称 A 和 B 是异序对。如果变量 A 和 B 中，x 具有相同的等级，则称 x 同分对；如果变量 A 和 B 中，y 具有相同的等级，则称 y 同分对；如果变量 A 和 B 中，x 和 y 具有相同的等级，则称 x、y 同分对。

例 11.3－1　某旅行社想要了解不同收入的游客对其旅游产品的满意程度。在随机发放的 1000 份问卷中有效回收 792 份，交叉列联表如下（表 11.3－1）。求两个变量相关性。

表 11.3－1　旅游产品的满意程度交叉列联表

	满　意	不满意	合　计
高收入	53	38	91
中收入	434	108	542
低收入	111	48	159
合　计	598	194	792

2.1　Gmma 系数

$$G = \frac{n_s - n_d}{n_s + n_d}$$　（公式 11.3－6）

式中：n_s 表示同序对，n_d 表示异序对，Gmma 系数取值范围在 －1～1 之间。通常用于 2×2 的交叉列联表。例 11.3－1 的 Gmma 系数为：

$$G=\frac{29100-32698}{29100+32698}=-0.058$$

2.2　Kendall'tau－c 系数

$$\tau_c=\frac{n_s-n_d}{\frac{1}{2}n^2[(m-1)/m]} \quad \text{（公式 11.3－7）}$$

式中：n_s 表示同序对，n_d 表示异序对，$m=\min(r, c)$，n 为样本量，取值范围在 $-1\sim1$ 之间。通常用于任意格数列联表。例 11.3－1 的 Kendall'tau－c 系数为：

$$\tau_c=\frac{29100-32698}{\frac{1}{2}\times792^2\times[(2-1)/2]}=-0.023$$

3　一个定类变量和一个定序变量的测量法

如果要遵守变量的测量层次这个准则，最适合分析一个定类变量与一个定序变量的关系的统计法是威尔科森（Wilcoxon）的区分系数（coefficient of differentiation），又称为 theta 系数（简写 θ）。其基本逻辑是根据各个个案在定类变量上所属的类别来估计它们在定序变量上的相对等级，故此是属于不对称相关的测量法。其系数值是由 0 至 1，但没有消减误差比例的意义。[①]

由于定序测量层次具有定类测量层次的数学特质，一般我们采用 λ 系数和 tau-y 相关测量系数来测量一个定类变量和一个定序变量的关系。实际上，就是我们将定序变量作为定类变量看待。虽然这样做会损失掉一些顺序信息，但好处是方便了统计分析工作。

第四节　交叉列联表的 Loglinear 模型分析

1　从列联表卡方分析到 Loglinear 模型分析

在引导案例中，我们研究了不同收入的人群对选择休闲度假地点的影响，这是研究两个分类变量之间的关系。如果我们想同时研究不同性别、不同收入人群

① 李沛良．社会研究的统计应用［M］．北京：社会科学文献出版社，2002.

对选择休闲度假地点的影响关系时，通过上面讲到的卡方检验方法就会存在一些缺陷。首先，卡方检验只能分析两个变量的关系之间的关系，无法同时分析多个变量之间的关系，而只能把多变量分解成多张二维交叉列联表，然后每两个变量排列组合进行分析。这种分析方法非常麻烦，随着分析变量的增多，工作量非常大。其次，在多个变量进行卡方检验时，变量之间缺乏必要的统计控制，无法排除其他变量对分析变量的影响。因此导致变量类别间的差异发生变化。再次，在卡方检验的基础上，虽然可以计算多种变量间关系系数，但这些仍然是两个变量间关系的描述，卡方检验没有对变量类别间变化对列联表中频数变化产生怎样的影响与作用进行描述。虽然可以通过直接观察列联表或图形来判断变量类别间的关系，但是仍然无法准确判断变量类别间的作用方向与幅度，对复杂的多维列联表更是如此。在多元统计分析方法中，多重对应分析（Optimal Scaling）虽然可以从图形上形象地分析出变量类别间的关系和方向，但却无法检验各变量类别间的关系。

2　Loglinear 模型的基本原理

对数线性模型是一种分析交叉列联表间关系的多元统计分析方法。它以多维交叉列联表中的对数频数为研究对象，将卡方检验与多因素方差分析、多元线性回归分析等方法相结合，以有效和简单为基本策略，通过建立简约模型，以达到解释对数频数、拟合对数频数变化规律的目的。

对数线性模型以交叉列联表为出发点，认为列联表中的频数分布是各变量不同类别独立作用以及各变量类别间交互作用的结果。它将变量称为因素，将多个因素不同类别对频数分布造成的独立影响称为主效应，将多个因素不同类别组合所造成的影响称为交互效应。

Loglinear 模型表达式为（仅以二维交叉列联表为例）：

$$\ln[\eta_{ij}] = \mu + \mu_i^A + \mu_j^B + \mu_{ij}^{AB} \qquad \text{（公式 11.4－1）}$$

其对应的意义是：对数频数＝总平均值＋因素 A 的独立作用＋因素 B 的独立作用＋AB 交互作用＝期望对数频数＋交互作用

依据 Loglinear 模型表达式，我们首先需要对表 11.1－1 中各单元格中的频数取自然对数，得到对数频数表（表 11.4－1）。在对数频数表基础上，估计计算出 Loglinear 模型表达式的各个参数，也即计算出各变量的主效应与交互效应。计算步骤如下（表 11.4－2）。

表 11.4-1 收入与选择休闲度假地点原因的对数频数

收入水平(因素 A)	选择休闲度假地点的原因(因素 B)		平 均
	价格和距离	风光景色	
4000 元以下	2.485	2.833	2.659
6000~10000 元	1.386	1.386	1.386
10000 元以上	0.693	2.565	1.629
平 均	1.521	2.261	1.891

表 11.4-2 Loglinear 模型的主效应与交互效应

μ_{ij}^{AB}	价格和距离	风光景色	μ_i^A
4000 元以下	0.196	-0.196	0.768
6000~10000 元	0.370	-0.370	-0.505
10000 元以上	-0.566	0.566	-0.262
μ_j^B	-0.370	0.370	1.891

μ 平均值等于单元格对数频数的平均值，在表 11.4-1 中，$\mu=1.891$

$\mu_i^A=(\sum\ln\{n_{ij}]/J)-\mu$

$\mu_j^B=(\sum\ln\{n_{ij}]/I)-\mu$

$\mu_{ij}^{AB}=\ln[n_{ij}]-\mu_i^A-\mu_j^B-\mu$

从表 11.4-2 中，可以看出 Loglinear 模型各参数的实际意义。

第一，Loglinear 模型中的 μ 为 1.891，即各类别情况下的总平均水平。

第二，对于不同收入类别来说，“4000 元以下”的主效应为 0.768，说明该收入类别高于总平均水平 0.768 个单位，高于总平均水平，意味着该收入类别的游客人数比平均水平高；“6000~10000 元”的主效应为 -0.505，说明该收入类别低于总平均水平 0.505 个单位，低于总平均水平，意味着该收入类别的游客人数比平均水平低；“10000 元以上”的主效应为 -0.262，说明该收入类别低于总平均水平 0.262 个单位，低于总平均水平，意味着该收入类别的游客人数比平均水平低。我们可以看出，“4000 元以下”人数最多，6000~10000 元之间的人数最少。

第三，对于选择不同休闲地点原因来说，“价格和距离”原因主效应为 -0.370，意味着“价格和距离”因素低于总平均水平 0.370 个单位，说明选择

“价格和距离”作为休闲地点原因的游客人数较少，反之，选择“风光景色”作为休闲地点原因的游客人数较多。

第四，对于不同收入水平和选择价格和距离的人群来说，收入在“6000～10000元”的人群更看中价格和距离因素（主效应为0.370，高于其他收入水平），收入在10000元以上的人群最不看中价格和距离因素（主效应为-0.566，低于其他收入水平，效应为负），收入在“4000元以下”的人群居中。对于不同收入水平和选择风光景色的人群来说，收入在10000元以上的人群最看中风光景色因素（主效应为0.566，高于其他收入水平，为正效应），其他两组收入人群由于交互效应为负值，表明不看中风光景色因素，尤其是收入在“6000～10000元”的人群。

第五节 利用SPSS对引导案例进行交叉列联分析

利用SPSS对引导案例进行卡方检验分析。操作步骤如下：

- 在Variable View框内先输入收入水平、度假原因和频数3个变量名称及各项属性，然后在Date View窗口中按变量名称输入如下数据。收入水平变量按列依次输入1，2，3，1，2，3；度假原因变量按列依次输入1，1，1，2，2，2；频数变量依次输入12，4，2，17，4，13。
- 选择Data→Weight Cases，弹出对话框，选中Weight Cases by，把左侧的频数变量选入Frequency Variable框中，单击OK。
- 选择Analyze→Descriptive Statistics→Crosstabs，弹出对话框，从左侧待选变量栏中把“收入水平”变量选入Row（s）框中，把“度假原因”变量选入Column（s）框中。
- 单击Cells按钮，在Counts栏中选中Observed和Expected，在Percentages栏中选中Row、Column和Total，单击Continue。
- 单击Statistics按钮，选中Chi-square复选框，在Nominal栏中选中Contingency Coefficient、Phi and Gramer's V和Lambda框。单击Continue。返回Crosstabs对话框，单击OK。结果输出见表11.5-1至表11.5-4。

表11.5-1给出了不同收入人群和选择休闲度假地点原因的交叉列联表，包括实际观测、期望值、行百分比、列百分比和总百分比。

表 11.5-1 不同收入人群和选择休闲度假地点原因的比较

选择休闲度假地点的原因 * 收入水平

			收入水平			合计
			4000 元以下	6000~10000 元	10000 元以上	
选择休闲度假地点的原因	价格和距离	计数	12	4	2	18
		期望的计数	10.0	2.8	5.2	18.0
		选择休闲度假地点的原因中的百分比(%)	66.7	22.2	11.1	100.0
		收入水平中的百分比(%)	41.4	50.0	13.3	34.6
		总数的百分比(%)	23.1	7.7	3.8	34.6
	风光景色	计数	17	4	13	34
		期望的计数	19.0	5.2	9.8	34.0
		选择休闲度假地点的原因中的百分比(%)	50.0	11.8	38.2	100.0
		收入水平中的百分比(%)	58.6	50.0	86.7	65.4
		总数的百分比(%)	32.7	7.7	25.0	65.4
总计		计数	29	8	15	52
		期望的计数	29.0	8.0	15.0	52.0
		选择休闲度假地点的原因中的百分比(%)	55.8	15.4	28.8	100.0
		收入水平中的百分比(%)	100.0	100.0	100.0	100.0
		总数的百分比(%)	55.8	15.4	28.8	100.0

表 11.5-2 给出了卡方检验结果，第一行是 Pearson Chi-Square 检验，其统计量值为 4.425，自由度（df）为 2，双尾检验结果为 0.109 >0.05，表明不应该拒绝零假设。即认为两个变量间关系不显著。同时还提示交叉列联表中单元格中有 16.7% 的期望值小于 5，最小期望值为 2.77，符合 Pearson Chi-Square 检验条件。第二行和第三行给出了似然比卡方统计量，线性相关统计量，从双尾检验结果看都大于显著性水平 0.05，即认为两个变量间关系不显著。这里需要注意的是，线性相关统计量用于检验两个定序变量之间的关系，而本例题两个变量都是定类变量，所以本例题不适合应用线性相关统计量。

表 11.5－2　卡方检验表

	值	df	渐进 Sig.（双侧）
Pearson 卡方	4.425a	2	.109
似然比	4.877	2	.087
线性和线性组合	2.861	1	.091
有效案例中的 N	52		

a. 1 单元格（16.7%）的期望计数少于 5。最小期望计数为 2.77。

表 11.5－3　定类变量的相关性测量

		值	近似值 Sig.
按标量标定	φ	.292	.109
	Cramer 的 V	.292	.109
	相依系数	.280	.109
有效案例中的 N		52	

表 11.5－4　定类变量的相关性测量（λ 系数和 tau-y 相关测量系数）

			值	渐进标准误差 a	近似值 Tb	近似值 Sig.
按标量标定	Lambda	对称的	.000	.069	.000	1.000
		选择休闲度假地点的原因 因变量	.000	.157	.000	1.000
		收入水平 因变量	.000	.000	.c	.c
	Goodman 和 Kruskal tau	选择休闲度假地点的原因 因变量	.085	.066		.114d
		收入水平 因变量	.044	.037		.108d
	不定性系数	对称的	.058	.048	1.197	.087e
		选择休闲度假地点的原因 因变量	.073	.060	1.197	.087e
		收入水平 因变量	.048	.040	1.197	.087e

a. 不假定零假设。

b. 使用渐进标准误差假定零假设。

c. 因为渐进标准误差等于零而无法计算。

d. 基于卡方近似值。

e. 似然比卡方概率。

表 11.5 -3 和表 11.5 -4 给出了两个定类变量的相关性测量系数值和检验值。其中，表 11.5 - 3 中给出了 Phi 系数、列联相关系数（Contingency Coefficient）、Gramer's V 系数的值和近似检验值（Approx. Sig.）。从结果可以看出，*Phi* 系数、列联相关系数、Gramer's V 系数相关性比较接近，两个分类变量呈低度相关，近似检验值均大于 0.05，相关性不显著。表 11.5 -4 给出了 λ 系数、tau-y 相关测量系数，上半部分为 λ 系数值，分别给出了两个变量对称值（Symmetric），以“收入”为因变量和以“选择休闲度假地点原因”为因变量三个 λ 系数值，结果是三个 λ 系数值均为 0，表示两个分类变量不相关；下半部分为 tau-y 相关测量系数部分，以“收入”为因变量 tau-y 系数值为 0.044、以“选择休闲度假地点原因”为因变量的 tau-y 系数值为 0.085，表示两个分类变量低度相关。

我们利用 SPSS 对引导案例进行 Loglinear 模型分析。操作步骤如下：选择 Analyze→Loglinear→Model Selection，弹出对话框，把待分析的两个变量“收入水平”和“度假原因”选入 Factor 框中，点击 Define Range 按钮定义两个变量的取值范围。把“频数”变量选入 Cell Weights 框中。单击 Option 按钮，在 Display 栏中选择 Frequencis，在 Display for Saturated Model 栏中选择 Parameter Estimate，在 Model Criteria 栏中把 Delta 值改为 0，其他按默认方式。单击 Continue。返回 Crosstabs 对话框，单击 OK 按钮。部分结果输出见表 11.5 -5、表 11.5 -6。

表 11.5 -5 Loglinear 模型交互效应和主效应检验

	K	df	似然比		Pearson		迭代数
			卡方	Sig. 显著性	卡方	Sig. 显著性	
k-way 和高阶效果 a	1	5	23.023	.000	21.615	.001	0
	2	2	4.877	.087	4.425	.109	2
k-way 效果 b	1	3	18.146	.000	17.191	.001	0
	2	2	4.877	.087	4.425	.109	0

a. 检验 k-way 和高阶效果是否为零。

b. 检验 k-way 效果是否为零。

表 11.5 -5 上半部分是 1 阶以上及 2 阶以上交互效应的似然率卡方检验的结果，其假设是 1 阶以上及 2 阶以上交互效应与 0 无显著差异。由于本例题仅有两个变量，所以最高阶数为 k =2，2 阶的交互效应的自由度为 2，似然率卡方值为

4.877，由于0.0873 >0.05，其检验结果表明2阶的交互效应与0无显著差异，对对数频数影响不大。表中还给出了Pearson卡方值及检验结果；1阶及1阶以上的交互效应的自由度为5，似然率卡方值为23.023，由于0.0003 <0.05，其检验结果表明1阶及1阶以上的交互效应与0有显著差异，对频数影响较大。表中还给出了Pearson卡方值及检验结果。表11.5 -5下半部分是2阶交互效应和1阶交互效应检验结果，从表中可以看出，2阶交互效应似然率卡方检验结果不显著（0.0873 >0.05），1阶交互效应检验结果显著（0.0004 <0.05）。综合上下两个部分内容可知，主效应（1阶交互效应）对对数频数影响显著，而2阶交互效应对对数频数影响不显著。

表11.5 -6　Loglinear模型参数值估计和检验结果

效　果	参　数	估　计	标准误	Z	Sig. 显著性	95%置信区间	
						下　限	上　限
休闲度假原因 * 收入水平	1	.196	.214	.916	.360	-.223	.615
	2	.370	.275	1.346	.178	-.169	.909
休闲度假原因	1	-.370	.184	-2.011	.044	-.731	-.009
收入水平	1	.768	.214	3.590	.000	.349	1.187
	2	-.505	.275	-1.838	.066	-1.044	.033

表11.5 -6分别给出了各个变量各类别的参数估计值和检验情况。从表中可以看出交互效应和各主效应的参数值，及其Z检验结果。各个参数值的实际意义我们在上一节已经讨论过，这里就不再论述。需要指出的是，在Loglinear模型中有一个限制条件：模型中每一项效应的各类参数之和等于0，即$\sum \mu_i^A = \sum \mu_j^B = \sum \mu_{ij}^{AB} = 0$，根据这一条件，我们可以推算出表11.5 -6未给出的交互效应和各主效应的参数值，如表11.5 -6给出了“休闲度假原因 * 收入水平”交互效应的部分参数值，即“4000元以下 * 价格和距离”参数值为0.196，“6000 ~ 10000元 * 价格和距离”参数值为0.370，根据Loglinear模型的约束条件，可以推算出“10000元以上 * 价格和距离”参数值为0 - 0.196 - 0.370 = -0.566。同理，“收入水平”主效应未给出的参数值为0 - 0.768 - （-0.505） = -0.263，即“10000元以上”的参数值。“度假原因”主效应未给出的参数值为0 - （-0.370） =0.370，即“风光景色”的参数值。

从模型给出Z值的结果来看，“休闲度假原因 * 收入水平”各参数值的绝对值都小于1.96，表明交互效应各参数值对总体影响不显著。“收入水平”主效应的参数值中“4000 元以下”参数值 3.59026 > 1.96，表明交互效应各参数值对总体影响显著。“休闲度假原因”主效应的参数值中“价格和距离”和“风光景色”参数的绝对值 2.01075 > 1.96，表明交互效应各参数值对总体影响显著。

【思考题】

1. 什么是交叉列联表？什么是交叉列联表的条件分布？什么是交叉列联表的期望分布？
2. 交叉列联表的 Pearson 卡方检验的步骤有哪些？需要注意的事项是什么？
3. 两个变量之间的关系有几种？两个定类变量和两个定序变量的相关测量系数有哪些？
4. Loglinear 模型分析的原理是什么？其与传统卡方分析的区别在哪里？

【练习题】

1. 某地度假村管理者欲研究不同性别和选择休闲度假地点原因之间存在怎样的关系，两个因素之间的关系强度如何，随机抽样调查结果如表 11.6 – 1 所示。试用 SPSS 进行 χ^2 检验分析，并检验两个因素之间的关系。

表 11.6 – 1 性别和选择休闲度假地点原因交叉列联表

		性别		合计
		男	女	
度假原因	价格和距离	3	15	18
	风光景色	30	4	34
合计		33	19	52

2. 如果某地度假村管理者欲研究不同收入、性别和选择休闲度假地点原因之间存在怎样的关系，随机抽样调查结果如表 11.6 – 2 所示。试用 SPSS 进行 Loglinear 模型分析。

表 11.6－2　性别、收入和选择休闲度假地点原因三维交叉列联表计数

			性别		合计
			男	女	
4000 元以下	度假原因	价格和距离	1	11	12
		风光景色	13	4	17
	合计		14	15	29
6000～10000 元	度假原因	价格和距离	1	3	4
		风光景色	4	0	4
	合计		5	3	8
10000 元以上	度假原因	价格和距离	1	1	2
		风光景色	13	0	13
	合计		14	1	15

第三部分

旅游研究的数据分析方法
——提高篇

第十二章

利用因子分析方法进行结构效度分析

【本章导读】

效度分析是量表设计过程中重要的分析工具，效度高低决定了量表设计的质量。本章主要介绍效度分析的概念与原理，以及利用因子分析方法进行量表的结构效度分析的原理。通过案例分析，演示了如何运用 SPSS 软件进行结构效度分析。本章的最后给出了思考题与练习题，使读者更加深入地理解与掌握并更好地应用这种方法。

第一节　效度分析的概念及原理

1　效度分析原理

1.1　效度分析的意义

效度是指研究人员收集的信息真实地反映所研究现象的范围。旅游研究在这些方面都存在困难，因为经验性研究在很大程度上与人们的行为和态度相关，为获得这方面的信息，研究人员主要依赖被访者对调查问卷和其他形式的调查所做的自述报告。这些方法存在一定缺陷，旅游数据的有效性很难像自然科学中的数据那样确定。如上个月至少一次参加一项活动的人数（在旅游研究中常用的一种数据）包含了各种不同的参与类型，如从每天运动 2 小时到偶尔活动几分钟，因此参与者的定义很复杂。为解决这个问题而进行大规模的、更为详细的询问则可能付出高昂的代价。

1.2 效度的概念

效度也称为正确性，是表示一份量表能真正测量到该量表所要测量的能力或功能的程度，也就是要能达到测量目的的量表才算是有效的。一份量表测验或问卷有效的程度就称为效度。

效度，是指对所要测度的对象测度到什么程度的一种估计。测度的效度具有两方面的含义：第一，本测验是测度什么的？即测度所要研究目标的概念。第二，对所要研究的概念测度到什么程度？准确地测度这一概念，在实际测度过程中，往往只有第一层含义而没有第二层含义。因为对所要研究的概念进行测度是能够做到的，但是要准确地测度这一概念却又较难做到。

例如，在对外国游客了解其来华旅游有关服务的满意度时，如果我们只是设计了英文量表，但我们面对的是来自全球的外国游客，可能有些人并不擅长英语，或者我们设计者的英文水平有限，词不达意，都会使我们无法准确测出他们的满意度水平。当通过效度分析发现我们的测量确实存在上述缺陷时，在我们以往的调研实践中，是通过请常驻在中国的、精通汉语的、我国主要客源国的友好人士（比如该国的来华留学生）帮助翻译或修改量表的译文。

1.3 效度的估算方法与评价

测量的效度通常以测量数值与其所要测量的特性之间的相关系数来表示。效度系数一般规定为与测量目的相关的分数方差在总方差中所占的比重（公式 12.1－1）：

$$效度 = \sigma_{co}^{2}/\sigma_{2}^{o} \qquad （公式 12.1－1）$$

式中，σ_{co}^{2}为个体在与某属性有关的共同特性上所造成的变异量，σ_{o}^{2}为在某测量上所得数值的总变异量。

效度就是正确性程度，即测量工具在多大程度上反映了我们想要测量的概念的真实含义，效度越高，即表示测量结果越能显示出所要测量的对象的真正特征。

如果一个测度的效度越高，说明该测度的结果越能反映测度对象的真实特性，也就越有效；反之，如果一种测度的效度很低，则说明该测度未能准确反映测度对象的真实特性，有效性也就越差。

1.4 影响效度的因素

影响效度的因素包括：调查提纲的科学与否，调查程序选择得是否得当，调查项目的设计是否合理，调查方法的选择是否得当，其中，调查项目的设计是否合理最为重要。

1.5　效度的量化

我们知道信度值可以计算。虽然效度可以分为内容效度、准则效度与结构效度，但每一种效度都很难测量，亦即很难验证量表能够测量到真正要测量的理论构想。所以在 SPSS 中，只有 Reliability 程序却没有任何一个效度程序，纵使可用其他方法来说明量表的效度，但经常也是有争议的，因此没有方法可以确保研究者测量到要测量的理论构想。因此，在学术研究中，经常只能通过强调量表设计程序经过严谨的过程，或经过专家的修正及经过预测来强化其具有的效度，但这也只是内容效度罢了，真正的准则效度与结构效度仍难以测量。

1.6　效度的类型

（1）内容效度（Content Validity）。内容效度是指问卷的内容具有相当高的代表性，即包括被测量构成所有层面的项目。若问卷内容是以理论为基础并参考以往学者类似研究的问卷内容加以修订，并与实践或学术专家讨论过且进行过预测，即可认为具有相当的内容效度。内容效度有时也称为表面效度（Face Validity），也称为逻辑效度，指的是测量的内容与测量目标之间是否适合，即量表项目与形式给人直觉上可以达到的效度，也可以说是指测量所选择的项目是否“看起来”符合测量的目的和要求。主要依据调查设计人员的主观判断。由于内容效度的检验相当主观，并没有任何统计量可测量，因此，仅能请专家来判断该量表是否具有内容效度。

考察内容效度旨在系统地检查测量内容的适当性，并根据我们对所研究概念的了解去鉴别测量内容是否反映了这一概念的基本内容。检验内容效度就是检验由概念到指标的经验推演是否符合逻辑，是指问卷中的某些答案与问卷中另一些答案的逻辑相关程度是否有效。

（2）准则效度（Criterion Validity）。准则效度又称为效标效度或预测效度，是指量表所得到的数据和其他被选择的变量（准则变量）的值相比是否有意义；或解释为被假设或定义为有效的测量标准，是指被访者的答案看起来是否在设计时所考虑的度量范围之内。对每一个问题，根据它的表面因素，都应该规定一个大致的范围。调研人员对问卷一般都可以客观地判断它的表面有效性。因此，设计每一个问题时都应该有表面有效性的假定。符合这种标准的测量工具是可以作为测量某一特定现象或概念的效标。当我们对同一现象或概念进行测量时，可以使用多种测量工具，每种测量方式与效标的一致性就成为准则效度。

根据时间跨度的不同，准则效度可以分为同时效度和预测效度。准则效度分析是根据已经得到确定的某种理论，选择一种指标或测量工具作为准则（效标），分析问卷题项与准则的联系。若二者相关显著，或者问卷题项对准则的不同取值、特性表现出显著差异，则为有效的题项。评价准则效度的方法是相关分析或差异显著性检验。在调查问卷的效度分析中，选择一个合适的准则往往十分困难，使这种方法的应用受到一定限制。

（3）结构效度（Construct Validity）。

①结构效度的概念和意义。若测量在理论上相关的两个概念 X_1、X_2，在经验层面上对 X_1 的测量与对 X_2 的测量亦相关；若有多于一个的对 X_1 的测量，亦应当与对 X_2 的测量相关。为此，可以采用一些方法来检验度量的有效性。结构效度就是这样的方法。

结构效度也称建构效度，是指一个测验实际测到所要测量的理论结构和特质的程度，测量结果体现出来的某种结构与测值之间的对应程度或者说它是指测验分数能够说明心理学理论的某种结构或特质的程度；是指实验与理论之间的一致性，即实验是否真正测量到假设（构造）的理论。它关系到我们依据测试成绩所做的对评价测试结果的解释是否有意义并且恰当。

结构效度的概念最初是由美国心理学会（APA）、美国教育研究协会（AERA）和美国国家教育测量协会（NCME）（1954）联合委员会提出的，发表于《心理测验和诊断技术的技术建议》，本意是用于当测验者所测属性没有确定的标准测量而必须使用间接的测量来证实理论有效的时候。结构效度的出现，可以看成是自比奈发明智力测验以来测验领域中最为显著的变化。它标志着测验和历史传统与实用传统彻底决裂，而且至今仍以显著的方式改变着测验事业。

②结构效度与因素分析。结构效度分析所采用的方法是因素分析。人们最关心的问题恐怕是：量表实际测量的是哪些特征？在评价建构效度时，调研人员要试图解释“量表为什么有效”这一理论问题以及考虑从这一理论问题中能得出什么推论？结构效度包括同质效度、异质效度和语义逻辑效度。有的学者认为，效度分析最理想的方法是利用因素分析测量量表或整个问卷的结构效度。因素分析的主要功能是从量表全部变量（题项）中提取一些公因子，各公因子分别与某一群特定变量高度关联，这些公因子即代表了量表的基本结构。通过因素分析可以考察问卷是否能够测量出研究者设计问卷时假设的某种结构。在因素分析的结果中，用于评价结构效度的主要指标有累计贡献率、共同

度和因子负荷。累计贡献率反映公因子对量表或问卷的累积有效程度，共同度反映由公因子解释原变量的有效程度，因子负荷反映原变量与某个公因子的相关程度。

因素分析也称为因子分析，目的是在多变量系统中，把多个很难解释而彼此有关的变量转化成少数有概念化意义而彼此独立性强的因素，从而分析多个因素的关系。在具体应用时，大多数采用“主成分因素分析”法，它是因素分析中最常使用的方法。

因素分析是通过求出量表的结构效度来对量表中因素关系做出判断。在多变量关系中，变量间线性组合对表现或解释每个层面变异数非常有用，主成分分析主要目的即在此。变量的第一个线性组合可以解释最大的变异量，排除前述层次，第二个线性组合可以解释次大的变异量，最后一个成分所能解释总变异量的部分会较少。

③结构效度的特点。根据定义，可以得知结构效度具有如下一些特点：其一，结构效度的大小首先取决于事先假定的心理特质理论（戴海崎，张锋和陈雪枫，2007）。要使得关于某一特质测验的结构效度的研究结果可以进行比较，则对于该特质的假设和定义就应该相同。否则，不能进行比较。其二，由于有可能出现理论假设不成立，或该试验设计不能对该假设作出适当的检验等情况，因此当实际测量的资料无法证实我们的理论假设时，并不一定就表明该测验结构效度不高。其三，结构效度是通过测量什么和不测量什么的证据累加起来给以确定的，因而不可能有单一的数量指标来描述结构效度。其四，结构效度主要用于智力测验、人格测验等一些心理测验方面。

④使用者确定结构效度的方法。首先，分析被试答题的过程。若有证据表明某一题的作答除了反映所要测的特质外还反映其他因素的影响，则说明该题没有较好地体现理论构想，该题的存在会降低结构效度。再者，根据所要预测的效标的性质和种类来推断结构效度，有两种做法：其一，根据效标把人分为两类，考察其得分的差异。若两组人得分差异显著，则说明该测验有效，具有较高的结构效度。其二，根据测验得分把人分成高分组和低分组，考察这两组人在所测特质方面是否有差异。若两组人在所测特质方面差异显著，则说明该测验有效，具有较高的结构效度。综上所述，结构效度的最大贡献是可以用来提出和验证假设，是发展心理学理论的重要研究工具。当然结构效度也有其明显的局限性，特别是当测验结果不能验证原来的构想时，我们不能确定是构想有错误，是测验本身缺乏内容效度，还是实验设计有问题。这说明结构效度发展还未完全成熟。

⑤结构效度的体现。首先必须要做 KMO 和 Bartlett 球形检验，如果这两个检验合格的话，说明数据是适合做因素分析的。通常，KMO 的值小于 0.5 时较不适宜做因素分析，一般以大于 0.7 为好。然后提取因子，看主因子解释总变异的百分比和个因子的因子载荷，主因子解释总变异一般若大于 60%，同时个因子的因子载荷大于 0.6 的话，说明结构效度很好。

1.7　度量有效性的检验

（1）表面有效性。表面有效性，是指被访者的答案看起来是否在设计时所考虑的度量范围之内。对每一个问题，根据它的表面因素，都应该规定一个大致的范围。调研人员对问卷一般都可以客观地判断它的表面有效性。因此，设计每一个问题时都应该有表面有效性的假定。假如，A 先生在被问及是否每年都出境游时，答“是”；但问到他的月收入时，他却回答仅有 600 元，这显然不对。问卷的表面有效性必须经过调研人员的客观评价，让别的调研人员重新审查会更有助于提高其有效性。

（2）预示有效性。预示有效性，是指问卷中的某些答案与问卷中另一些答案的逻辑相关程度，如上例两个问题“是否每年出境游”和“个人月收入”就是有逻辑相关性的。如果你运用了逻辑关系来判断，那么，你就对一些度量做了预示有效性检验。为了运用预示有效性进行检验，在设计问卷时应专门设计一些问题。

（3）收敛有效性。当调研人员用两种不同的方法或不同的数据来源比较同一个问题时，那么，他就运用了收敛有效性检验。如调研人员在组织现场调查的同时还要用电话调查来验证其得到的答案的客观性。例如，在对 154 位参观故宫的中外游客进行现场调查中，55.84% 的人对“票价物有所值”表示赞同。如果再抽取 50 份进行电话调查，调查结果为 49.96% 的人对“票价物有所值”表示赞同，则说明两个平均值很接近。如果我们运用假设检验证明 55.84% 与 49.96% 无显著差异，就表明调查具有收敛有效性。

（4）区别有效性。区别有效性，是指不同的结构应产生不同的结果。换句话说，调查不同主题的问题应产生不同的答案。当调研人员确知存在差异时，他们就可以在答案中找到不同点，否则该度量的有效性就应该受到质疑。例如，154 位参观故宫的中外游客对“票价物有所值”、“您不喜欢在排队买票时等太长时间”两观点表示赞同的程度，详见表 12.1－1。

表 12.1-1 区别有效性

人 数	强烈反对 标准:1 分	反对 标准:2 分	无法判断 标准:3 分	赞同 标准:4 分	完全赞同 标准:5 分	$\sum f$	$\sum xf$	$\bar{x}$
票价 物有所值	8	29	31	58	28	154	531	3.45
不喜欢排队 时间太长	8	10	15	61	60	154	617	4.01

对上述两个问题的赞同程度分别是“3.45”、“4.01”，检验的结果表明有差异，就说明该调查在区别方面是有效的。

2 在 SPSS 上实现效度分析

2.1 操作步骤

第一步：顺序点击 Analyze→Data Reduction→Factor 进入主对话框 Factor Analysis。

第二步：在左侧的源变量框中选择变量进入右侧 Variables 框中，作为分析变量。

第三步：仍是第二步的界面，点击左下角 Descriptives 按钮，进入 Factor Analysis：Descriptives 描述选项对话框。

第四步：在上方的 Statistics 栏中，系统默认 Initial solution；在下方的 Correlation Matrix 栏中，选中最下方的 KMO and Bartlett's test of sphericity 项。

第五步：单击 Continue 按钮，关闭 Factor Analysis：Descriptives 描述选项对话框。

第六步：仍是第二步的界面，点击下方 Rotation 按钮，进入 Factor Analysis：Rotation 转轴选项对话框。

第七步：在上方的 Method 栏中，选中第二项 Varimax，这时系统还会自动选中在下方的 Display 栏中的第一项 Rotated solution，以及该界面最下方的 Maximum Iterations for Convergence。

第八步：单击 Continue 按钮，关闭 Factor Analysis：Rotation 转轴选项对话框；再单击 OK 按钮，提交运行。

2.2　对引导案例的解答

经过上述学习我们了解到，进行结构效度分析便可以在一定程度上解决量表内容效度评价问题。通过 KMO 检验和累积解释变异量达到一定程度后，便可以进行因素分析。先进行上面的第一步，打开主对话框；在第二步中将引导案例（详见第三章第三节）中的第 3～29 题共 27 道题选入 Variables 框；之后，顺序执行第三步～第八步；于是，就会出现表 12.1－2 和表 12.1－3。

表 12.1－2　KMO and Bartlett's 检验

Kaiser-Meyer-Olkin Measure of Sampling		0.763
Bartlett's Test of Sphericity	Approx. Chi-Square	1246.462
	df	351
	Sig.	0

KMO 是 Kaiser-Meyer-Olkin 的取样适当性量数，当 KMO 值愈大时，表示变量间的共同因素愈多，愈适合进行因素分析。表 12.1－2 中的 KMO 值为 .763，表示适合进行因素分析。此外，从 Bartlett' s 球形检验的值为 1246.462（自由度为 351)，达显著，表明被调查群体的相关矩阵间有共同因素存在，适合进行因素分析。

通过表 12.1－3 我们可以得到累积解释变异数为 60.974%，表明无论转轴前后，9 个共同因素可以解释的总变异量为 60.974%，亦即效度可达 60.974%，说明是进行因素分析可以接受的程度。

表 12.1－3　整体解释变异数——转轴前后的数据（Total Variance Explained)

Component	Initial Eigenvalues			Extraction Sums of Squared Loadings			Rotation Sums of Squared Loadings		
	Total	% of Variance	Cumulative (%)	Total	% of Variance	Cumulative (%)	Total	% of Variance	Cumuletive (%)
1	4.994	18.496	18.496	4.994	18.496	18.496	3.655	13.536	13.536
2	2.149	7.958	26.454	2.149	7.958	26.454	2.035	7.535	21.072
3	1.798	6.661	33.115	1.798	6.661	33.115	1.884	6.977	28.049
4	1.583	5.862	38.977	1.583	5.862	38.977	1.737	6.433	34.482
5	1.396	5.172	44.149	1.396	5.172	44.149	1.563	5.789	40.271
6	1.226	4.541	48.690	1.226	4.451	48.690	1.489	5.514	45.785
7	1.189	4.404	53.094	1.189	4.404	53.094	1.448	5.365	51.150

续表

Component	Initial Eigenvalues			Extraction Sums of Squared Loadings			Rotation Sums of Squared Loadings		
	Total	% of Variance	Cumulative (%)	Total	% of Variance	Cumulative (%)	Total	% of Variance	Cumuletive (%)
8	1.111	4.115	57.209	1.111	4.115	57.209	1.370	5.073	56.223
9	1.016	3.765	60.974	1.016	3.765	60.974	1.283	4.751	60.974
10	0.951	3.523	64.497						
11	0.901	3.336	67.833						
12	0.869	3.220	71.053						
13	0.808	2.993	74.047						
14	0.763	2.826	76.873						
15	0.713	2.641	79.514						
16	0.661	2.449	81.963						
17	0.602	2.230	84.193						
18	0.561	2.077	86.270						
19	0.552	2.405	88.315						
20	0.500	1.850	90.165						
21	0.489	1.812	91.977						
22	0.470	1.741	93.717						
23	0.431	1.595	95.312						
24	0.400	1.481	96.793						
25	0.321	1.189	97.983						
26	0.294	1.088	99.070						
27	0.251	0.930	100.00						

3　效度分析的定性方法

当你看了上述介绍仍感不便计算时，还可以尝试运用定性分析的方法来解释你研究项目效度问题。比如访谈大纲是请专家学者审查及修正过的；根据研究要求来培训调查员，使之能以熟练的技巧和语言对被访者进行访谈；访谈是在自然的情境中进行的，等等。

4　信度与效度的关系

有效性与可靠性是不同的，有效性是指度量的精确性与事物的实际值相比，对精确性的评价，我们试图要测量到的事物的真实指标状况。比如，当调查某人境旅游者的旅游花费时，他此次的花费也许低于1000美元，但他有可能说他花了2000~2500美元，或许是碍于面子，或许是与其他同行者攀比等心理。当然，撒谎并不是产生无效结果的唯一原因，被访者可能有系统性记忆错误，导致概念不清，思维混乱，使其答案的系统性脱离现实。

信度和效度是任何一项科学研究的两个相互关联的重要标准。信度是研究结果所显示的一致性、稳定性程度，也是对研究结果一致性和稳定性的评价标准。一个具有信度的研究程序，不论其过程是由谁操作，或进行多少次同样的操作，其结果总是非常一致的。效度是一个研究程序的性质和功能，也是对研究结果正确性的评价标准，一个有效度的研究程序不仅能够明确地回答研究的问题和解释研究结果，而且能够保证研究结果在一定规模的领域中推广。把两者的作用结合起来看，信度和效度是一项科学研究的活动和结果具有科学价值和意义的保证。研究的信度是研究的效度的一个必要的前提，也就是说，一项研究不可能没有信度却具有效度。

若信度低，则效度也低。因为如果测量的数据不准确，就不能有效地说明所研究的对象。但是，若信度高，效度则不一定就高。因为如果测量的数据是准确的，信度就高。然而可信的测量数据并不一定就是有用的、有效的，也并不一定就能说明所研究对象的特性。效度低，信度很可能高。信度对于效度是必要条件，但不是充分条件，有信度不保证一定有效度，一个可靠的研究程序并不能证明内容一定有效，而一个有效度的研究一定是一个有信度的研究。信度是为效度服务的，因而效度是信度的目的；效度不能脱离信度单独存在，所以信度是效度的基础。

从误差的角度来看，信度和效度的差别在于所涉及的误差不同，信度测量的是随机误差的影响，效度则是反映由于测量了与测验目的无关的变量所引起的系统误差。信度和效度都有不同的类型，每一种信度或效度只是反映了调查中所产生误差的一部分或某个方面，并不代表该调查研究全部的真实性和可靠性。误差可能产生在问卷调查的任何环节，从而降低结果的真实性和可靠性，所以从调查的设计、问卷拟定、现场实施及资料的汇总等整个过程都应注意质量控制，以保证调查结果的信度和效度。

从测量的角度来看，好的测量工具首先必须具备很好的信度，如果信度不高，就无法获得好的效度。有时，可以通过提高量表的信度来增加其效度。尽管高信度是高效度的基础，但信度高并不能保证效度就一定好。测量值与真值间的相关系数等于信度系数的平方根。在已拥有现成测量工具的前提下，尽量不要自己设计量表，须知一个良好信度和效度的量表的设立常需要一个复杂的过程，并耗用大量的人力、物力和时间，且不能与其他研究进行比较分析，所以最好应用现成量表。

针对信度与效度的错综关系，我们试图通过图示的办法来解析（图 12.1－1）。可信可能有效也可能无效。可信且有效当然是最优良的度量，它不仅能够使调查结果可靠地反映调查对象的实际情况，而且准确有效。若不可信就不可能正确有效。因为信度是效度的必要条件，一个调查要有效度就必须有信度。若调查结果能有效说明调查所要说明的问题，那么它必然真实地反映了调查对象的实际情况。如若调查结果不能有效地说明调查所要说明的问题，此时对于反映调查对象的实际情况来说，它可能是不可信的，也有可能是可信的。无效的或者说是没有意义的设计和调查，其调查所反映的实际情况却不一定都是不可信的，只是它游离了主题，对该调查没有实际效用。

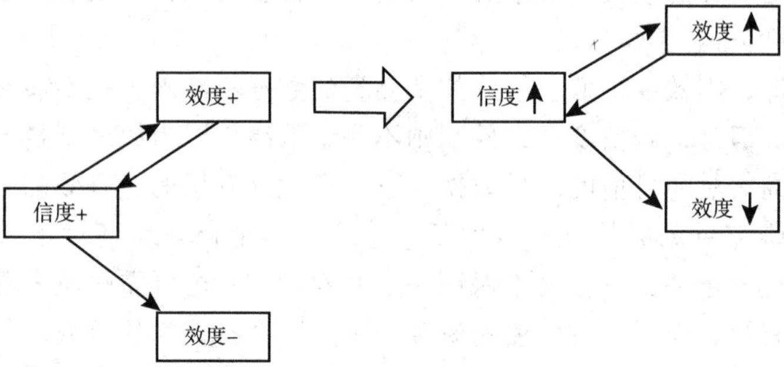

图 12.1－1 信度、效度关系

信度与效度是量表的两项重要评估指标，两者在概念与内容上均有显著的不同，但在测量实践中却无法分割，信度是效度的基础。且从实证的基础来看，信度系数有许多评估指标可运用，故被广泛使用；但效度的评估牵涉甚广，从理论的界定到实施的方式均有很大的差异，同时也受到干扰变量的影响，很难论定一个测量是否具有效度，也没有一套共识的做法；从而形成信度是前提，效度则常成为辩证的对象。

在旅游研究实践中，要明确研究变量、拟定具体的研究指标、选择指标的测量水平，直接关系到研究的信度、内部效度和外部效度，需要在进行研究设计时予以认真、周密的考虑和采取相应的措施。

第二节　因子分析的原理

因子分析是旅游定量研究中应用最为广泛的一种多元统计分析方法，因子分析的基本目的就是用少数几个因子去描述许多指标或因素之间的联系，即将相关比较密切的几个变量归在同一类中，每一类变量就称为一个因子（之所以称其为因子，是因为它是不可观测的，即不是具体的变量），以较少的几个因子反映原资料的大部分信息。运用这种研究技术，我们可以方便地找出影响旅游消费者购买、消费以及满意度的主要因素是哪些，以及它们的影响力（权重）。运用这种研究技术，我们还可以为旅游市场细分做前期分析。

因子分析的应用主要有以下两个方面：

第一，寻求基本结构。在多元统计分析中，经常碰到观测变量很多且变量之间存在着较强的相关关系的情形，这不仅给问题的分析和描述带来一定困难，而且在使用某些统计方法时会出现问题。例如，在多元回归分析中，当自变量之间高度相关时，会出现多重共线性现象：变量之间高度相关意味着它们所反映的信息高度重合，通过因子分析我们能找到较少的几个因子，它们代表数据的基本结构，反映了信息的本质特征。例如，某快餐店为了解市场竞争能力进行消费者调查，通过定性研究设计了30个有关快餐店及其产品和服务的调查项目，这30个项目可能反映了快餐的质量、价格、就餐环境和服务四个基本方面，通过因子分析我们能找出反映数据本质特征的这4个因子并分析原来30个观测变量和它们之间的关系。

第二，数据化简。通过因子分析把一组观测变量化为少数的几个因子后，可以进一步将原始观测变量的信息转换成这些因子的因子值，然后，用这些因子代替原来的观测变量进行其他的统计分析，如回归分析、路径分析、判别分析和聚类分析等，利用因子值也可以直接对样本进行分类和综合评价。

以上这些应用都需要通过因子分析，首先确定能够解释观测变量之间相关的假想因子的个数。一般来说，要是研究者事先对观测数据背后存在多少个基础变量一无所知，因子分析用来作为探索基础变量的维数，这种类型的应用称为探测性因子分析，因子分析的大部分应用都属于这种类型。有些情况下，研究者根据某些理论或其他的先验知识可能对因子的个数或因子的结构做出假设，因子分析也可以用来检验这个假设。作为证实假设的工具，这种类型的应用称为验证性因子分析（验证性因子分析主要应用在结构方程模型中，我们在这里主要介绍探索性因子分析技术）。因子分析的基本过程可以分为两个步骤：

第一步，主因子分析。是通过原始变量的相关系数矩阵内部结构的研究，导出能控制所有变量的少数几个综合变量，通过这少数几个综合变量去描述原始的多个变量之间的相关关系。一般来说，这少数的几个综合变量是不可观测的，故称其为因子，我们又称这种通过原始变量相关系数矩阵出发的因子分析为R型因子分析。因子分析所获得的反映变量间本质联系、变量与公共因子的关系的全部信息通过导出的因子负荷矩阵体现。

第二步，对因子解释和命名。从因子分析导出的负荷矩阵的结构出发，把变量按与公共因子相关性大小的程度分组，使同组内变量间的相关性较高，不同组的变量的相关性较低，按公因子包含变量的特点（即公因子内涵）对因子作解释命名。

设m个可能存在相关关系的测试变量 z_1，z_2，…，z_m 含有p个独立的公共因子 F_1，F_2，…，F_p（$m \geqslant p$），测试变量 z_i 含有独特因子 U_i（i=1，…，m），诸 U_i 间互不相关，且与 F_j（j=1，…，p）也互不相关，每个 z_i 可由p个公共因子和自身对应的独特因子 U_i 线性表出：

$$\begin{cases} Z_1 = a_{11}F_1 + a_{12}F_2 + \cdots + a_{1p}F_p + c_1U_1 \\ Z_2 = a_{12}F_1 + a_{22}F_2 + \cdots + a_{3p}F_p + c_1U_1 \\ \cdots\cdots\cdots\cdots\cdots\cdots\cdots\cdots\cdots\cdots\cdots\cdots \\ Z_m = a_{m1}F_1 + a_{m2}F_2 + \cdots + a_{mp}F_p + c_mU_m \end{cases}$$

用矩阵表示：

$$\begin{pmatrix} Z_1 \\ Z_2 \\ \vdots \\ Z_m \end{pmatrix} = (a_{ij})_{mxp*} \begin{pmatrix} F_1 \\ F_2 \\ \vdots \\ F_p \end{pmatrix} + \begin{pmatrix} c_1U_1 \\ c_2U_2 \\ \vdots \\ c_mU_m \end{pmatrix}$$

简记为 $\underset{(m\times 1)}{Z} = \underset{(m\times p)}{A} \cdot \underset{(p\times 1)}{F} + \underset{(m\times m)(\text{对角阵})}{C} \underset{(m\times 1)}{U}$

且满足：（Ⅰ）P≤m，（Ⅱ）COV（F，U）=0（即F与U是不相关的），

（Ⅲ）E（F）=0 COV（F）$= \begin{pmatrix} 1 & & \\ & \ddots & \\ & & 1 \end{pmatrix}_{p\times p} = I_p$，

即，F_1，…，F_p 不相关，且方差皆为1，均值皆为0，

E（U）=0，COV（U）$=I_m$，即 U_1，…，U_m 不相关，且都是标准化的变量，假定 Z_1，…，Z_m 也是标准化的，但并不相互独立。

式中，A称为因子负荷矩阵，其元素 a_{ij} 表示第i个变量（z_i）在第j个公共因子 F_j 上的负荷，简称因子负荷，如果把 z_i 看成P维因子空间的一个向量，则 a_{ij} 表示 z_i 在坐标轴 F_j 上的投影。

因子分析的目的就是以 F 代 Z，由于一般有 $p < m$，从而达到简化变量维数的愿望。

第三节 利用 SPSS 进行结构效度分析

引导案例：如何评价量表的结构效度?

为了调查我国新休假制度对旅游出游者需求的影响，L 大学旅游学院编制了“新休假制度下旅游出行需求调查”量表。按照设计者的假设，新休假制度对旅游出游者的需求影响有五个方面，即节假日出游的影响、出游方式的影响、出游工具的影响、出游成本的影响、改变后的出游评价。根据这五个方面共设计了 27 道七点式测量题（图 12.3－1）用来测量新休假制度对旅游出游者的需求影响。这五个方面所包含的具体测量指标见图 12.3－1。为了检测量表的结构效度，进行了试调查，共随机调查 840 人，有效问卷 830 份。试问该测量工具的结构效度如何？如果结构效度不佳，如何修正量表?

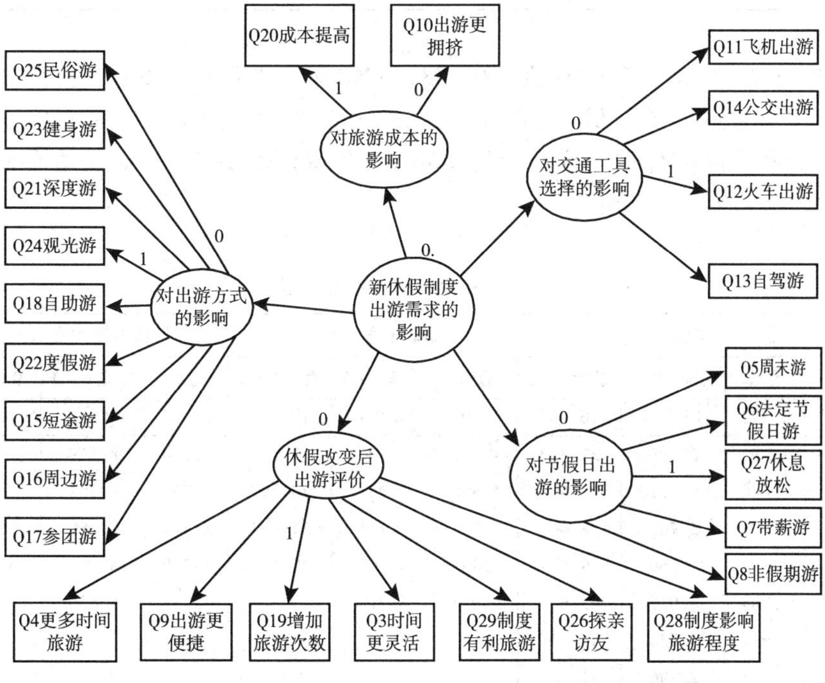

图 12.3－1 量表的理论结构图

- 选择“降维”“因子分析”，弹出对话框，将 27 道量表题选入到变量框中。
- 点击因子对话框中“描述”按钮点选 KMO 和 Bartlett 球形度检验，点击“继续”。
- 点击因子对话框中“抽取”按钮点选“碎石图”按钮，点选“要提取的因子数量”，在要提取的因子数中键入“6”，点击“继续”。
- 点击因子对话框中“旋转”按钮点选“最大方差法”，点击“继续”。
- 点击因子对话框中“选项”按钮点选“按大小排序”和“取消小系数”，并在绝对值中键入 0.4，点击“继续”，返回因子主对话框中后点击“确定”，模型输出结果如下：

表 12.3－1　KMO 和 Bartlett 的检验

取样足够度的 Kaiser-Meyer-Olkin 度量	0.808
Bartlett 的球形度检验 近似卡方	3395.051
df	351
Sig.	0.000

表 12.3－1 给出了 KMO 值为 0.808，KMO 取值范围介于 0～1 之间，0.9 以上表示非常合适因子分析，0.8 表示合适，0.7 表示一般，0.6 表示不太合适，0.5 以下表示极不合适。按照上述 KMO 的取值，表明 27 道量表适合做因子分析。

表 12.3－2　解释的总方差

成分	初始特征值			提取平方和载入			旋转平方和载入		
	合计	方差(%)	累计(%)	合计	方差(%)	累计(%)	合计	方差(%)	累计(%)
1	4.392	16.266	16.266	4.392	16.266	16.266	2.944	10.905	10.905
2	1.757	6.506	22.772	1.757	6.506	22.772	2.314	8.569	19.474
3	1.600	5.927	28.699	1.600	5.927	28.699	1.756	6.504	25.978
4	1.557	5.766	34.465	1.557	5.766	34.465	1.644	6.089	32.068
5	1.393	5.160	39.624	1.393	5.160	39.624	1.587	5.878	37.946
6	1.084	4.017	43.641	1.084	4.017	43.641	1.538	5.695	43.641
7	1.039	3.850	47.491						
8	1.025	3.796	51.286						

续表

成分	初始特征值			提取平方和载入			旋转平方和载入		
	合计	方差(%)	累计(%)	合计	方差(%)	累计(%)	合计	方差(%)	累计(%)
9	1.009	3.738	55.025						
10	0.957	3.543	58.568						
11	0.909	3.366	61.934						
12	0.842	3.117	65.051						
13	0.826	3.060	68.111						
14	0.789	2.924	71.035						
15	0.763	2.825	73.860						
16	0.748	2.769	76.629						
17	0.726	2.688	79.317						
18	0.683	2.531	81.848						
19	0.655	2.426	84.274						
20	0.641	2.376	86.650						
21	0.617	2.283	88.934						
22	0.584	2.164	91.098						
23	0.548	2.031	93.128						
24	0.532	1.969	95.097						
25	0.478	1.772	96.869						
26	0.444	1.645	98.514						
27	0.401	1.486	100.000						

提取方法：主成分分析法。

表 12.3－2 给出了解释的总方差，我们一般提取初始特征根值（eigenvalue）大于 1 的因素，特征根值大于 1 的有几个值就提取几个因素。表 12.3－2 中初始特征根值有 9 个，我们可以提取 9 个因素，9 个因素共解释累计的总方差 55.025%，如果量表设计的题项太多，可能会抽取较多的因素。一般而言，一份正式的量表其题目数在 20～25 道，每个因素所包含的题数为 3～7 道为宜。

我们也可以根据碎石图（Scree Plot）来确定因素的个数，我们一般保留由斜坡部分的“碎石子”（成分），丢弃平坦状态的“碎石子”（成分）。从图 12.3－1可以看出，陡坡部分的碎石子有 6 个，故可以提取 6 个因素。

一般情况下，我们可以根据初始特征根值所提取的因素和碎石图所提取的因素进行比较，选择提取因素数量最少的值作为正式提取因子数量。在这里，我们提取 6 个因素作为因子分析提取的数量。

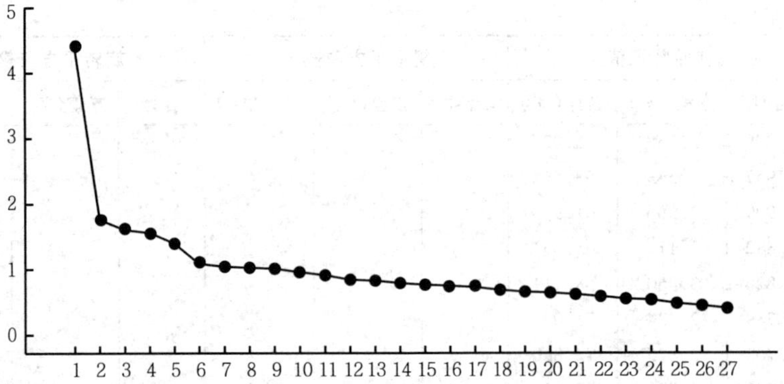

图 12.3－2　因子分析的碎石图

表 12.3－3　旋转成分矩阵 a

	成分					
	1	2	3	4	5	6
使出游更便捷	0.751					
总体来讲，休假制度改变对我旅游更有利了	0.732					
休假制度改变使出游时间选择更灵活	0.661					
休假制度的改变，总体上来讲，使我一年中的出游次数增加	0.571					
休假制度改变，我将会把一年中更多的休假时间用于旅游	0.541					
休假制度的改变，使我更愿意参与民俗、文化旅游		0.728				
休假制度的改变，使我更愿意观光旅游		0.532				
休假制度的改变，使我更愿意自己（或者和家人、朋友一起）旅游		0.520				
休假制度的改变，使我更愿意参与健身性质的旅游活动		0.489				
休假制度的改变，使我更愿意参与体验式的休闲度假旅游		0.458				
休假制度的改变，使我更愿意深度旅游，即每次旅游只去一个地方，仔细玩		0.406				
休假制度的改变，使我有了更多的探亲访友的机会						
愿意在带薪年假旅游						
休假制度的改变，使我更愿意选择短途旅游			0.770			
休假制度的改变，使我更愿意选择本地周边旅游			0.747			
休假制度的改变，使我更愿意选择参团旅游			－0.461			
愿意在法定节假日旅游				0.596		

续表

	成分					
	1	2	3	4	5	6
愿意在周末旅游				0.551		
更愿意火车出游				0.495	-0.434	
总体来讲,休假制度改变对我旅游有很大影响				0.425		
更愿意选择市内公共交通出游					-0.623	
更愿意乘坐飞机出游					0.592	
更愿意自驾车出游					0.527	
休假制度的改变,使我旅游成本提高了,花同样的钱所旅游到的地方减少了,交通成本提高了						0.695
使出游更拥挤						0.628
假期中休息和放松对于我来说已经足够了						0.407
能在非假期/自由支配的时间里旅游						

提取方法 ：主成分分析法。
旋转法 ：具有 Kaiser 标准化的正交旋转法。
a. 旋转在 10 次迭代后收敛。

表 12.3－3 列出了旋转的成分矩阵，采取的是正交旋转方法中的方差最大法，在表中因子系数绝对值小于 0.4 的值被剔除掉后，我们发现，有 3 个题项（休假制度的改变，使我有了更多的探亲访友的机会；愿意在带薪年假旅游；能在非假期/自由支配的时间里旅游）的因子系数绝对值小于 0.4，故需要将这 3 个题项去除，得到表 12.3－4。我们对表 12.3－4 中的提取的因素（成分）命名并解释，如果因素能够命名，则表示因素具有可解释性，我们可以保留这个因素；如果因素不能命名，表示其不具有可解释性，需要进一步修正该因素，修正遵循的原则是删除归类不当的题项。

表 12.3－4　旋转成分矩阵 a

	成分					
	1	**2**	**3**	**4**	**5**	**6**
使出游更便捷	0.752					
总体来讲,休假制度改变对我旅游更有利了	0.744					
休假制度改变使出游时间选择更灵活	0.671					
休假制度的改变,总体上来讲,使我一年中的出游次数增加	0.595					

续表

	成分					
	1	2	3	4	5	6
休假制度改变，我将会把一年中更多的休假时间用于旅游	0.563					
休假制度的改变，使我更愿意参与民俗、文化旅游		0.722				
休假制度的改变，使我更愿意参与健身性质的旅游活动		0.570				
休假制度的改变，使我更愿意观光旅游		0.520				
休假制度的改变，使我更愿意参与体验式的休闲度假旅游		0.507				
休假制度的改变，使我更愿意自己（或者和家人、朋友一起）旅游		0.495				
休假制度的改变，使我更愿意深度旅游，即每次旅游只去一个地方，仔细玩		0.414				
休假制度的改变，使我更愿意选择短途旅游			0.778			
休假制度的改变，使我更愿意选择本地周边旅游			0.756			
休假制度的改变，使我更愿意选择参团旅游			-0.466			
休假制度的改变，使我旅游成本提高了，花同样的钱，所旅游到的地方减少了，交通成本提高了				0.712		
使出游更拥挤				0.659		
总体来讲，休假制度改变对我旅游有很大影响				0.421		
更愿意选择市内公共交通出游					0.652	
更愿意乘坐飞机出游					-0.588	
更愿意自驾车出游					-0.500	
更愿意火车出游					0.499	0.448
愿意在周末旅游						0.632
假期中休息和放松对于我来说已经足够了						-0.523
愿意在法定节假日旅游						0.505

提取方法：主成分分析法。

旋转法：具有 Kaiser 标准化的正交旋转法。

a. 旋转在 10 次迭代后收敛。

参照如上量表的 5 个理论结构（图 12.3-1），我们对旋转后的因子成分进行命名，我们发现第 4 个成分很难命名，如果删除“总体来讲，休假制度改变对我旅游有很大影响”这项则可以命名，因此我们删除该项后，可以将该成分命名为“对出游成本的影响”。最后各成分命名结果见表 12.3-5。

表 12.3－5　旋转成分矩阵 a

	成分					
	成分休假改变后的出游评价	对出游方式的影响(1)	对出游方式的影响(2)	对交通工具选择的影响	对出游成本的影响	对节假日出游的影响
使出游更便捷	0.747					
总体来讲,休假制度改变对我旅游更有利了	0.739					
休假制度改变使出游时间选择更灵活	0.676					
休假制度的改变,总体上来讲,使我一年中的出游次数增加	0.595					
休假制度改变,我将会把一年中更多的休假时间用于旅游	0.578					
休假制度的改变,使我更愿意参与民俗、文化旅游		0.714				
休假制度的改变,使我更愿意参与健身性质的旅游活动		0.597				
休假制度的改变,使我更愿意参与体验式的休闲度假旅游		0.522				
休假制度的改变,使我更愿意观光旅游		0.501				
休假制度的改变,使我更愿意自己(或者和家人、朋友一起)旅游		0.481				
休假制度的改变,使我更愿意深度旅游,即每次旅游只去一个地方,仔细玩		0.423				
休假制度的改变,使我更愿意选择短途旅游			0.782			
休假制度的改变,使我更愿意选择本地周边旅游			0.761			
休假制度的改变,使我更愿意选择参团旅游			-0.447			
更愿意选择市内公共交通出游				0.634		
更愿意乘坐飞机出游				-0.605		
更愿意自驾车出游				-0.520		
更愿意火车出游				0.480		0.471
休假制度的改变,使我旅游成本提高了,花同样的钱,所旅游到的地方减少了,交通成本提高了					0.698	
使出游更拥挤					0.690	
愿意在周末旅游						0.636
愿意在法定节假日旅游						0.512
假期中休息和放松对于我来说已经足够了						-0.504

提取方法：主成分分析法。

旋转法：具有 Kaiser 标准化的正交旋转法。

a. 旋转在 8 次迭代后收敛。

判断与评价得到的因素结构是否能够反映理论假设的结构。参考标准：一般要求提取所有因素的累计解释率不低于40%；因子矩阵中每个变量指标的因素负荷值要不低于0. 40。

如果得到的因素结构能够反映理论假设的结构，说明测量工具有效性高，具有较好的结构效度；反之，则不具有较好的结构效度。本例的理论假设结构和实际测量结构如图12. 3－3、图12. 3－4。总体来说，理论假设结构和实际测量结构基本吻合，说明修正后的量表结构效度比较高。

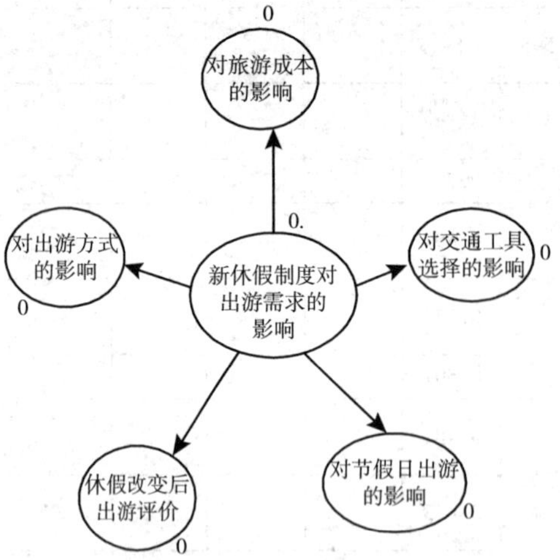

图 12. 3－3　理论假设结构

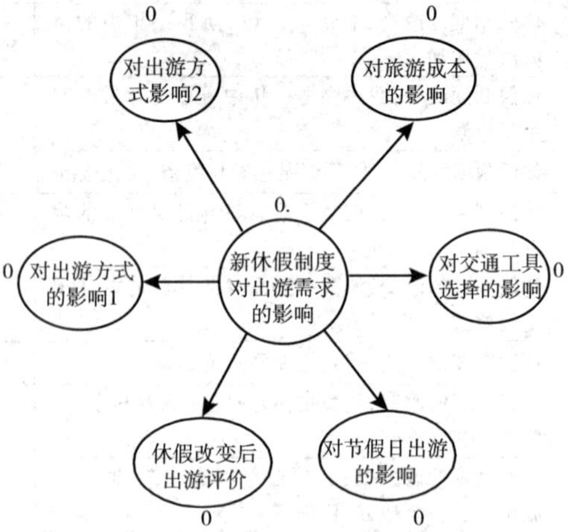

图 12. 3－4　实际测量结构

【思考题】

1. 影响效度的因素有哪些？
2. 效度与信度的关系是怎样的？
3. 因子分析的原理和过程有哪些？
4. 什么是结构效度？利用因子分析进行结构效度分析的步骤是什么？

【练习题】

城市老年人主观健康感觉试调查量表的假设结构（如图 12.4－1 所示），利用给出的数据对量表进行结构效度的分析与评价。要求遵循结构效度评价的 5 个步骤。

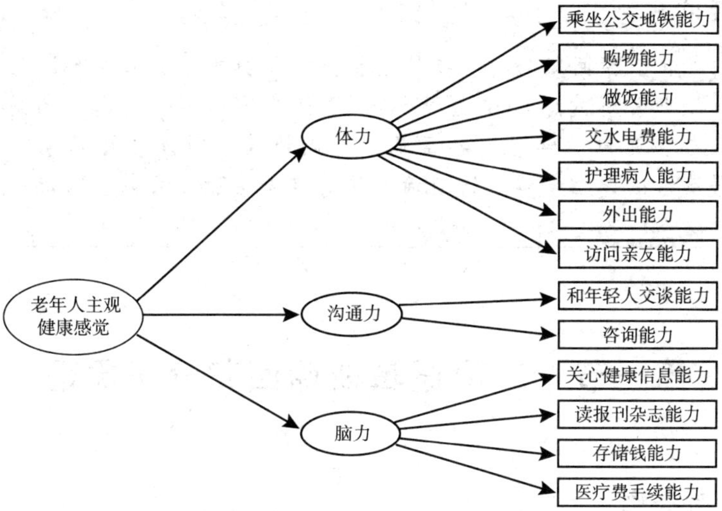

图 12.4－1　城市老年人主观健康感觉量表理论假设结构

第十三章

二项逻辑斯谛回归分析

【本章导读】

二项逻辑斯谛回归分析主要适用于分类型数据。本章主要介绍了二项逻辑斯谛回归分析的原理和运用 SPSS 软件的操作实践，本章的最后给出了思考题与练习题。学习完本章后，可以继续学习多项逻辑斯谛分析方法，如果读者欲详细了解逻辑斯谛方法的来龙去脉，可以参考相关方法专业书籍。

第一节 二项逻辑斯谛回归分析原理

1 引导案例

Z 旅行社为了研究旅游某产品消费特点和趋势，收集到了以往消费该产品的旅游者消费信息数据（表 13.1－1）。这些数据包括：是否购买（Purchase）、年龄（Age）和收入水平（Income）。试运用 Logistic 方法预测三位旅游者（第一位旅游者：女性，高收入；第二位旅游者：男性，低收入；第三位旅游者：女性，中等收入）是否会购买该旅游产品？

表 13.1－1 Z 旅行社某旅游产品消费者购买信息统计表

性别			收入			
			低收入	中收入	高收入	合计
男	是否购买	不购买	35	58	37	130
		购买	8	15	38	61
	合计		43	73	75	191

续表

性　别			收　入			
			低收入	中收入	高收入	合　计
女	是否购买	不购买	55	40	44	139
		购　买	34	31	36	101
	合　计		89	71	80	240

2　Logistic 回归分析方法原理

Logistic 回归模型是适用于因变量为分类变量的回归分析，按设计类型划分，可以分成条件 Logistic 回归（配对设计）和非条件 Logistic 回归（未配对设计）；按变量类型划分，可以分成二项 Logistic 回归、有序多分类 Logistic 回归、无序多分类 Logistic 回归。Logistic 回归模型主要用来解决多元线性回归模型带来的一些问题：第一，从因变量的角度看，多元线性回归模型要求因变量取值范围在（$-\infty$，$+\infty$）之间，而上述引导案例因变量取值范围为［0，1］，即是否购买某旅游产品；第二，多元线性回归模型要求自变量一般为连续变量，但引导案例两个自变量取值为分类型变量（性别）和顺序型变量（收入水平），需要把自变量转化处理。基于上述多元线性回归模型带来的问题，我们引入了 Logistic 回归模型，该模型因变量取值范围在［0，1］之间，且能够运用一般线形回归模型的表达形式来处理各种类型的自变量。

Logistic 回归模型来源于 Logistic 函数，该函数于 1838 年由比利时学者 P. F. Verhulst 第一次提出。该函数的概率形式为：

$$p = \frac{1}{1 + exp[-(\beta_0 + \sum \beta_i x_i)]} \qquad \text{（公式 13.1-1）}$$

而上述 Logistic 函数的图形如图 13.1－1 所示。

从图 13.1－1 可以看出，因变量（坐标纵轴部分）取值范围在（1，0）之间，而自变量（坐标横轴部分）取值范围在（$-\infty$，$+\infty$）之间，该函数恰好可以解决多元线性模型因变量取值范围无法确定的不足。

对于 Logistic 回归方程中的自变量，既可以是定距型连续变量，也可以是分类或顺序变量，如果自变量是分类或顺序变量，一般要转化成虚拟变量后参与回归分析。虚拟变量就是将分类或顺序型变量的各个类别（或水平）分别以 0/1 的形式重新编码后形成的变量，1 表示属于该类，0 表示不属于该类。如“收入水

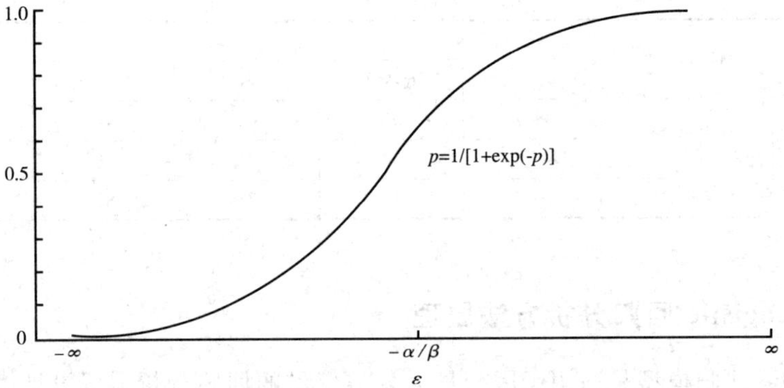

图 13.1－1　Logistic 函数图形

平”和“满意度”两个分类变量转换成虚拟变量的形式如图 13.1－2 所示：收入水平变量形成 3 个虚拟变量，分别为 100，010，001，而满意度变量形成了 5 个变量，分别为 10000，01000，00100，00010，00001。

收入水平
- 低收入：1，0，0
- 中收入：0，1，0
- 高收入：0，0，1

满意度
- 非常满意：1，0，0，0，0
- 满　　意：0，1，0，0，0
- 一　　般：0，0，1，0，0
- 不 满 意：0，0，0，1，0
- 非常不满意：0，0，0，0，1

图 13.1－2　分类变量转化虚拟变量图

在 Logistic 模型中，设置虚拟变量的时候，我们需要设置一个参照水平。参照水平指的是虚拟变量的比照水平。一般用 0 表示，用第一个或最后一个变量类别作参照水平，参照水平不能算做虚拟变量。如果我们将收入水平变量第一个类别作为参照水平，而将满意度变量最后一个类别作为参照水平，则如图 13.1－2 中所示。

收入水平
- 低收入：0，0，0
- 中收入：0，1，0
- 高收入：0，0，1

满意度
- 非常满意：1，0，0，0，0
- 满　　意：0，1，0，0，0
- 一　　般：0，0，1，0，0
- 不 满 意：0，0，0，1，0
- 非常不满意：0，0，0，0，0

图 13.1－3　分类变量转化带参照水平的虚拟变量图

在 Logistic 回归方程中，回归系数我们一般不直接用来判断对因变量影响大小，而是将回归系数转化成发生比率（Odds Ratio）的形式，或转化成回归系数的指数的形式。

$$\frac{\Omega^*}{\Omega} = \exp(\beta_i) = e^{\beta i} \qquad (\text{公式 } 13.1-2)$$

上式表示自变量某水平相对于参照水平而言，研究事件所发生概率的大小。exp（β_i）越大于 1，表示因变量事件发生的可能性越高，exp（β_i）越小于 1，则表示因变量事件发生的可能性越低。

第二节　利用 SPSS 对引导案例进行二项逻辑斯谛回归分析

- 选择“回归”“二项 Logistic”，弹出对话框，将“是否购买”选入到因变量框中，将“gender”和“income”选到协变量框中。
- 点击“分类”将协变量中“gender”和“income”变量选入分类协变量中，在参考类别中选择最后一个，点击“继续”。
- 单击保存按纽在弹出对话框“预测值”部分中选中“概率”，点击“继续”。
- 单击选项按纽在弹出对话框选中“exp（B）的 CI（X）”，点击“继续”。单击主菜单“确定”，模型输出结果如下：

表 13.2－1　数据摘要

未加权的案例[a]		N	百分比
选定案例	包括在分析中	431	99.3
	缺失案例	3	0.7
	总　计	434	100.0
未选定的案例		0	0.0
总　　计		434	100.0

a. 如果权重有效，请参见分类表以获得案例总数。

表 13.2－1 中给出分析数据的基本信息，共有 434 个个案，缺失 3 个数据，有效百分比为 99.3%。

表 13.2－2　分类变量编码

		频　率	参　数　编　码	
			(1)	(2)
收　入	低　收　入	132	1.000	0.000
	中　收　入	144	0.000	1.000
	高　收　入	155	0.000	0.000
性　别	男	191	1.000	
	女	240	0.000	

表 13.2－3　因变量编码

初　始　值	内　部　值	初　始　值	内　部　值
不购买	0	购买	1

表 13.2－2 和表 13.2－3 分别给出了两个自变量（收入水平和性别）和因变量的虚拟变量编码情况。收入水平以高收入作为参照水平，性别以女性作为参照水平，因变量是否购买以不购买作为参照水平。

表 13.2－4　模型系数的综合检验

		卡　方	df	Sig.
步骤 1	步骤	16.459	3	.001
	块	16.459	3	.001
	模型	16.459	3	.001

表 13.2－4 给出了模型的整体检验结果，模型采用的样本统计量为似然比卡方统计量（公式 13.2－1）。

$$-\ln\left(\frac{L_0}{L}\right)^2 = -2\ln(L_0) - (-2\ln(L)) \qquad \text{（公式 13.2－1）}$$

式中：L_0 为自变量未引入回归方程前的对数似然函数值；L 为自变量引入方程后的对数似然函数值。

公式 13.2－1 中对数似然比统计量值越大于 1，说明模型各自变量对模型本身越有解释力，表 13.2－4 对数似然比统计量值明显大于 1，且显著性检验结果显著，表明模型整体可以推论到总体。

表 13.2－5 模型预测结果概率表[a]

	已预测		已观测		
			是否购买		百分比校正
			不购买	购买	
步骤 1	是否购买	不购买	225	44	83.6
		购买	126	36	22.2
	总计百分比				60.6

a. 切割值为 .500

表 13.2－5 给出了模型预测的准确率情况，从表中可以看出，有 225 个数据预测“不购买”是正确的，36 个数据预测为“购买”是正确的，但有 126 个数据本来为“购买”却预测为“不该买”，有 44 个数据本来为“不购买”却预测为“购买”。从整体上看，预测的准确率为 60.6%。

表 13.2－6 方程中的变量系数检验

		B	S. E,	Wals	df	Sig.	Exp(B)	EXP(B)的 95% C. I.	
								下限	上限
步骤 1[a]	gender(1)	-.504	.209	5.824	1	.016	.604	.401	.910
	income			11.669	2	.003			
	income(1)	-.761	.251	9.147	1	.002	.467	.286	.765
	income(2)	-.664	.242	7.521	1	.006	.515	.320	.827
	常量	.152	.190	.638	1	.424	1.164		

a. 在步骤 1 中输入的变量：gender，income.

表 13.2－6 给出了模型变量系数值，Wald 检验结果，回归系数转化成发生比率（Odds Ratio）的形式。从回归系数检验结果看，女性消费者相对于男性消费者来说更容易购买 Z 旅行社某旅游产品，高收入消费者相对于中、低消费者更容易购买 Z 旅行社某旅游产品。最终，Logistic 回归方程为：

$$LogitP = -0.504gender - 0.761income(1) - 0.664income(2)$$

图 13.2－1 为 Logistic 回归模型预测结果，引导案例中 3 个消费者预测概率值分别为 0.53794，0.24737，0.37467，表明第一位旅游者（女性，高收入）可能会购买该旅游产品，而第二位旅游者（男性，低收入）和第三位旅游者（女

性，中等收入）则不会购买该旅游产品。

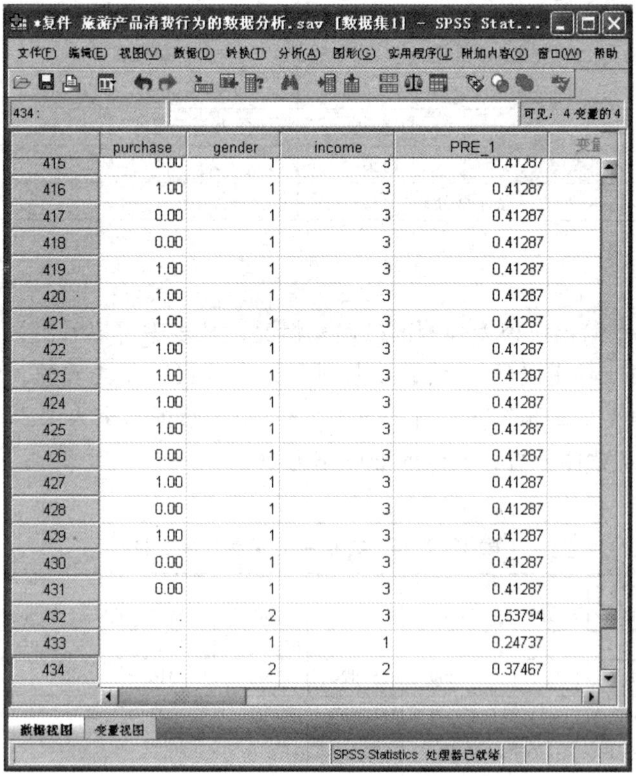

	purchase	gender	income	PRE_1
415	0.00	1	3	0.41287
416	1.00	1	3	0.41287
417	0.00	1	3	0.41287
418	0.00	1	3	0.41287
419	1.00	1	3	0.41287
420	1.00	1	3	0.41287
421	1.00	1	3	0.41287
422	1.00	1	3	0.41287
423	1.00	1	3	0.41287
424	1.00	1	3	0.41287
425	1.00	1	3	0.41287
426	0.00	1	3	0.41287
427	1.00	1	3	0.41287
428	0.00	1	3	0.41287
429	1.00	1	3	0.41287
430	0.00	1	3	0.41287
431	0.00	1	3	0.41287
432	.	2	3	0.53794
433	.	1	1	0.24737
434	.	2	2	0.37467

图 13.2－1　Logistic 回归预测结果

【思考题】

1. 简述二项 Logistic 回归分析的原理。
2. 二项 Logistic 回归分析与多元线性回归分析的联系与区别？

【练习题】

在一次关于公共交通的社会调查中，一个调查项目是“是乘坐公共汽车上下班，还是骑自行车上下班”。

因变量 $y=1$ 表示主要乘坐公共汽车上下班，$y=0$ 表示主要骑自行车上下班。

自变量 x_1 是年龄，作为连续型变量；x_2 是月收入（元），作为连续型变量；x_3 是性别，$x_3=1$ 表示男性，$x_3=0$ 表示女性。

调查对象为工薪族群体，数据见表 13.3－1，试建立二项 Logistic 回归模型。

表 13.3－1　公共交通的社会调查数据

序号	性别	年龄(岁)	月收入(元)	y	序号	性别	年龄(岁)	月收入(元)	y
1	0	18	850	0	15	1	20	1000	0
2	0	21	1200	0	16	1	25	1200	0
3	0	23	850	1	17	1	27	1300	0
4	0	23	950	1	18	1	28	1500	0
5	0	28	1200	1	19	1	30	950	1
6	0	31	850	0	20	1	32	1000	0
7	0	36	1500	1	21	1	33	1800	0
8	0	42	1000	1	22	1	33	1000	0
9	0	46	950	1	23	1	38	1200	0
10	0	48	1200	0	24	1	41	1500	0
11	0	55	1800	1	25	1	45	1800	1
12	0	56	2100	1	26	1	48	1000	0
13	0	58	1800	1	27	1	52	1500	1
14	1	18	850	0	28	1	56	1800	1

第十四章

结构方程模型在旅游研究中的应用

【本章导读】

随着计算机统计软件技术的多元化与易操作化，使多元统计分析方法在旅游定量研究中地位日益突出，多元统计分析方法逐渐成为旅游研究中不可或缺的重要分析工具。本章主要介绍了结构方程模型方法在旅游业中的应用。当然，本章仅仅对结构方程模型的原理和应用进行了简要的介绍，读者如果对这种方法感兴趣，可以进一步参阅相关教材或专著。

第一节　结构方程模型的原理

结构方程模型是目前西方社会科学研究中最为热门的一类模型。该模型之所以得到广大旅游科学学者的青睐，主要是因为它可以描绘复杂的因果关系，这对于研究错综复杂的旅游现象非常合适。近几年结构方程模型开始逐渐应用于旅游研究中，这为完善旅游研究，尤其是旅游有效供给的深入广泛研究提供了技术支撑。传统的统计分析模型通常把变量分为自变量和因变量两部分，人们希望用自变量来解释因变量。这类模型的背后通常假定自变量是原因，而因变量是由这些原因导致的结果。事实上，变量之间的关系要远比这复杂。比如，各自变量之间可能存在因果关系，因变量也可能是某个或某几个自变量的原因，各变量之间的关系有直接的也有间接的，等等。而传统的回归模型无法描述这样复杂的关系。可以描述这种关系的初期模型是路径分析（Path Analysis）。除了路径分析以外，因子分析以及由计量经济学产生的联立方程模型（Sinultaneous Equation Model），最终成为结构方程的三个主要来源。而 LISREL 和 Amos 软件的出现导致了结构方程模型的普及。

整个方程是由一个方程系统组成的。方程包括随机变量、结构参数，有时还包括非随机变量。随机变量包括三类：潜在变量、观测变量和误差变量。变量之间是通过结构参数联系起来的。结构参数是常量，它提供变量之间因果关系的解释。该方程系统包括两个主要的子系统：潜在变量模型和测量模型。

1　潜在变量模型

潜在变量模型包括所有反映潜在变量关系的结构方程。这部分也被称为结构方程或因果模型。比如，有下面的模型：

$$\eta_1 = \gamma_{11}\eta_1 + \xi_1$$
$$\eta_2 = \beta_{21}\eta_1 + \gamma_{21}\xi_1 + \xi_2$$

式中：η 为内生潜在变量，η 为外生潜在变量，γ 和 β 表示回归系数，ζ 表示随机扰动。将上式写成矩阵的形式为：

$$\eta = B\eta + \Gamma\xi + \zeta$$

该模型的假设是：E（η）=0，E（ξ）=0，E（ζ）=0，ζ 与 ξ 无关，(1 – B)是可逆的。

2　测量模型

测量模型的目的是将观测到的变量和潜在变量联系起来。有下面的关系：

$$x_1 = \lambda_1\xi_1 + \delta_1$$
$$x_2 = \lambda_2\xi_2 + \delta_2$$
$$y_1 = \lambda_3\eta_1 + \varepsilon_1$$
$$y_2 = \lambda_4\eta_2 + \varepsilon_2$$
$$y_3 = \lambda_5\eta_3 + \varepsilon_3$$

将上式写成矩阵的形式为：

$$x = \lambda_x\xi + \delta$$
$$y = \lambda_y\eta + \varepsilon$$

该模型的假设是：E（η）=0，E（ξ）=0，E（δ）=0，E（ε）=0，η 与 ε，ξ 和 δ 无关。

3　参数识别

在模型中 x 和 y 是已知的，其他参数是需要求出来的。那么，是否每个参数都可以被求出来，与此同时是否求出的参数是唯一的，这些在解方程之前就需要搞清楚。这是方程的识别问题。方程识别有很多方法，比如，t 规则，B = 0 规则，反身规则，次序条件和秩条件。

4　参数估计

参数估计是基于使被隐含的协方差矩阵与样本协方差矩阵的距离最小，即 $\sum(\theta) - S = \min$，最终求出 $\sum(\theta)$ 的估计值。一般来说，先构造一个拟合函数 $F(S, \sum(\theta))$，然后求该函数的极值。参数估计通常有三种办法，最常用的是极大似然估计方法，除此之外还有非加权最小二乘和广义最小二乘方法。

5　方程拟合的有效性评价

在参数估计出来以后，人们还要对其结果的合理性和有效性做出评价。评价方法也有很多种。最普通和简单的方法是分析残差，另外还有卡方检验、增量拟合指数（Δ_1，Δ_2，ρ_1，ρ_2）、拟合优度指数（GFI）和调整的拟合优度指数（AGFI），以及 CN 统计量。方程拟合是否有效，各指标有其各自的标准。

结构方程模型是因子分析模型、路径分析模型和联立方程模型共同组合的结果。这些模型在旅游研究中也得到了广泛的应用。尽管这些方法看起来是独立的，但是结构方程综合了以上各类方法，所以在对旅游现象的分析中，它比其他方法更具有优势。最后要说明的一点是，结构方程模型往往有很强的随意性。由于人们不可能一开始就对所研究复杂的旅游关系有准确的认识，所以往往模型的拟合不会一次通过，而且需要研究者进一步修改模型。模型的修改过程不仅取决于研究者对问题本质的认识，也取决于如何使拟合结果能够给予通过。当然，前面所描述的只是结构方程模型中最基本的形式，即线性结构方程模型。实际上，近 10 年来结构方程已经可以应用非线性方程或分类数据的情况；同时，它还可以用于对纵向数据和分层数据的分析。这些发展使结构方程模型能得到更为广泛和更为有意义的应用。

第二节　利用 AMOS 进行结构方程模型分析

引导案例

北京星巴克咖啡连锁店服务品质、顾客满意度和忠诚度路径关系研究

对于咖啡服务性连锁企业来说，提升服务品质，提高竞争能力，积累好的口

碑，让顾客感到满意，进而产生顾客忠诚，是企业获得利润并在市场竞争中保持优势的有效途径。为此，以北京星巴克咖啡连锁店为例，我们按照多阶段抽样的原则，从北京地区 110 家星巴克咖啡店中随机抽取 8 家门店进行调查，这 8 家门店分别是北京市建国门店、新东安店、北京首都国际机场 3 号店、丽都店、友谊店、威新店、中关村家乐福店、国贸店，共发放量表 300 份，回收 300 份，经过审核整理后，其中有效量表 283 份。调查量表共分三个部分：第一部分为服务品质量表，第二部分为整体满意度量表，第三部分为忠诚度量表；量表采用李克特式五点尺度来衡量。我们运用结构方程模型来研究顾客服务品质、满意度和忠诚度之间的关系。

表 14.2－1 服务品质量表的信度与结构效度分析

因素名称	题项	因素载荷系数	旋转后的解释方差（%）	α信度
人员互动	服务人员的态度和热忱	0.789	14.500	0.911
	处理顾客抱怨	0.788		
	结账的正确性	0.762		
	服务速度	0.744		
	服务人员的专业度	0.692		
	提供相关咖啡信息	0.582		
店内设施与氛围	店内现场音乐与气氛	0.792	13.309	0.914
	装潢颜色组合具有吸引力	0.767		
	整体环境的舒适感	0.750		
	店内的摆设	0.740		
	内部灯光亮度	0.546		
	内部温度的控管	0.519		
餐点服务	非咖啡饮品或餐点的新鲜度	0.774	11.858	0.894
	非咖啡饮品或餐点质量的稳定程度	0.768		
	非咖啡饮品或餐点种类的多样化选择	0.753		
	非咖啡饮品或餐点新鲜	0.680		
	糕点或餐点口味	0.619		
咖啡服务	咖啡豆的新鲜程度	0.751	10.793	0.873
	咖啡口味	0.701		
	咖啡质量的稳定程度	0.663		
	咖啡种类的多样化选择	0.629		
	咖啡的容器风格与造型设计	0.458		

续表

因素名称	题项	因素载荷系数	旋转后的解释方差(%)	α信度
便利性	有折价优惠的提供	0.751	9.709	0.783
	没有各种促销活动	0.709		
	建筑物外观有艺术感	0.656		
	无法提供停车位	0.615		
	周遭环境佳	0.559		
整体装潢	座位狭窄	0.767	9.42	0.86
	走道宽敞	0.747		
	洗手间不干净	0.703		
	洗手间有卫生纸及擦手纸	0.698		
合计			69.589	0.96

量表的信度如表14.2－1所示，量表整体信度0.96，量表各个因素信度均大于0.78以上，量表的信度良好。通过对量表数据进行探索性因子分析，KMO＝0.931，特征根值大于1的因素有6个，旋转后共解释方差69.6%，因素载荷系数0.6以上，表明适合运用因子分析方法，量表内部具有较高的结构效度。

顾客整体满意度量表由3道题目构成，即“整体而言对星巴克感到满意”、“整体上对星巴克形象感到满意”、“整体上对星巴克服务氛围感到满意”。量表α信度系数为0.862，表明信度比较好。量表α信度系数为0.862，表明信度比较好。对量表进行主成分分析，KMO值为0.667，可以解释71.3%的信息，表明量表的效度一般，但仍是可以接受的。

顾客忠诚度量表从顾客重复购买和向他人推荐两个方面来设计顾客忠诚度量表，共由5道题目构成，即“我一般不会选择到除星巴克外的其他咖啡店消费”、“我愿意成为星巴克的长期会员”、“我会向其他人宣传星巴克的优点”、“会把这间店介绍给亲朋好友”、“如果其他咖啡店价格较便宜会换店消费”。量表α信度系数为0.714，表明信度可以接受。对量表进行主成分分析，KMO值为0.783，可以解释73.226%的信息，表明量表的准确性是可以接受的。

运用AMOS软件进行作图（图14.2－1）：

- 打开AMOS在主界面中左侧面板中点选各种作图工具，在软件右侧框中制作服务品质、顾客满意度与忠诚度关系图，如图14.2－1所示。

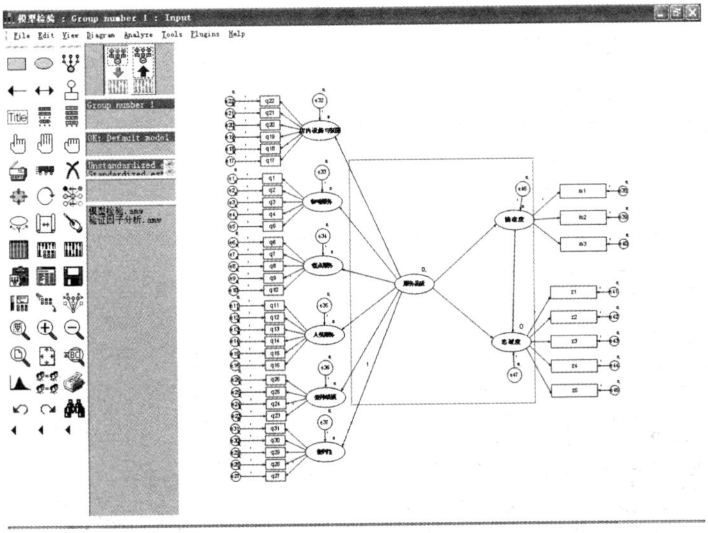

图 14.2－1　服务品质、顾客满意度与忠诚度关系图

- 点击 AMOS 左侧面板中 select date file（s）图标，显示图 14.2－2，点击 File Name，选择我们的数据文件，然后点击 OK。

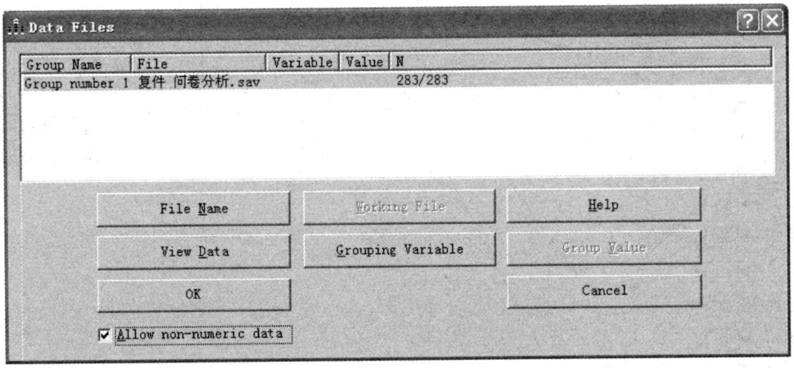

图 14.2－2　选取数据文件

- 点击 AMOS 左侧面板中 Calculate estimates 图标，则可以计算出模型的结果，其结果如下：

表 14.2－2 模型拟合指标

预设模型指标	NFI	RFI	IFI	TLI	CFI	RMSEA
指标系数	0.799	0.744	0.873	0.855	0.871	0.07

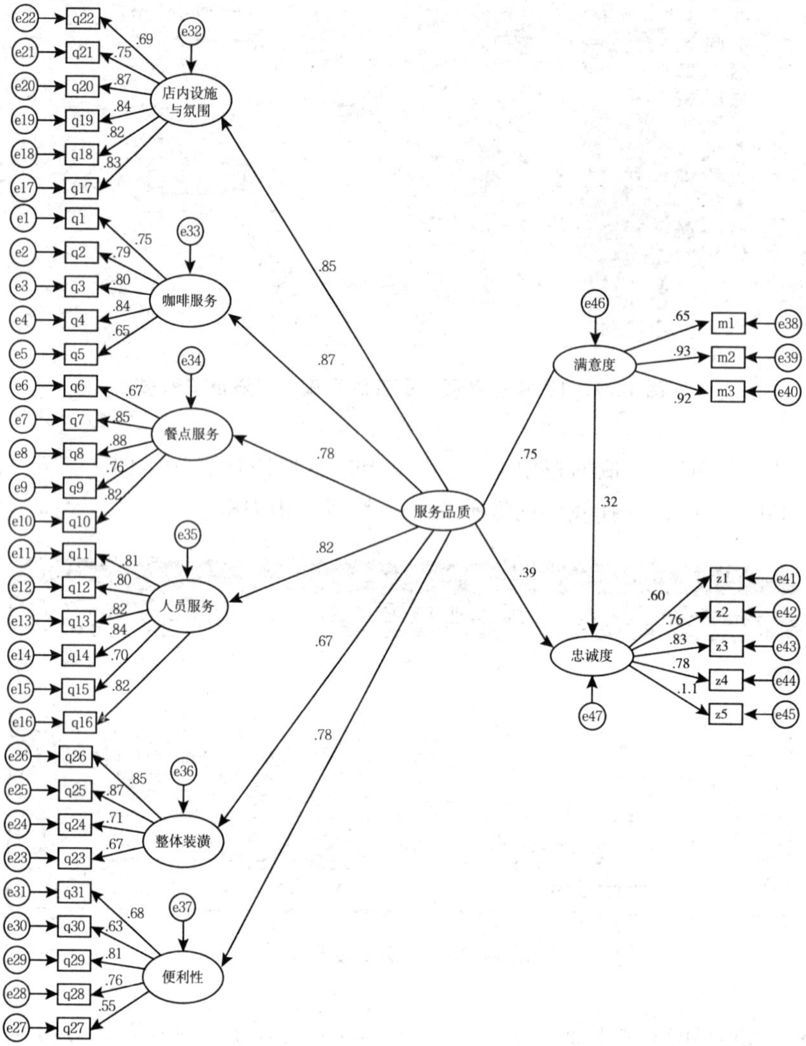

图 14.2－3 服务品质、顾客满意度与忠诚度关系模型

注：各条路径系数 **p＜0.001**。

如表 14.2－2 所示，模型拟合指标 NFI、RFI、IFI TLI、CFI 指标基本上介于 0.7 和 1 之间，RMSEA 指标接近 0.05，表明模型整体拟合可以接受。图 14.2－3 说明了星巴克咖啡连锁店服务品质、顾客满意度与忠诚度之间的关系。从图中可以看出咖啡店服务品质与顾客满意度之间标准化路径系数值为 0.75，直接效应为 0.75，其影响总效应为 0.75，表明咖啡店服务品质直接正向影响顾客满意度。而咖啡店服务品质与顾客忠诚度之间的直接效应为 0.39，间接效应为 0.75 * 0.32 =0.24，则总效应为 0.63，表明咖啡店服务品质正向影响顾客忠诚度，其中服务品质直接影响顾客忠诚度的效应大于通过满意度间接影响的效应。从图中可以看出顾客满意度与顾客忠诚度之间的直接效应为 0.32，总效应为 0.32，说明顾客满意度正向影响顾客忠诚度。通过上述咖啡店服务品质对顾客满意度与忠诚度的影响分析，我们发现，服务品质对咖啡店顾客满意度与忠诚度的影响比较大。从上述的总效应分析可以看出，服务品质是提高连锁咖啡店的顾客满意度与忠诚度的关键，服务品质尤其对满意度的影响最大（影响的总效应为 0.75）。

【思考题】

1. 简述结构方程模型的原理。
2. 结构方程模型和因子分析与多元线性回归模型的关系是什么？

第四部分

旅游调查研究实践

第十五章

旅游业影响力分析

【本章导读】

旅游业的影响力涉及诸多方面，其中，最重要的当属旅游业对就业的极大贡献；此外，还有对收入、投资、产业结构优化等方面的贡献。这些问题既是地区经济发展中的热点问题，也是广大旅游企业立足与前行所不容回避的重要方面。本章着力介绍了旅游业容纳就业的各类分析指标，并完整诠释和呈现了华森纳——旅游业地区影响力模型的分析过程。

第一节　旅游业容纳就业的指标分析

1　旅游就业岗位

旅游就业岗位指从事旅游产品生产的岗位，是能够反映旅游业的发展水平的因素之一。包括专职、兼职和自主独立经营等，在进行旅游就业人数统计时，只统计直接从事旅游活动的人员，不统计间接从事旅游活动的人员。

2　年末旅游从业人员

年末旅游从业人员指年度末由旅游企业支付工资的各类职工，包括正式职工、合同制职工、临时工、计划外用工等。

3　弹性就业

弹性就业是指不限时间、不限收入、不限场所的灵活多样的就业形式。它是相对于全日制就业形式而言的。弹性就业包括非全日制就业、临时就业（如短期就业、季节就业、承包就业、传呼就业、独立就业)、派遣就业(雇佣型派遣就业和登记型派遣就业)、钟点工等。目前我国旅游业已广泛存在着弹性就业现象，比如已经考取导游员资格证的人员均可算在旅游业内弹性就业。

4　阶段性就业

阶段性就业是指在劳动者的职业生涯中，自愿退出社会劳动一个阶段后，再参加社会劳动的一种就业形式，它是与终生就业相对应的。我国目前旅游业中也存在着在职人员脱产上学，实际上就是阶段性就业的一种形式。近年来，一些专家学者提出妇女在生育期和幼儿成长期可以在家承担哺育子女，而暂时退出社会劳动，待子女上幼儿园或上学后再去社会上就业的观点，这也是阶段性就业的重要形式之一。

5　非正规部门就业

非正规部门就业也称非正规就业，这是20世纪70年代初由国际劳工组织正式提出的概念。非正规部门主要是指规模很小的从事商品生产、流通和服务的单位。主要包括微型企业、家庭的生产服务单位及独立的个体劳动者。国际劳工组织在《1991年局长报告：非正规部门的困境》中，进一步将非正规部门定义为“发展中国家城市地区那些低收入、低报酬、无组织、无结构的很小的生产规模的生产或服务单位”。在非正规部门就业的劳动者则称为非正规就业，有的学者称其为“分散性就业”。

从这个定义出发可以看出，我国城乡大量存在的私营和个体劳动者都属非正规就业。而且随着旅游经济进一步搞活，非正规就业人员还会大量增加，从而成为我国就业大军中的重要组成部分。比如在广大农村搞民俗旅游的“农家乐”经营户。

6　不充分就业

不充分就业又称就业不足。我国在1995年就确定了不充分就业的统计定义。不充分就业是指非个人原因，在调查周内工作时间不到标准工作时间的一半(即20小时)，并愿意从事更多工作的人员。在实际操作中，判断不充分就业人员的标准有三条：一是调查周内工作时间不到标准时间的一半，即不到20小时；二是工作时间短是非个人原因；三是愿意从事更多的工作。这三条必须同时具备才能统计为不充分就业人员。目前，国内外也有学者认为只要“愿意从事更多的工作”的人员就应视为不充分就业人员，然而这样定义是否涉及面过宽，尚需慎重界定。

弹性就业、阶段性就业、非正规就业和不充分就业是相互交叉的，它们是从不同角度对就业人员所进行的观察。如一个家庭小时工，从就业地点上看可能是弹性就业人员；从就业时间上看可能是阶段性就业人员；从就业单位上看可能是非正规就业人员；从工作量和收入上看又可能是不充分就业人员。在统计分析中，我们可以根据不同需要对就业人员进行不同角度的分析，从而使劳动力分析更具广度和深度。

7　旅游核心产业就业人数

旅游核心产业就业人数即为旅游直接就业。目前，我国旅游统计中公布的旅游直接就业人数，包括旅游住宿设施（星级饭店、社会旅馆、个体旅馆等）、旅行社、旅游景区（点）和旅游车船公司等其他企事业单位，这一统计口径与国际上对“旅游直接就业”的统计相符。

8　旅游特征产业就业

旅游特征产业就业是指在旅游特征产业从事就业。旅游特征产业包括 13 个行业：旅行社业及类似机构、旅馆业及类似设施、餐饮业、娱乐服务业、零售业、铁路客运业、航空客运业、水上客运业、公路客运业、公共设施服务业（市内公共汽电车业、出租汽车业、轨道交通业、市内轮渡业、其他市内交通业、风景名胜区管理业、园林绿化业、自然保护区管理业、环境卫生业、市政工程管理业等）、租赁服务业、邮电通信服务业、文化服务业。

这些行业具有两个显著的特征：首先，它们都是直接为游客服务，形成完整的旅游服务系统；其次，这些行业都是旅游对这些行业的就业贡献大，都超过了 10%。

9　旅游经济就业

旅游经济就业也叫全部旅游就业，是指由旅游服务业及其直接、间接相关的行业部门共同构成的综合性产业，即是一个由众多行业链组成的产业群体。

10　综合就业系数

综合就业系数模型：

$$E_j = L_j + \sum_{i=1}^{n} L_i a_{ij} + \sum_{s=1}^{n}\sum_{i=1}^{n} L_s a_{si} a_{ij} + \sum_{t=1}^{n}\sum_{s=1}^{n}\sum_{i=1}^{n} L_s a_{ts} a_{si} a_{ij} + \cdots \qquad \text{（公式 15.1 – 1）}$$

式中：E_j 为 j 部门对劳动力的完全需要系数，也就是在 j 部门的就业系数，即为综合就业系数；L_j 为 j 部门单位产值所占用的劳动力人数，即为就业系数；a_{ij}为直接消耗系数，它反映在第 j 个部门单位产品生产过程中所消耗的第 i 个部门产品的数量。

综合就业系数反映最终需求与就业之间的完全联系，即增加最终需求一个单位而获得的直接和间接增加的就业人数。

11　旅游就业乘数

第一种界定：旅游就业乘数是用来说明单位旅游消费所带来的完全就业机会数量的变动。

第二种界定：旅游就业乘数是单位旅游消费所带来的全部就业人数，即直接就业人数与间接就业人数之和。

第三种界定：旅游就业乘数是单位旅游消费所带来的全部就业人数同直接就业人数的对比。

目前我国采用的是第二种界定，即：

旅游就业乘数 = 旅游拉动的全部就业人数 / 直接就业人数

过去的说法是一个在旅游业直接就业（在旅游核心产业的就业）的机会，可以拉动 5 个一般就业机会。而根据世界旅游与旅行理事会（WTTC）的测算，一个在旅游业直接就业（在旅游特征产业的就业）的机会，可以拉动 3.77 个一般就业机会。旅游业不仅就业容量大、门槛低和就业方式灵活，而且具有比较大的就业拉动乘数。根据世界旅游及旅行理事会（WTTC，Word Travel & Tourism Council）2013 年的报告，2012 年旅游业直接（direct）、间接（indirect）和引致（induced）就业的总量达到 2.6 亿人，旅游就业乘数达到 2.6。全球平均每 11 个就业中就有 1 个就业与旅游有关。

第二节　华森纳——旅游业地区影响力模型分析

1　华森纳——旅游业地区影响力模型分析的前提

1981 年，美国学者华森纳（Wassenar）提出了分析旅游业地区影响力的模型，它是通过对旅游者和旅游经营者的调查，利用第一手资料直接评估旅游者在一个地区内的消费状况，以及由此而创造的就业机会等。该模型以旅游者的住宿类型和花费情况为重点，通过一系列分析和计算，测定旅游业的工资收入水平和提供的就业岗位。之所以采用以住宿和花费作为切入点，华森纳认为是基于两方面原因：一是旅游者用于住宿上的花费一般都是旅游消费的大头（国外交通花费通常比住宿花费低）；二是尽管商业性住宿是一个极为模糊的概念，但它至少是用以区分旅游者和当地居民时最有用的指标。当然，要正确使用旅游业地区影响力模型，还要注意以下几点要求：

正确地确定所研究区域的地理边界。为了方便研究，通常以行政区划或人口聚集区为单位，将该区域内所有已建成并投入接待经营的住宿点都纳入研究范围，包括宾馆、酒店、汽车旅馆、客栈、旅游中心和别墅等。同时，为了防止因注重住宿而忽略对旅游者白天中的消费，还应注意对一日游游客数量的测定。具体方法是以旅游目的地 100～150 公里以内的当地居民的人口普查资料为基础，调查该范围内当地居民的旅行和消费模式，从而掌握一日游游客的消费情况。

注意对探亲访友而留宿个人家庭的游客数量的估测。通常，在一般旅游统计中会因强调商业性住宿而疏漏那些留住在朋友和亲戚家中的、以探亲访友为目的的旅游者。据加拿大统计机构估计，在加拿大大约有 1/3 的旅游者是留宿在个人家中。因此，尽管留宿个人家中的旅游者消费水平一般都低于入住商业性住宿设施的旅游者，但也不能忽视对这些人的统计，应该将对这一部分旅游者的调查结果纳入整个分析中，并正确、客观地反映。

旅游业地区影响力模型的适用问题。旅游业地区影响力模型只适用于对旅游目的地区域内的旅游者花费情况的估测，而不能用于航空、陆路等长途交通费用的估计。这并不是模型本身有何缺陷，而是模型的构造已明确界定旅游者花费必须是在旅游目的地区域内的，长途交通花费涉及跨区域，甚至区域外的花费，已不是用旅游业地区影响力模型所能涵盖和分析的。

2 华森纳——旅游业地区影响力模型

旅游业地区影响力模型的分析数据主要来自对旅游者和旅游经营者的调查。

2.1 对旅游住宿设施进行调查

通常，为了提高分析研究的准确性，需要对确定区域内的旅游住宿设施进行普查。但如果旅游住宿点数量较多且分布广，也可以采取抽样调查方法，建立样本点。然后按照一定时间分别收集有关每间客房平均入住的游客数量、平均客房出租率、平均房费、游客平均停留时间等信息，作为模型分析的基础资料。此外，也可以同时收集有关客源地结构、旅游景点结构等数据，为旅游影响力的全面分析提供相应的数据资料。

2.2　计算入住营业性住宿设施的旅游者人数

根据普查或抽样调查的数据资料，就可以计算入住营业性住宿设施的旅游者人数，其计算模型为：

$$E_p = \sum_{i=1}^{n} \frac{365A_i \cdot r_i \cdot \bar{p}_i}{D_p} \qquad \text{（公式 15.2－1）}$$

式中：E_p 为入住营业性住宿设施的旅游者估计值，n 为旅游业内行业数，A_i 为 i 类住宿设施所提供的客房总数，r_i 为 i 类住宿设施平均客房出租率，$\bar{p}_i$ 为 i 类住宿设施平均每间客房入住游客数，D_p 为游客平均停留时间。

计算时，可先计算出每一类住宿设施入住旅游者估计值，再将其加总即可得到所有营业性住宿设施的旅游者总人数。如果考虑到季节性差异，则可以先分别计算各季的数据，再加总全年的总数，结果就会更准确。

2.3　计算所有住宿设施的入住旅游者总人数

在实际中，由于尚有一部分旅游者入住个人家庭，因而根据营业性住宿设施入住比重，即可算出所有住宿设施（包括营业性和家庭在内）的入住旅游者总人数，其计算模型为：

$$TE_p = \frac{E_p}{i_{E_p}} \qquad \text{（公式 15.2－2）}$$

式中：TE_p 为入住所有住宿设施的旅游者总人数，i_{E_p} 为入住营业性住宿设施旅游者人数比重估计值。

2.4　计算年住宿总收入

根据以上计算结果，即可计算年住宿总收入。但考虑到入住个人非营业性家庭一般是探亲访友游客（这部分游客的数量是比较有限的，特别是在中国），通常不付住宿费用，因而主要计算入住营业性住宿设施的费用。其计算模型为：

$$S_h = \bar{C}_p \cdot \frac{E_p}{\bar{P}} \qquad \text{（公式 15.2－3）}$$

式中：S_h 为年住宿总收入，$\bar{C}_p$ 为平均每间客房的一次住宿花费，即：

$$\bar{C}_p = \bar{C}_h \cdot D_p \quad \text{（公式 15.2-4）}$$

式中：$\bar{C}_h$ 为平均房价。

2.5　游客消费构成调查

根据对旅游住宿调查和计算所获得的代表性数据资料，对游客的消费构成进行调查和测算，消费构成包括住宿、饮食、交通、景点门票、购物、娱乐等花费。然后分别计算每一项消费支出额，并将其与住宿收入进行比较，通过计算相对指标，即可了解游客平均花费在住宿上每一元钱而导致在其他方面的花费对比值。即“与住宿的比较系数”——以住宿花费为基数而计算出的各项花费与住宿的比较相对指标。

2.6　计算旅游业的工资支出及就业岗位

利用人口普查资料，首先计算出游客消费的每个行业的收入工资率和年度平均工资水平，就可以计算出旅游业的工资支出；再根据工资支出和各行业的平均工资水平，即可以进一步测算旅游业提供的就业机会，从而看出旅游业对拉动当地就业、增加和促进收入水平提高方面的影响力大小。

该指标的数值越大，表明该项消费提供行业及其相关上、下游行业的工资支出总额就越高，在这些领域可容纳的就业人数就越多；反之，亦然。具体计算模型如下：

收入工资率：

$$r_{wi} = \frac{W_i}{S_i} \times 100\% \quad \text{（公式 15.2-5）}$$

式中：r_{wi} 为 i 行业的收入工资率，W_i 为 i 行业的员工工资支出额，S_i 为 i 行业的旅游收入额。

旅游业工资支出总额：

$$TW = \sum_{i=1}^{n} S_i \cdot r_{wi} \quad \text{（公式 15.2-6）}$$

式中：TW 为旅游业工资支出总额。

旅游业容纳就业人数：

$$E_t = \sum_{i=1}^{n} \frac{W_i}{\overline{W}_i} \qquad \text{（公式 15.2－7）}$$

式中：E_t 为旅游业容纳就业人数，$\overline{W}_i$ 为 i 行业的平均工资水平，n 为旅游业内行业数。

3　华森纳——旅游业地区影响力模型分析的案例操作

根据旅游业地区影响力模型理论，我们对某地区的旅游业影响力进行了调查，并根据调查资料进行了影响力模拟分析。

3.1　该地区旅游业住宿设施情况调查

表 15.2－1　某地区旅游业住宿设施情况

分　类	客房数（间）	比重（%）	出租率（%）	平均房价（元/间天）	平均每间客房入住人数（人）	游客停留时间（夜/人）
三星级及其以上星级饭店	1200	47.81	65	800	1.5	3
经济型饭店	700	27.89	86	100	3	4
社会旅馆	450	17.93	35	50	4	2
“农家乐”式的家庭旅馆	160	6.37	55	40	4	2
∑	2510	100.00	—	—	—	—

3.2　根据模型计算该地区入住营业性旅游住宿设施的游客人数

先分别计算各种类型住宿设施的入住游客数，再汇总计算该地区总的入住游客数。

①三星级及其以上星级饭店入住游客数。

$$E_{p_1} = \frac{365A_1 \cdot r_1 \cdot \overline{p}_1}{D_{p_3}} = 365 \times 1200 \times 65\% \times 1.5/3 = 142350\text{（人次）}$$

②经济型饭店入住游客数。

$$E_{p_2} = \frac{365A_2 \cdot r_2 \cdot \overline{p}_2}{D_{p_3}} = 365 \times 700 \times 86\% \times 3/4 = 164798\text{（人次）}$$

③社会旅馆入住游客数。

$$E_{p_3} = \frac{365A_3 \cdot r_3 \cdot \overline{p}_3}{D_{p_3}} = 365 \times 450 \times 35\% \times 4/2 = 114975\text{（人次）}$$

④“农家乐”式的家庭旅馆入住游客数。

$$E_{p_4} = \frac{365A_4 \cdot r_4 \cdot \overline{p}_4}{D_{p_4}} = 365 \times 160 \times 55\% \times 4/2 = 64240(\text{人次})$$

全部营业性住宿设施入住游客总数。

$$E_p = \sum_{i=1}^{4} E_{p_i} = 142350 + 164798 + 114975 + 64240 = 486363(\text{人次})$$

3.3 计算该地区全部（包括非营业性）住宿设施入住游客总数

华森纳曾对加拿大历史数据进行计算，得到入住营业性住宿设施的游客占全部住宿游客数的67%。而我国则有不同的国情，即目前家庭的居住面积还普遍较小，接待客人入住的能力是非常有限的；另外游客可以从旅行社那里拿到非常低廉的房价。根据我国专家的调查与判断，入住营业性住宿设施的游客约占全部住宿游客数的85%左右。据此，可计算该地区全部住宿设施入住游客总数：

$$TE_p = \frac{E_p}{i_{E_p}} = 486363/85\% = 572192(\text{人次})$$

3.4 该地区游客消费结构调查

根据对游客消费的抽样调查，我们可以得到游客消费构成，即包括一次出游用于住宿、饮食、交通、景点门票、购物、娱乐等方面的平均花费。然后分别计算其每一项消费支出额，并将其与住宿收入进行比较。通过计算相对指标，可以了解游客平均花费在住宿上每一元钱而导致在其他方面的花费对比值，即“与住宿的比较系数”——以住宿花费为基数而计算出的各项花费与住宿的比较相对指标（表15.2-2）。

表15.2-2 某地区游客消费结构与比较系数表

消费分类		住宿	餐饮	交通	景点门票	购物	娱乐
三星级及其以上星级饭店	人均次消费额(元)	2400	650	1200	600	980	1100
	与住宿的比较系数	1.00	0.27	0.50	0.25	0.41	0.46
经济型饭店	人均次消费额(元)	400	90	700	800	700	450
	与住宿的比较系数	1.00	0.23	1.75	2.00	1.75	1.13
社会旅馆	人均次消费额(元)	100	25	450	200	30	10
	与住宿的比较系数	1.00	0.25	4.50	2.00	0.30	0.10
“农家乐”式的家庭旅馆	人均次消费额(元)	80	20	35	40	35	5
	与住宿的比较系数	1.00	0.25	0.44	0.50	0.44	0.06

计算该地区游客的旅游消费支出总额。

①计算该地区游客住宿消费支出总额。以计算该地区三星级及其以上星级饭店的游客住宿消费支出总额为例：即某类住宿设施接待游客的人均一次住宿消费额与其入住的游客数之乘积，再跟该类住宿设施平均每间客房入住游客人数的比。详细计算如下：

$$S_{h_1} = \bar{C}_{p1} \cdot \frac{E_{p1}}{\bar{p}_1} = 2400 \times 142350/(1.5 \times 10000) = 22776(\text{万元})$$

其他各类住宿设施接待游客住宿消费支出总额的计算，详见表 15.2－3。

表 15.2－3 各类住宿设施接待游客住宿消费支出总额计算

分类	人均次消费额(元)	入住的游客数(人次)	平均每间客房入住人数(人)	住宿消费支出总额(万元)
三星级及其以上星级饭店	2400	142350	1.5	22776.00
经济型饭店	400	164798	3	2197.31
社会旅馆	100	114975	4	287.44
“农家乐”式的家庭旅馆	80	64240	4	128.48

②计算该地区游客各类消费支出总额。以计算该地区三星级及其以上星级饭店的游客餐饮消费支出总额为例：即三星级及其以上星级饭店的游客住宿消费支出总额乘以餐饮与住宿比较系数的乘积。详细计算如下：

该地区三星级及其以上星级饭店的游客餐饮消费支出总额＝22776×0.27＝6149.52（万元）

游客的其他各类消费支出额及旅游消费总额的计算，详见表 15.2－4。

计算结果表明，该地区游客各类消费支出总额为 85781.72 万元，详见表 15.2－4。

3.5 计算该地区旅游业年度工资总额及其可容纳的就业岗位数

根据该地区人口普查资料，可以测算出各类行业的收入工资率。（近几年来，由于用工制度的改革，在我国的某些地区从事旅游业的人员中，存在着收入工资率下降的趋势。）然后，再与各行业分类消费额相乘，即可以得到各行业年度工资支出额及旅游工资总支出；最后，再用分行业工资支出额与其年度人均工资水平相除，即可测算出各部门及整个旅游业所提供的旅游就业岗位。

以住宿为例，收入工资率为 0.11，该项旅游消费收入为 25389.2 万元，人均年工资水平为 2.28 万元，那么该地区住宿业可容纳的就业人数＝0.11×25389.2÷2.28＝1225（人）。

表 15.2－4 游客各类消费支出及地区旅游消费总额一览

消费分类		住 宿	餐 饮	交 通	景点门票	购 物	娱 乐	Σ
三星级及其以上星级饭店	酒店消费支出总额(万元)	22776.0	**6149.52**	11388.0	5694.0	9338.2	10477.0	**65822.72**
	与住宿的比较系数	1.0	**0.27**	0.5	0.3	0.4	0.5	—
经济型饭店	消费支出总额(万元)	2197.3	505.4	3845.3	4394.6	3845.3	2483.0	**17270.90**
	与住宿的比较系数	1.0	0.2	1.8	2.0	1.8	1.1	—
社会旅馆	消费支出总额(万元)	287.4	71.9	1293.5	574.9	86.2	28.7	**2342.6**
	与住宿的比较系数	1.0	0.3	4.5	2.0	0.3	0.1	—
"农家乐"式的家庭旅馆	消费支出总额(万元)	128.5	32.1	56.5	64.2	56.5	7.7	**345.50**
	与住宿的比较系数	1.0	0.3	0.4	0.5	0.4	0.1	—
Σ		**25389.2**	**6758.92**	**16583.3**	**10727.7**	**13326.2**	**12996.4**	**85781.72**

其他各类就业人数计算详见表 15.2－5。

表 15.2－5 某地区旅游业可容纳就业人数测算

分 类	住 宿	餐 饮	交 通	景点门票	购 物	娱 乐	Σ
消费支出总额(万元)	25389.2	**6758.92**	16583.3	10727.7	13326.2	12996.4	**85781.72**
收入工资率(%)	0.11	0.1	0.12	0.15	0.16	0.18	—
人均年薪(万元)	2.28	2.08	4.31	3.64	4.1	4.42	—
可容纳就业人数	1225	**325**	462	442	520	529	**3503**

计算结果表明该地区旅游业可容纳的就业岗位总数为 3503 人，详见表 15.2－5。

【思考题】

1. 怎样利用综合就业系数模型计算与分析旅游综合就业状况？
2. 华森纳——旅游业地区影响力模型的使用前提是什么？
3. 旅游业影响力主要体现在哪些方面？

第十六章

旅游经济景气指标及其预警系统

【本章导读】

2009 年的世界旅游业，受到 2008 年国际金融危机的影响，以及全球蔓延的甲型 H1N1 流感的肆虐，进入了新一轮的衰退期中。直到 2009 年 10 月，中国旅游业在国庆、中秋长达 8 天的“黄金周”假期的带动下再创佳绩。而与此同时，世界经济也“触底回暖”，出现了向好的迹象。那么，“底”在哪里？“拐点”何时来临？怎样进行旅游景气分析？如何进行旅游危机预警？本章有关旅游经济景气指标及其预警系统的理论与事例，将帮助大家了解上述问题。

第一节　旅游经济波动及其景气分析

1　经济景气

经济景气的测定与描绘是伴随着市场经济运行的周期波动发展起来的，也可以称之为经济气象报告。经济景气的测定与描绘类似于医生对某人健康状况的诊断，类似于气象员对天气晴好程度的判定。因此，经济景气的测定与描述对于了解目前经济运行中存在的问题及今后的发展趋势具有基础性的作用。

经济景气监测预警体系，是利用一系列经济指标建立起来的经济“晴雨表”或“报警器”。它之所以能像“晴雨表”或“报警器”那样发挥监测和预警的作用，是因为经济本身在客观上存在着周期波动；在经济波动过程中，经济运行中的一些问题可以通过一些指标率先暴露或反映出来。为了满足宏观经济管理的需要，探求经济周期波动规律，西方经济统计学家们早在一个世纪以前就开始了经济景气监测预警的研究工作。从19世纪末到20世纪70年代，经过半个多世纪的不懈努力，经济景气监测预警体系得以不断充实和完善，并为世界各国所熟悉。

从内涵上看，经济景气是经济运行过程中的一种态势。这种态势表明经济运行的稳定、协调、有效。所谓稳定是指经济运行的总体速度不应过慢，也不宜过快；所谓协调是指经济运行的各个部分之间是相互配合的；所谓有效是指经济运行的质量高（如各种经济效益、生态效益、社会效益等）。总体来看，经济景气反映经济作为一个生物体的健康活力。经济不景气，表示经济作为一个生物体的健康不佳，如患病、受伤等。经济景气的特点在于非持续性，经济景气与不景气总是周期地交替。

从外延上看，经济景气可以分为宏观经济景气与微观经济景气及中观经济景气；地区经济景气与产业经济景气；长期经济景气与短期经济景气；自然经济景气与人为经济景气；外生经济景气与内生经济景气；客观经济景气与主观经济景气（主观经济景气采用民意调查法确定，虽不属于严格的景气研究范围，但前景看好）；高度经济景气与低度经济景气，等等。

1.1 经济景气测定

测定经济景气是有一定难度的，这种测定不仅要看外表，而且要看内部，不仅要看局部，而且要看整体。这种测定在不同地区、不同时期，甚至不同学者、不同专家之间均是不同的。从理论上讲，经济景气应该抓住经济系统的主要部位，选择关键的经济指标。

西方学者对经济景气的测定研究创始于19世纪末20世纪初。最早是法国与英国的统计学者、经济学者借鉴数学、生物学方法对经济波动进行测定，制定经济晴雨表，但学术界公认对经济景气进行系统研究的还是美国的学者。1909年美国统计学家巴布森创立巴布森统计公司，在其刊物上发布巴布森经济活动指数。1911年美国布鲁克达尔经济研究所也编制发布景气指标。对后世影响最大的还是美国哈佛大学帕森斯教授于1915年开始编制的经济晴雨表，1917年设立从事景气测定的“经济调查委员会”，编制美国一般商情指数，即哈佛指数，于1919年开始在《经济统计评论》上定期发布。20世纪30年代以后，美国全国经济研究局（NBER）继续搞景气研究，代表人物有伯恩斯、米契尔、摩尔。60年代以后，美国商务部采纳了NBER景气监测系统，在其刊物上逐月发表。70年代后又对指标系统进行调整。至此，美国及世界各国对经济景气测定的研究走向了比较成熟的阶段。

1.2　中国经济景气的监测

中国的经济景气监测研究主要开始于20世纪80年代中期。1987年在大连东北财经大学召开的全国青年统计科学讨论会标志着中国全国性的经济景气监测研究的开始。此后，国家统计局研究所及一些地方省、市陆续开展了景气测定研究。目前影响较大的当属卡斯特经济评价中心（China America Systems Technology，缩写为CAST产业集团，评价中心为下属单位，成立于1992年，中美合资），该组织由国务院发展研究中心、国家统计局、经济日报三家组建，1993年7月起，每月在《经济日报》上以《景气观察》为名公布全国景气指数（自1994年7月起每月公布2次，其中18日公布总量景气，28日公布地区、行业景气；自1995年1月起，每月8日公布行业景气、消费者信心评价，18日发布月度监测、季度年度预测，28日发布地区景气、专家调查）。从1997年3月开始，卡斯特经济评价中心被国家统计局取代。

目前，国家统计局常规发布四项关于经济景气的信息，其中包括消费者信心指数（表16.1－1）、宏观经济景气指数、宏观经济景气指数预警趋势图和宏观经济景气指数预警信号图（图16.2－1）。

表16.1－1　2009年6月消费者信心指数

日　期	消费者预期指数	消费者满意指数	消费者信心指数
2008.5	97	90.2	94.3
2008.6	96.5	90.6	94.1
2008.7	96.9	90.8	94.5
2008.8	96	90.2	93.7
2008.9	95.6	90	93.4
2008.10	94.2	89.8	92.4
2008.11	90.8	89.2	90.2
2008.12	87.6	86.8	87.3
2009.1	86.9	86.6	86.8
2009.2	86.7	86.3	86.5
2009.3	85.9	86.1	86
2009.4	86.5	85.6	86.1
2009.5	87.1	86.1	86.7
2009.6	86.9	86	86.5

通过表16.1－1，我们发现一年来，受四川汶川地震灾害及国际金融危机的影响，消费者预期指数、消费者信心指数和消费者满意指数的幅度依次从大至小，均呈现下降趋势。在此形势之下，人们首先会减少或取消非生活必需消费的旅游消费。

上述信息均来自中国经济景气监测中心（CEMAC）。中国经济景气监测中心运用和高盛（亚洲）联合开发的监测预警系统进行监测，适时发布包括先行指数、一致指数、滞后指数和预警指数的综合动态信息（表16.1－2），分类包括经济学家信心、消费者信心、企业家信心和房地产景气等指数，并对煤炭采选、电力产供、石油采炼和钢铁生产等重要行业进行重点监测，而旅游业尚不在其列。

表16.1－2　中国宏观经济景气指数综合动态信息

先行指数	99.1	+0.0	滞后指数	91.0	－0.3
一致指数	94.6	+0.5	预警指数	74.0	+0.0

资料来源：中国经济景气监测中心，2016年3月。

1.3　关于宏观经济景气指数的解释

宏观波动是一种周期性的由萧条到复苏，再到高潮的循环变动。按统计指标变动轨迹与经济变动轨迹之间的关系划分，指标变动轨迹在时间上和波动起伏上与经济波动轨迹基本一致的叫同步指标；在相同时间上的波动与经济波动不一致，在时间轴上向前平移的指标为先行指标，在时间轴上向后平移的指标为滞后指标。

先行指标主要用于判断短期经济总体的景气状况，因为其在宏观经济波动到达高峰或低谷前，先行出现高峰或低谷，因而可以利用它判断经济运行中是否存在不安定因素，程度如何，进行预警、监测。其监测指标为先行指数。先行指数可以揭示出经济的未来变化趋势。2016年3月我国经济景气动向指数中，先行指数与上月持平。2016年3月份，在先行指数的8组构成指标（经季节调整去除季节因素的影响）中，5组指标呈上升趋势（按贡献率大小排列）——恒生中国内地流通指数、房地产开发领先指数（其中：房地产土地购置面积指标、商品房新开工面积指标均有所上升）、物流指数（其中：社会货运量指标上升，港口货物吞吐量指标下降）、货币供应M2、利率差；3组指标呈下降趋势——投资新开工项目、消费者预期指数、工业产品产销率。

先行指数 2016 年 3 月为 99.1（1996 年 =100）。2 月份上升 0.3，1 月份上升 0.3。

一致指数包括了生产、就业、收入分配和需求等经济活动各方面的情况，可以综合反映总体经济的变动情况。2016 年 3 月我国经济景气动向指数中，一致指数继续回升。2016 年 3 月份，在一致指数的 4 组构成指标（经季节调整去除季节因素的影响）中，3 组指标呈上升趋势——工业生产指数、社会收入指数（其中：工业企业利润指数、税收指标、居民可支配收入指标均有所上升）、社会需求指数（其中：外贸进出口指标、投资指标、社会消费品零售指标均有所上升）；1 组指标呈下降趋势——工业从业人员数。

一致指数 2016 年 3 月为 94.6（1996 年 =100）。2 月份上升 0.3，1 月份下降 0.3。

滞后指数包括了工商业贷款、居民储蓄、价格、企业存货及政府支出等经济活动各方面的情况，可以综合检验当前国民经济的变动情况。2016 年 3 月我国经济景气动向指数中，滞后指数继续下降。2016 年 3 月份，在滞后指数的 5 个构成指标（经季节调整去除季节因素的影响）中，1 组指标呈上升趋势（按贡献率大小排列）——财政支出；4 组指标呈下降趋势——短期贷款、居民储蓄、企业存货、居民消费价格指数。

滞后指数 2016 年 3 月为 91.0（1996 年 =100）。2 月份下降 0.4，1 月份下降 0.6。

1.4 季节调整

1954 年美国商务部国势普查局（Bureau of Census，Department of Commerce）在美国全国经济研究局战前研究的移动平均比法（The Ratio Moving Average Method）的基础上，开发了关于季节调整的最初的电子计算机程序，开始大规模地对经济时间序列进行季节调整。此后，季节调整方法不断改进，每次改进都以 X 再加上序号表示。1960 年，发表了 X－3 方法，X－3 方法和以前的程序相比，特异项的代替方法和季节要素的计算方法略有不同。1961 年，国势普查局又发表了 X－10 方法。X－10 方法考虑到了根据不规则变动和季节变动的相对大小来选择计算季节要素的移动平均项数。1965 年 10 月发表了 X－11 方法，这一方法历经几次演变，已成为一种相当精细、典型的季节调整方法。

X－11 方法是基于移动平均比法的季节调整方法。它的特征在于除了能适应各种经济指标的性质，根据各种季节调整的目的选择计算方式外，在不作选择的情况下，也能根据事先编入的统计基准，按数据的特征自动选择计算方式。在计算过程中可根据数据中的随机因素大小，采用不同长度的移动平均。随机因素越大，移动平均长度越大。X－11 方法是通过几次迭代来进行分解的，每一次对组成因子的估算都进一步精化。正因为如此，X－11 方法受到很高的评价，已为欧美和日本等国的官方和民间企业、国际机构（IMF）等采用，成为目前普遍使用的季节调整方法。

1.5　指数编制

宏观经济景气动向分析方法是在既有的统计指标基础之上，筛选出具有代表性的指标，建立一个经济监测指标体系，并以此建立各种指数或模型来描述宏观经济的运行状况和预测未来走势。由于这套指标的描述和预测功能，我们也称之为宏观经济的“晴雨表”或“报警器”。但它之所以能像“晴雨表”或“报警器”那样发挥监测和预警的作用，首先是因为经济本身在客观上存在着周期波动；其次是因为在经济波动过程中，经济运行中的一些问题可以通过一些指标率先暴露或反映出来。利用景气指数进行分析，就是用经济变量之间的时差关系指示景气动向。首先，确定时差关系的参照系，即基准循环，编制景气循环年表；其次，根据基准循环选择超前、同步、滞后指标；最后编制扩散指数和合成指数来描述总体经济运行状况、预测转折点。

经济波动的复苏、扩张、收缩和萧条都不是在某一个月发生的，而是通过许多经济变量在不同的经济过程中的不断演化而逐渐展开的。我们可以根据不同的经济变量参与经济波动各个阶段的先后顺序来确定基准点，最后再根据专家建议来确定各阶段特别是峰和谷的转折点日期。峰和谷的转折点日期就构成了景气循环年表。所以，景气监测的第一步工作就是编制景气循环年表。根据景气循环年表，我们可以把一系列监测指标划分为一致指标、先行指标、滞后指标。一致指标也叫同步指标。这些指标峰与谷出现的时间与总体经济运行峰与谷出现的时间一致，可以综合地描述总体经济所处状态。如工业总产值、社会消费品零售总额等。先行指标也叫领先指标。利用这些指标可以事先预测总体经济运行的峰和谷。如机械产品订货、股票指数等。滞后指标是对总体经济运行中已经出现的峰和谷的一种确认，如利息率、库存等。对这些指标进行逆转，也可以得到很好的超前指标。这些超前、一致、滞后指标，共同构成了景气指标体系。

经济的周期波动是通过一系列经济变量的活动来传递和扩散的。任何一个经济变量本身的波动都不足以代表宏观经济的整体波动，要反映宏观经济整体波动过程必须综合考虑各个变量的波动，景气指数的编制为解决这个问题提供了一个有效的工具。一方面，它能如实刻画现实经济波动的轨迹，反映当前宏观经济波动所处的位置；另一方面，还能够预测未来经济波动的峰谷。根据编制方法的不同，分为扩散指数（DI）和合成指数（CI）。

编制景气指数的最主要的目的就是预测经济周期波动的转折点，如果超前指数走出谷底，出现回升，预示着同步指数在若干个月后也会回升，也就是总体经济将出现复苏，而滞后指标则是对同步指数的确认，也就是再过几个月以后滞后指标也会出现回升。

国外编制景气动向指数一般都采用合成指数的方法，其主要差别是在于景气循环分析方法的不同。景气循环分析方法有三种，即古典循环法、离差循环法、增长率循环法。

古典循环法，主要是观察经济时间序列绝对量本身的波动，一般观察时间序列的长期趋势及循环要素（TC）的波动。增长循环波动也称离差循环方法，一般观察经济时间序列相对量的波动，将时间序列的长期趋势 T 和循环要素 C 分离，把循环要素 C 的变动看做景气变动，即增长周期波动是循环要素 C 的波动。增长率循环，观察经济时间序列的增长率（与上年同月或同季比的变化率），分析其波动的规律性；同前两种方法一样，也要对时间序列进行季节调整，对增长率序列的长期趋势及循环要素（TC）的波动进行分析。在实际研究过程中，我们采用的是增长率循环方法对景气循环进行研究，因此我们要对经过季节调整以后的时间序列数据求其增长率序列，也就是对序列求其上年同月比。合成指数 CI 的计算过程相当繁杂，就其过程可简单描述为以下五个步骤：求单个指标的变化率、求多个指标对称变化率的合成、求初始合成指数、趋势调整、求最终合成指数。

目前世界上这三种方法都分别由不同的国家或组织采用，如美国还是应用古典循环方法，OECD 采用增长循环方法，另外日本及大部分发展中或经济起飞中的国家都采用增长率循环方法。

2 旅游经济波动及其景气分析

景气循环又称经济波动，也称经济周期。经济周期分为古典周期和现代周期。古典周期是指国民经济活动的绝对水平出现上升与下降的交替。此时，在扩张阶段，经济总量增长；在收缩阶段，经济总量负增长。现代周期则是指第二次世界大战以后出现的经济周期，其特点是国民经济活动的相对水平出现上升与下降的交替。此时，在扩张阶段，经济总量增长速度加快；在收缩阶段，经济增长速度停滞与迟缓，一般不出现经济总量的负增长。现代经济周期指经济增长率的交替升降。

与其他社会运动过程一样，旅游经济过程也必然是波动发展过程，既不可能永远高涨也不可能永远低潮。经济运动过程总是景气与不景气交替进行，旅游经济运动过程亦如此（图 16.1－1）。我们的任务就是尽可能熨平经济彼动，尽可能拉长景气阶段，尽可能缩短不景气阶段。

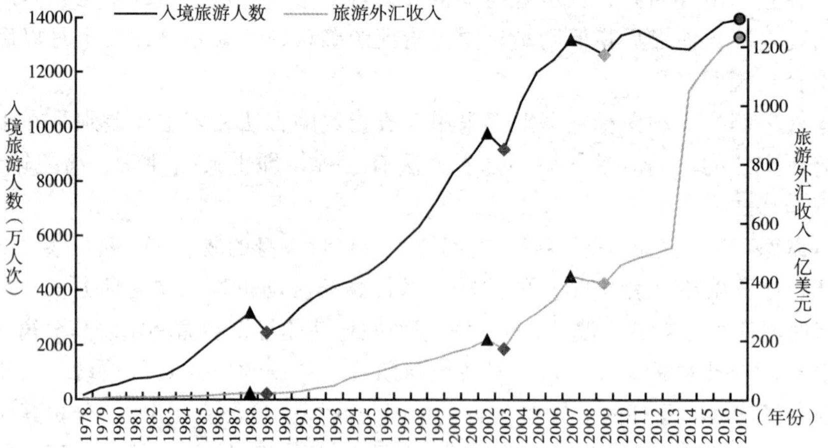

图 16.1－1 1978～2017 年中国入境旅游波动状况

从图 16.1－1 可以看出，1978～2017 年，也就是自中国改革开放开始，旅游经济活动真正以营利为目的开展以来，我国的旅游经济在绝大多数的年份是高速增长、绝对景气的。在 40 年间，出现了 1988、2002、2007 和 2017 四个年份的高峰值，也有 1989、2003 和 2009 三个不景气的年份出现；而自 2008 年起，新一轮的经济危机当中，旅游经济，特别是国际旅游经济数据的谷底出现在 2009 年。在 1989、2003 和 2009 这三个低谷年份中旅游业自身也遵循着市场规律，对旅游企业进行了“大浪淘沙”。比如 1989 年北京市旅行社总数为 77 家，在经历了 1990 年的淘汰与整合之后，减少 15.58%，使其总数在 1991 年下降为 65 家，至 1992 年又上升为 116 家。

3 景气指标的分析方法

3.1 景气指标的计量

景气指标的计量，一种是全量形式，一种是增量形式。前者是用指标的绝对量或结构量，如 GDP 的总值和 GDP 的结构；后者是用指标的增长量或增长率，一般多采用增长率。而关于增长率又有同比与环比及定基三种形式。同比是指本期与上年同期量对比；环比是本期与上期量对比；定基是本期与某一指定的时期量对比。在现代景气指标计量中多用增长率形式。

衡量景气的指标一般不止一个，因此这就涉及多指标的综合问题。景气指标的综合有两种思路：一是经验综合，一是统计综合。经验综合是一种非数学手段，它是由专家对各个景气指标的变动依据经验予以综合，各个景气指标的重要性是因人而异，因时而异的。统计综合是一种数学手段，它先确定各个景气指标的重要性或权数，然后进行加权平均。

3.2　景气度的划分

不同的指标，其景气范围是不同的，有的指标是越高越景气，而有的指标是越低越景气，有的指标是不高不低时最景气。比如，就我国旅游业而言，接待入境旅游人数是越多越好，通货膨胀率、失业率是越低越好，地区差距是不大不小时最好。景气度的划分一般为6种：非常景气、景气、初步景气、不太景气、不景气、很不景气。在各个指标的景气度确定之后，可以应用加权法综合得到总体的景气度。

3.3　怎样选择景气指标

景气测定是通过正确地选择景气指标体系来实现的。这些指标由一系列灵敏度高而且便于观察的指标构成。所以景气指标的选择应遵循如下原则：

（1）重要性与代表性原则。即主要考虑指标变化对总体经济发展有重要作用，而对一致性的要求主要通过编制一致指数来完成。在以一致指标为主的基础上，不一致的指标通过临界值的限定来消除由于不一致所带来的相互抵触。指标所代表的内容是经济发展某一方面的综合反映，在经济的总量活动中居重要地位，同时又具有某类指标的基本波动特征。

（2）可靠性和充分性。可靠性是指数据的准确性和统计口径上的一致性。充分性要求指标样本具有足够的长度，以满足季节调整的数据处理要求，并且能够揭示其循环波动的规律。

（3）一致性和稳定性。一致性指景气波动发生变化时，指标的波动状况发生相应变化，或提前，或延迟一段时间表现出来。稳定性指标总能以相对稳定的时滞发生这种变化，即对所选指标变化幅度进行不同状态划分后，划分的标准能够保持相对的稳定。

（4）及时性和光滑性。景气指标主要用于短期分析和预测，因而要求及时获得统计数据资料，并要求指标具有一定的光滑性，不规则波动因素较少的指标更能满足预测的要求。

（5）灵敏性和可操作性。灵敏性即对经济波动的反应比较灵敏；而可操作性是指选择现行核算制度中可以取得的指标，而不是单纯的理论探讨。

4　扩散指数法

扩散指数法是目前最为常用的景气分析方法，同时也是我国使用的方法。

4.1　概念及计算

（1）概念。扩散指数法也称为景气指数法或扩散指数（Diffusion Index），简称 DI，是指计算上升和即将上升的指标个数占全部选用指标总数的百分数以表明经济周期变动是否达到转折日期和景气状况的方法。这种方法，是 20 世纪中叶，由美国经济学家、统计学家米契尔（W. B. Michel）、伯恩斯（A. P. Burns）和摩尔（H. L. Mare）等人，通过一系列经济统计指标进行经济周期变动分析、研究景气动向时所创立的。由于扩散指数法能反映经济周期的转折日期，为美国及其他西方国家广泛采用，其计算公式为：$R + u + F = 100\%$，$0 \leqslant DI \leqslant 100\%$。

式中：DI 代表扩散指数，R 代表上升指标个数占全部指标的比重，u 代表不变指标的个数占全部指标的比重，F 代表下降指标的个数占全部的比重。

扩散指数是全部上升指标的个数与不变指标个数的一半占全部指标的百分比。假定不变指标的个数是受上升指标的影响，即将转变为上升的指标。由于它能够表明经济上升从一个部门向另一部门扩散的情况，因此称为扩散指数法。

（2）计算方法。首先，将报告期每个指标的数值，同上期或本期前 3 个月的月度数值相比较，如果是好转的，即以“+”号表示，加“1”；不好的以“-”号表示，计算时为“0”，不加不减；稳定的，则记“0.5”个“+”号，加“0.5”。其次，将这些指标升降应得的数值相加，即得出扩散指标数。最后，以全部指标数除扩散指标数，乘 100%，即得扩散指数。

例如：计算某年某月的 20 个指标的扩散指数，先将 20 个指标的数值分别一一与前期数值比较，得出：属于好转的指标 9 个，即得“9”；属于稳定的指标 2 个，即得两个“0.5”；属于不好的指标 9 个，即为“0”。

扩散指标数则为：$9 + 2 \times 0.5 + 0 = 10$；则扩散指数为：$10/20 = 50\%$

（3）与领先指标法的结合运用。领先指标法是将反映经济循环变动的指标，按其反映的时间先后依次划分为先行指标、同步指标和滞后指标。在领先指标法中，虽各个领先指标在同一周期中变动的日期和幅度不尽相同，而在扩散指数法中，对经济周期变动却有比较一致的领先表现。一般是在整个经济开始复苏前数月，扩散指数先行上升；在整个经济开始紧缩前数月，扩散指数先行下降。扩散系数在分析监测宏观经济动态时是这样表示的：

当 DI = 50% 时，表明经济处于转折期。

当扩散指数大于 50%，即 50% ≤ DI ≤ 100%，即指标半数以上处于好转状态、上升状态时，表明整个经济处于上升状态，若以图像显示即沿着 50% 线向上波动，上升幅度大，表示经济繁荣。

当扩散指数小于 50%，即 0% ≤ DI ≤ 50%，即半数以上的指标处于下降、不好状态，若以图像显示即沿着 50% 线向下波动，这标志着经济的萎缩。

（4）编制步骤。收集定量资料，将经济统计指标的观察值与上月对比，计算环比增长率，以区别其为上升、不变和下降，并分别加以汇总。

收集定性资料，向厂商进行调查，了解其经济是上升、不变或下降的发展方向，并分别汇总其单位数。

将全体调查指标（企业）作为 100%，分别计算其扩散指数。

4.2 景气扩散指数运用

景气扩散指数是反映企业景气状况的综合指标。国家统计局对企业的经营状况和未来的景气判断设计成问卷调查表，每一问题设置“上升、不变、下降”三种可供选择的答案，被调查者选择一个作答。扩散指数就是由回答“上升”的企业与回答“下降”的企业数之差，除以全部被调查单位后所得的百分比。当这个百分比为正，表明景气上升；反之则表明景气下降；为零则表明景气不变。但通常还要具体问题具体分析。

用扩散指数法分析经济周期变动的转折日期，能节省费用，提高时效，及时满足政府和企业决策需要，因而受到各国重视。由于扩散指数法只能反映转折日期，不能反映经济升降幅度，因此常和领先指标法结合使用。

4.3 扩散指数运用的局限

首先，无法明确表示经济波动的强弱，其次虽然能预测转折点，但无法测定转折点的具体位置。

第二节　旅游预警系统

1　预警系统原理

1.1　预警系统

预警系统的原理是首先选择一组反映经济发展状况的敏感指标，运用有关的数据处理方法，将多个指标合并为一个综合指标。然后，通过一组类似于交通管制信号红、黄、绿灯的标志，利用这组指标和综合指标对当时的经济状况发出不同的信号，通过观察信号的变动情况，来判断未来经济增长的趋势。

1.2　预警信号

预警系统的信号，是由一套警戒性指标赋予不同的颜色构成。通常有以下五种颜色：

红色——过热：表示经济发展过热。

黄色——偏热：表示经济发展略有过热。

绿色——稳定：表示经济发展很稳定。

浅蓝——偏低：表示经济在短期内有转稳或萎缩的可能。

蓝色——过冷：表示经济处于萎缩或萧条状态。

上述五种颜色的“预警信号”（图 16.2－1）是通过从一系列能反映国民经济运行状况的先行指标、同步指标及滞后指标中选出的敏感性指标，经过合并综合而得到的。

1.3　预警指标

将经过选择的每个指标序列进行季节调整，经过适当处理来制定预警信号。

对于每个指标定出预警界限。预警界限是四个数值（或序列），称为“检查值”。以这四个检查值为界限，确定“红灯”、“黄灯”、“绿灯”、“浅蓝灯”、“蓝灯”五种信号，当监测的序列超过某一检查值时就分别亮出相应的信号。对每一信号给予不同的分数：红灯 5 分，黄灯 4 分，绿灯 3 分，浅蓝灯 2 分，蓝灯 1 分。设选择了 M 个预警指标，则当全部指标为红灯时，综合分数为最高分 5M 分；全为蓝灯时，综合分数为最低分 M 分。每月将 M 个指标所示的信号分数合计得到综合分数，并设满分的80%为红灯区与黄灯区的分界线，满分的70%和50%为绿灯区的上、下分界线，满分的40%为浅蓝灯与蓝灯的分界线，然后，通过综合分数值的大小来综合判断当月的预警信号应亮哪一种灯。

时间 指标	2015.4	2015.5	2015.6	2015.7	2015.8	2015.9	2015.10	2015.11	2015.12	2016.1	2016.2	2016.3
工业生产指数	◎	◎	◎	◎	◎	◎	◎	◎	◎	◎	◎	◎
固定资产投资	⊙	◎	◎	◎	◎	◎	◎	◎	◎	◎	⊙	⊙
社会消费品零售总额	○	○	○	○	○	○	○	○	○	○	○	○
海关进出口总额	◎	◎	◎	◎	◎	◎	◎	◎	◎	◎	◎	◎
财政收入（不含债务）	⊙	⊙	⊙	⊙	⊙	⊙	⊙	⊙	⊙	⊙	⊙	⊙
工业企业利润总额	⊙	⊙	⊙	⊙	⊙	⊙	⊙	⊙	⊙	○	○	○
城镇居民人均可支配收入	⊙	⊙	⊙	⊙	⊙	⊙	⊙	⊙	⊙	⊙	⊙	⊙
金融机构各项贷款	○	○	○	○	○	○	○	○	○	○	○	○
货币供应 M2	◎	◎	◎	⊙	⊙	⊙	⊙	⊙	⊙	⊙	⊙	⊙
居民消费价格指数	○	○	○	○	○	○	○	○	○	○	○	○
预警指数	⊙	⊙	⊙	⊙	⊙	⊙	⊙	⊙	⊙	⊙	⊙	⊙
	68	65	65	67	67	67	67	67	67	71	74	74
●代表红色—过热/●代表黄色—偏热 /○代表绿色—稳定/⊙代表浅蓝—偏低/◎代表蓝色—过冷												

图16.2－1　2015年4月至2016年3月我国经济预警评分信号

从图16.2－1可以看出，2016年3月份预警指数为74.0，与上月持平。2016年3月份，在预警指数的10个构成指标（经季节调整去除季节因素的影响）中，经最新数据修订有4个指标处于绿灯区——消费品零售总额、企业利润、各项贷款、居民消费价格指数；4个指标处于浅蓝灯区——固定资产投资、财政收入、城镇居民可支配收入、货币供应M2；2个指标处于蓝灯区——工业增加值、海关进出口总额。综合各项指标的变动情况，预警指数为74.0点，与上月持平，继续在浅蓝灯区运行。

1.4 预警指标临界点的确定

单个指标临界点的确定在编制预警信号系统中起着关键的作用，而且是件很复杂、很细致的工作。在确定单个指标临界点的时候，必须遵循以下两个原则：第一，要根据每个指标的历史数据的实际落点，确定出指标波动的中心线，并以此作为该指标正常区域的中心。然后根据指标出现在不同区域的概率要求，求出基础临界点，即数学意义上的临界点。第二，在数据长度过短或是经济长期处于不正常状态的时候，必须通过经济理论和经验判断，对该指标剔除异常值，重新确定中心线并对基础临界点进行调整。

（1）根据状态区域的概率确定临界点。我们确定状态区域的概率主要出于以下考虑：首先，“绿灯”区居中原则。“绿灯”区属常态区域，其落点概率应在40%～60%之间。我们选定50%。其次，“红灯”区和“蓝灯”区属于极端区，经济含义为“过热”和“过冷”，概率一般定为10%左右。我们定“红灯”区和“蓝灯”区的区域落点概率各为10%。最后，“黄灯”区和“浅蓝灯”区为相对稳定区，即为可控区域，表示经济的“偏热”和“偏冷”，落点概率应比极端区稍大，我们确定这个区域的落点概率分别为15%。

（2）根据对经济形势的判断，剔除异常值并调整该指标的中心线值和基础临界点，然后求出修改后临界点所划分的区域落点概率，确认符合经济运行的态势后，确定为最终临界点。在这里必须注意的是，在确定基准指标以外的其他指标临界点的时候，其他指标临界点的确定一定要与基准指标挂钩。如不变价类指标的临界点应大体与基准指标同步（至少变化幅度是同步），而现价类指标的临界点应在基准指标的基础上再加上通货膨胀的变化因素。此外，还必须要根据经济理论和实践来确定。

1.5 检验预警灯号科学合理性的标准

用一致指数与预警评分灯号的曲线走势及峰谷对应情况来检验。由于一致指数的构成指标必须是同步指标，而预警灯号主要考虑各项指标所代表的经济意义以及综合评分对整体经济的代表性（可以且必须引用部分非同步指标），而且这两项指数的计算方法完全不一样，但它们都是同时反映经济运行现状的综合指数，只不过评分系统更直观地描述了经济现状的程度，而不仅仅是趋势，为消除由于时滞差别所带来的相互抵消，可以通过各指标的临界点的确定来解决。因此，预警灯号综合评分与一致指数的走势必须完全一致。

1.6 预警系统的作用

其一，正确评价当前宏观经济运行的状态，恰当地反映经济形势的冷热程度，并能承担短期经济形势分析的任务。

其二，能描述宏观经济运行的轨迹，预测其发展趋势；经济形势变化或发生转折前，能及时发出预警信号，提醒有关部门适时地制定合适的政策，防止经济发生严重的衰退或发生经济过热。

其三，能及时地反映宏观经济的调控效果，判断宏观经济调控是否运用恰当，是否起到了熨平经济波动幅度的效果等。

其四，有利于企业的经营决策。企业经营决策者可以利用经济预警系统提供的信息，及时预见宏观调控措施的出台，使企业的经营调整适应政府的调控措施。

其五，有利于改革措施出台时机的正确决策。改革具体措施出台时机的选择，应当有利于熨平经济波动。宏观经济预警系统给改革措施、内容及出台时机提供必要的信息。

2 旅游预警与旅游危机

2.1 旅游预警

按照景气指标的计量分类，如图 16.1 -1 为计量形式，即绝对指标。此外还有增量指标形式，特别是我国实行的扩散指数法应为增量形式的相对指标，所以我们对旅游经济景气的判断也应采用相对指标，比如环比增长速度等（图16.2 -2）。

由此我们可以看出，我国旅游经济的景气循环与我们国家国民经济的总体景气循环是相一致的。

2.2 旅游预警与旅游危机

值得注意的是，在旅游经济发展不景气的低谷时期，往往是由于某一危机因素的突然出现，而最先给予敏感而脆弱的旅游业沉重的打击。这除了我们在本章前述分析的政治因素、瘟疫大流行之外，还有很多对于旅游业来讲可以称之为危机的因素。因此，对于旅游企业的预警，首先就是对旅游危机的防范与应对。

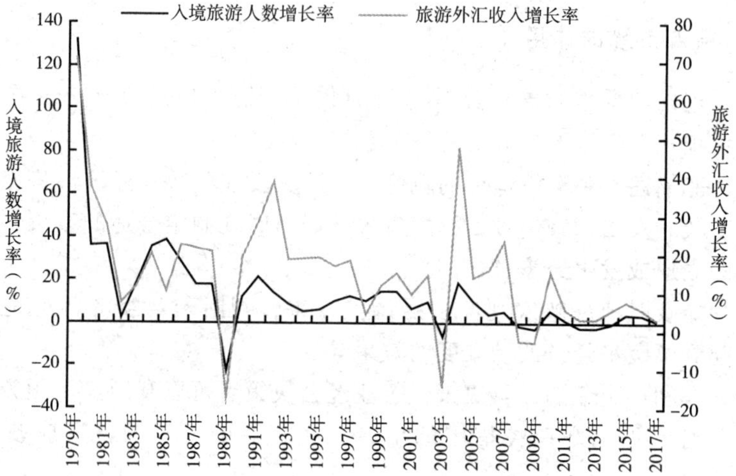

图 16.2－2　1979～2017 年中国入境旅游增长波动状况
（计算基础数据来源于图 16.1－1）

注：由于国家外汇管理体制变化，1994 年国家旅游（外汇）收入统计方法也做了相应的改革，采用了与国际接轨的办法，与往年不能简单对比；由于 2014 年国家旅游（外汇）收入统计口径有所调整，数据不能与往年简单对比。因此上图表中 1994 年与 2014 年旅游外汇收入增长率均取其前后两年增长率均值作为替代。

3　旅游危机的先行预警效应

3.1　旅游危机后果惊人

危机被看成是系统中某些重要变量的变化达到了临界点，它可能威胁或摧毁系统的任意部分或是全部系统。于是早期的经济学家和政治学家对这一领域的研究作出了卓越的贡献，其目标是开发预警系统。

旅游产生了很多的正面效应。对于旅游者来说，由于旅游使他们梦想成真，因此度假就意味着对自己身心的一种满足。此外，离开常住地外出度假，有意或无意地增进了旅游者对异域文化和生活方式的了解。这对增进各民族之间的相互理解与宽容大有裨益。

在国民经济方面，旅游业在许多国家已经占据了领先的地位，成为最重要的收入与外汇来源之一。在未来，旅游业还将持续增长，这有助于使其成为世界上最重要的产业。比如，据世界旅游组织预测，到 2020 年，中国将成为世界第一大旅游目的地及世界第四大旅游客源国。除此以外，与其他产业不同，旅游业还为欠发达地区带来了能够创造繁荣与经济发展和妇女参与旅游经营活动的机遇。

然而，旅游业的积极发展正日益面临着负面事件的威胁。近些年来所发生的负面事件对旅游业造成的经济后果是其他经济领域前所未有的。据泰国政府统计，发生在2004年圣诞节期间的印度洋海啸，仅在一个月之内，给旅游业带来的损失达5.1亿美元。受“非典”疫情的影响，作为中国的重灾区之一，2003年北京市整体旅游业损失在400亿元人民币左右；中国旅游业直接损失高达1400亿元，其对经济的间接影响整体上使旅游业收入损失总额在2100亿元左右。世界旅游与旅行理事会在2003年4月初发布了伊拉克战争对世界旅游业的影响研究报告，认为如果对伊战争久拖不决，世界旅游业将损失300亿美元和300万个工作岗位。在所发生的负面事件之中，影响最大的莫过于美国“9·11”恐怖袭击事件。据2001年底的报道，就按地区而言，美国本土的旅游业受冲击最大。华盛顿特区会议和旅游公司总裁汉伯里说，自“9·11”恐怖袭击事件以来，仅华盛顿地区的旅游业每天损失1000万美元。旅馆业的境况则更惨，平均入住率只有30%。它不仅给国际旅游业带来了继第二次世界大战之后最为严重的冲击，而且也显示出引发整个世界经济衰退的迹象。2008年以来，一场席卷全球的由金融危机而导致的经济危机给世界旅游业带来沉重打击。我国海外客源市场严重受挫，其中欧美市场入境旅游人数锐减。我国旅游服务贸易持续下滑，旅游出口呈大幅下滑态势。金融危机爆发后，我国旅游服务出口延续了2008年3季度以来的下滑趋势，特别是2009年3月，我国入境旅游人数、入境过夜人数和旅游（外汇）收入三项指标均出现近年来同比单月最大降幅。大、中城市受冲击较大，其中受冲击最严重的多为旅游城市，三亚、中山、海口、成都、青岛和昆明接待游客数量分别较上年同期下降21.45%～47.9%。

3.2　旅游危机的先行预警效应

上述事件已经不止一次地重创旅游业的发展。这也意味着与其他产业相比，旅游业作为一个经济产业，面临着负面事件更加严峻的挑战。同时，旅游业对负面事件的超常敏感性使其最先面临威胁，具有经济景气先行指标的作用。在出现紧急状况时，它已经成为其他产业部门的预警“指示器”。也就是说，由于旅游行业的脆弱性和易受其他因素影响的特点，使其在面临经济危机、灾难等不利因素时最早受到冲击，而呈衰退状，进入危机时期，随后才会陆续影响到其他行业。所以说，旅游危机具有先行预警效应。

4　定量分析危机因素的两种方法

4.1　交叉影响与脆弱性分析

交叉影响分析是通过这种分析可以确定并说明各因素间的相关性。目的就是为了评价这些因素的相关性是否很强、是否可连续。这种分析方法具有评价负面事件对一个企业及其战略中的重要领域产生影响的能力（表 16.2－1）。其中预期的影响可以从最负面的、代表威胁状态的－3 发展至最正面的、代表机会状态的＋3；即评价值在－3←→＋3 之间变化。

表 16.2－1　交叉影响分析

环　境		企业战略领域				影响∑	
		A	B	C	D	机会(＋)	威胁(－)
经济总体							
国民经济总值		－3	－2	0	1	1	－5
利　率		－3	－3	－3	－2	0	－11
政策法规环境							
环境保护		－1	2	0	1	3	－1
补　贴		0	1	1	0	2	0
技　术							
新产品技术		2	2	3	－1	7	－1
新工序技术		－1	0	0	1	1	－1
人文发展							
人口发展		－1	1	0	0	1	－1
对消费的态度		2	2	－1	0	4	－1
影响∑	机会(＋)	4	8	4	3	—	—
	威胁(－)	－9	－5	－4	－3	—	—

由此，将可能的环境变化置于矩阵的行上，而将重要领域中所实施或已规划的战略置于列上。然后，由研究人员评价环境变化可能对该领域或战略产生的影响，即将给定大小的评价数值置于矩阵中。

最后，通过分别加总各行的正负评价值，就可以评价负面事件所造成的影响。如果由此得到的合计值是很高的负值，则应把该环境事件视为特殊的威胁，必须对其加以注意；若得到很高的正值，则应视为特殊的机遇。同样，通过对列上的评价值进行加总，也可以对一般情况下的重要领域或战略进行评估。

运用脆弱性分析，即将负面事件发生可能性的信息包括在内，可进一步改进交叉影响分析的效果。研究人员可以根据相关的境况提高评价值，其产生的效果通过交叉影响分析就可以获得。因此，我们既可以表明采取反应措施的紧迫性与调整的必要性，又可以对所观察事件重要性的信息加以汇总。

交叉影响分析作为分析工具，从总体上看是适合用于确认各组中的重要领域和事件。但是这种分析也存在问题，因为评估中对于事件和区域的选择是经过预先筛选的。另外，对信息的汇总在很大程度上取决于研究人员相应的分析能力与水平，这点也不容忽视。

4.2　交互矩阵

交互矩阵是把所选择的领域彼此互为联系，从而确认出起支配作用的关键内容。由此，就可以得出彼此的因果关系。用矩阵的行表示原因，列表示结果，其评价值在0（无影响）←→3（影响最大）之间变化（表16.2－2）。

表16.2－2　交互作用矩阵

原　因	结　果								
	自驾车旅游	徒步旅游	交通基础设施	旅游吸引力	农　村	空气与噪音	商贸交易	积极因素∑	影响性评价值
自驾车旅游	—	3	2	3	1	3	2	14	1.4
徒步旅游	1	—	1	1	1	0	2	6	0.5
交通基础设施	3	2	—	3	3	2	3	16	2.3
旅游吸引力	2	1	0	—	1	1	3	8	0.5
农　村	1	3	2	3	—	1	1	11	1.2
空气与噪音	1	3	0	3	2	—	1	10	1.2
商贸交易	2	1	2	2	1	2	—	10	0.8
消极因素∑	10	13	7	15	9	9	12		
依存性评价值	140	78	112	120	99	90	120		

积极影响因子和及消极影响因子和分别由行及列上的数值加总而得到，影响性评价值＝积极影响因子和/消极影响因子和，依存性评价值＝积极影响因子和×消极影响因子和。

影响性评价值最高的因子被确定为最能影响其他领域，但自身却受其他领域影响最小的因子。可见，该因子在处理问题时是最重要的平衡要素。反之，影响性评价值最低的因子往往最易受其他领域的影响，而其自身的影响力却最弱。

依存性评价值最高时，表明该领域的依存度最高。这个领域会对其他领域产生极大的影响，但同时其自身也会受到这些领域的强烈影响。因此，该值发生变化的结果就会出现连锁反应。这点与非依存性因子不同。非依存性因子既不会对其他领域产生太大影响，同时其自身受其他领域的影响也较小。

总之，交互作用矩阵可用于对各领域及事件相互间的依存性进行全面、系统的调查。这种方法特别有助于降低事件的复杂程度，使全面的分析变得可操作。

5 旅游危机预警指标的确定

5.1 早期预警指标

（1）指标筛选。为了保证早期预警指标的可靠性，需要对指标进行筛选，选出那些能及时反映环境发生本质变化的指标。同时，这些指标必须能够清晰地说明在超出预警区间值时，组织可以预期的后果，而且其重要性会持续较长的一段时间。此外，在选择指标时，还必须考虑将来定期收集资料时所要支付的经济成本是否能够承受。

（2）筛选步骤。

①确定调查范围，并确认机会与威胁因素。

②确定各调查范围的早期预警指标，通过搜集、寻找各相关指标，反复比较、研究来加以确定。

③确定各指标的目标值及其预警区间。

④确定信息处理部门的任务，将接收、检查预警信号，处理、发送信息等工作逐项分配。

⑤选择适当的信息披露渠道。

5.2 与旅游危机因素相关的指标

（1）政治因素指标。许多引起国际旅游危机的负面事件其根源都存在于目的地的政治环境中。长期以来，在对外贸易中，人们尤其重视这些风险，又称之为国家风险，它们常常被作为调查的对象。主要应包括商业环境风险指标及旅行忠告等。

（2）经济因素指标。经济因素是指商业环境风险指标体系，用于评价一个国家的商业气候与政治稳定性。对此，通常由特定国家的专家小组根据问题的严重性予以评价，并进行汇总。通过一年几次的、对所依据的定性与定量资料的收集、评价，最终汇集成一个总体评估。

①其主要量化指标为商业环境风险指数，包括：

其一，经营风险指数。这个指数是用于评估商业气候，通过 15 个影响境外企业获利的因素来说明当地的投资环境。这一指数是建立在来自银行、企业和政府部门百位专家的评估基础上，在任何给定的时间里，由 5 ~ 10 位专家依据规定的标准，通过回答全面详尽的调查表对我们所了解的国家进行评估。评估因素的分值从无法接受的环境 0 分到非常利好的环境 4 分之间变化。将专家评估标准的算术平均数求和，就是每个国家的经营风险指数。通过计算经营风险指数、政治风险指数和汇兑因素指数的总分数，我们一般把风险进行分等级评价：0 ~ 39 分为难以承担的风险，40 ~ 54 分为高风险，55 ~ 69 分为风险一般，70 ~ 100 分为低风险。

其二，政治风险指数。这个指数用于评估一个国家的政治稳定性。它包括 10 个标准：8 个用来描述引起不稳定的原因，另 2 个是描述征兆。在评估的专家中，大多数都是政治学家和社会学家，有意地回避了商业界人士。在该指数中，可能的分值从 0（严峻的问题） ~7（没有问题）的变化。另外的 30 分则用于特别重要的标准评估（风险等级的划分与经营风险指数相同）。

其三，汇兑因素。它是用来分析一个国家在资本转移和利润汇出时进行货币兑换的能力和义务（国家的相关法规可能会引起资本转移的风险，进而对国际收支、货币储备和外债的评估产生同样的影响）。不同于其他指数，汇兑因素主要是基于定量的数据。

②商业环境风险指数的最终结果就是对一个国家风险类别的划分，包括如下几类：

- 不推荐进行商业往来，奉劝不要与其建立任何商业联系；
- 只适合于进行贸易，该国的国情不适宜进行任何投资，只能从事不涉及资本转移的短期交易；
- 只适合于利润单独结算的商业活动。建议只能通过专有技术或特许权转让来实现利润；
- 适合于投资，建议进行资本投资。预计不会产生货币兑换或股息过户方面的问题。

在一些发达国家商业环境风险指数一般定期公布，间隔期很短，所以它是评估旅游政治风险的一种十分实用的工具。

③局限性分析。商业环境风险指数一般偏重于绝对性分析，而相对性不足。

有些评价标准间的相关性很强，而加权的权重分配上又偏低。因此，就相对性而言，因为评估标准涉及更多的是国家之间的绝对可比性，却很少关注其相对变化；而后者正是早期预警中主要关心的问题，因为商业环境风险指数确认的是随时间推移而产生的偏差。

（3）生态因素指标。生态风险经常会引起旅游业的危机。大多数情况下，这些事件是可以预测的。尽管这一领域经常会涉及复杂的科学背景，但通过因果关系还是可以推断出适宜测算的指标，及时指出即将发生的变化，如自然灾害等。运用生态指标可以对可能的水污染危险或是一个冬季运动场地存在雪崩的威胁等提出忠告。比如，北京的水系管理部门就定期发布北京城市水系的水质分级现状，并发出相应的警告声明。旅游企业可以据此采取对策或至少是采取预防措施来保护游客远离危险。

由此可见，在大多数情况下，通过一些指标还是可以容易地观察出生态风险的。在此，重要的是要及时对值得注意的事件和领域进行分析。

（4）旅行忠告。旅行忠告是描述政治风险的一个非常适合的指标。使用该指标有利于进行国际间的比较，而且信息的收集相对更加经济且全面。因为我们有可能对来自不同国家外交部的旅行忠告进行比较，因而也就能在一定程度上权衡政治因素所带来的影响。此外，公众往往会对旅行忠告更加关注，这也表明旅行忠告可以作为大众舆论与消费者反应的一个重要预警指标。旅行忠告主要来自于外交部门，是关于其重要的旅游客源市场方面的忠告，旅行忠告应该被视作旅游的一个特殊信息系统。这些信息首先针对的是旅游者。

比如美国，关于其他国家的信息是由美国国家领事信息计划署向旅游者提供的，在领事信息手册中，基本上可以获得每个国家的信息。它定期而全面地描述了那些可能潜在某种旅游风险的国家之基本状况，包括政治稳定性、社会治安、恐怖主义及卫生防疫环境等。这些信息面对公众，旅游者可以据此自行做出自己的决定。

在英国，则是由外事与联邦办公室的旅行咨询处提供关于旅游的信息。这些信息分为两类。一类是关于最重要的旅游目的地的一些重要但又很普通的信息，一般通过领事信息资料来提供。另一类即旅行忠告通知，这些信息帮助英国的旅游者避开麻烦，尤其是避开那些会对他们的人身安全造成威胁的麻烦，这些麻烦主要来自于政治动荡、法律失控、暴力事件、自然灾害、流行病、反英的示威运动和飞行安全问题。在德国，外交部则是通过其分布在世界各国的200多个领事代表处提供的帮助做出旅行忠告。德国外交部的旅行忠告包含旅游安全形势级别分类、对形势的说明以及适当的建议。在政治敏感的区域，这一信息还必须获得相应的常设秘书处的授权，每12个月为一个周期的评估过程。

我国目前对于旅行忠告更多的是文化和旅游部通过其官方网站、微信公众号以及新闻媒体对包括旅游者、旅游企业在内的所有旅游参与者进行信息发布，使旅游企业调整它们的旅游线路，进而规避旅游风险，使旅游者推迟出行时间、更改旅游目的地，甚至是取消外出旅游计划。比如2018年7月，印尼阿贡火山四次喷发，龙目岛发生地震，文化和旅游部及时发布了旅行忠告，建议大家在这一时期切勿攀登贾尼火山，远离阿贡火山附近区域，关注天气海况。对于特别重大的、而非潜在的旅游风险，则是外交部、卫生部、文化和旅游部等系统通过媒体及行政的、组织的体系向旅游者发布警告。

【思考题】

1. 什么叫经济景气？它是如何测定的？
2. 扩散指数法的概念是什么？它是如何计算的？
3. 怎样解释预警系统原理？它是怎样发挥作用的？
4. 定量分析危机因素有哪几种方法？
5. 旅游危机预警指标是如何确定的？

练习题参考答案

第七章

1. 对一年级学生的数学考试成绩进行评估。

（1）利用 SPSS 求出其样本均值和样本标准差。

由表 7.6－1－1 可知，$\overline{X}$ 样本均值 =78.7，样本标准差 $S=12.239$。

表 7.6－1－1　数学考试成绩的基本描述统计量

	N 样本量	Mean 均值	Std. Deviation 标准差	Std. Error Mean 均值的标准误
数学成绩	10	78.70	12.239	3.870

（2）利用 SPSS 求总体均值的 95% 的置信区间。

表 7.6－1－2 表明，数学考试成绩的置信水平为 95% 的置信区间为（69.94，87.46）。

表 7.6－1－2　数学考试成绩的区间估计（一）

	Test Value（检验值）= 0					
	t	df 自由度	Sig.（2－tailed）显著性（双侧）	Mean Difference 均值差值	95% Confidence Interval of the Difference 差分的 95% 置信区间	
					Lower 下限	Upper 上限
数学成绩	20.335	9	.000	78.700	69.94	87.46

（3）利用 SPSS 求总体均值的 99% 的置信区间。

表 7.6－1－3 表明，数学考试成绩的置信水平为 99% 的置信区间为（66.12，91.28）。

表 7.6－1－3　数学考试成绩的区间估计（二）

	Test Value（检验值）= 0					
	t	df 自由度	Sig.（2－tailed）显著性（双侧）	Mean Difference 均值差值	99% Confidence Interval of the Difference 差分的 99% 置信区间	
					Lower 下限	Upper 上限
数学成绩	20.335	9	.000	78.700	66.12	91.28

2. 对中国家庭的年均旅游支出做置信水平为95%的区间估计。

解：本题中，虽然总体分布未知，但由于 $n=50$，是大样本情况，所以样本均值服从正态分布。

由题意可知：$\overline{X}=3878$，$S=1160$，$n=50$

由 $1-\alpha=0.95$，$\alpha=0.05$，得 $u_{\frac{\alpha}{2}}=1.96$，

其中，$u_{\frac{\alpha}{2}}$可由 SPSS 的函数“IDF. NORMAL（0.975，0，1）”获得，

总体均值 μ 在置信水平下的置信区间为：

$$\left(\overline{X}-u_{\frac{\alpha}{2}}\frac{S}{\sqrt{n}},\overline{X}+u_{\frac{\alpha}{2}}\frac{S}{\sqrt{n}}\right)=\left(3878-1.96\frac{1160}{\sqrt{50}},3878+1.96\frac{1160}{\sqrt{50}}\right)=(3556.42,4199.58)$$

年均旅游支出的置信水平下的置信区间为（3556.42，4199.58）。

3. 求不能接受涨价人群的比率 p 的置信水平为95%的置信区间。

解：已知 $n=200$，$\hat{p}=\frac{19}{200}=0.095$，

由 $\alpha=0.05$，得 $u_{\frac{\alpha}{2}}=1.96$，

其中，$u_{\frac{\alpha}{2}}$可由 SPSS 的函数“IDF. NORMAL（0.975，0，1）”获得，

由公式 7.4-1，得：

$$\left(\hat{p}-u_{\frac{\alpha}{2}}\sqrt{\frac{\hat{p}(1-\hat{p})}{n}},\hat{p}+u_{\frac{\alpha}{2}}\sqrt{\frac{\hat{p}(1-\hat{p})}{n}}\right)$$

$$=\left(0.095-1.96\times\sqrt{\frac{0.095\times(1-0.095)}{200}},0.095+1.96\times\sqrt{\frac{0.095\times(1-0.095)}{200}}\right)$$

$$=(0.054,0.136)$$

能接受涨价人群的比率 p 的置信水平为95%的置信区间为（0.054，0.136），即能接受涨价人群所占的比例为5.4%～13.6%之间。

4. 如果抽样允许误差不超过5%，要对下一个黄金周外出旅游的比例做置信水平为95%的区间估计，确定其样本容量。

解：已知 $\Delta=0.05$，$p=0.55$

由 $\alpha=0.05$，得 $u_{\frac{\alpha}{2}}=1.96$，

其中，$u_{\frac{\alpha}{2}}$可由 SPSS 的函数“IDF. NORMAL（0.975，0，1）”获得，

$$n=\frac{u_{\frac{\alpha}{2}}^{2}p(1-p)}{\Delta^{2}}=\frac{(1.96)^{2}\times(0.55)\times(1-0.55)}{(0.05)^{2}}\approx 381$$

其样本容量为381，即应选取381人进行调查。

5. 毕业生的月薪的标准差为800元，如果希望估计月薪的95%的置信区间，确定其样本容量。

（1）抽样误差为400元。

解：已知 $\Delta=400$，$\sigma=800$，由 $\alpha=0.05$，得 $u_{\frac{\alpha}{2}}=1.96$

其中，$u_{\frac{\alpha}{2}}$可由 SPSS 的函数“IDF. NORMAL（0. 975，0，1）”获得，

$$n = \frac{u_{\frac{\alpha}{2}}^2 \sigma^2}{\Delta^2} = \frac{(1.96)^2 \times (800)^2}{400^2} \approx 16$$

即样本容量为 16。

（2）抽样误差为 200 元。

解：已知 $\Delta = 200$，$\sigma = 800$，由 $\alpha = 0.05$，得 $u_{\frac{\alpha}{2}} = 1.96$

其中，$u_{\frac{\alpha}{2}}$可由 SPSS 的函数“IDF. NORMAL（0. 975，0，1）”获得，

$$n = \frac{u_{\frac{\alpha}{2}}^2 \sigma^2}{\Delta^2} = \frac{(1.96)^2 \times (800)^2}{200^2} \approx 62$$

即样本容量为 62。

（3）抽样误差为 100 元

解：已知 $\Delta = 100$，$\sigma = 800$，由 $\alpha = 0.05$，得 $u_{\frac{\alpha}{2}} = 1.96$

其中，$u_{\frac{\alpha}{2}}$可由 SPSS 的函数“IDF. NORMAL（0. 975，0，1）”获得，

$$n = \frac{u_{\frac{\alpha}{2}}^2 \sigma^2}{\Delta^2} = \frac{(1.96)^2 \times (800)^2}{100^2} \approx 246$$

即样本容量为 246。

（4）分析上述结论，如果将抽样误差减少一半，样本容量将如何变化。

答：如果将抽样误差减少一半，样本容量将增加 4 倍。

第八章

1.（1）全体同学的“数学”、“英语”的平均成绩是否可以达到 78 分？（$\alpha = 0.05$）

表 8. 4 - 1 - 1 表明，数学的平均成绩为 71. 2 分，标准差为 11. 9；英语的平均成绩为 75. 1 分，标准差为 10. 2 分。

表 8. 4 - 1 - 1　数学成绩及英语成绩的基本描述统计量

	N 样本量	Mean 均值	Std. Deviation 标准差	Std. Error Mean 均值的标准误
数学成绩	36	71. 17	11. 932	1. 989
英语成绩	36	75. 11	10. 214	1. 702

表 8. 4 - 1 - 2 表明，数学成绩其 Sig. = 0. 002 < 0. 05，拒绝原假设，认为数学的平均成绩不能达到 78 分；英语成绩其 Sig. = 0. 099 > 0. 05，接受原假设，即认为英语的平均成绩可以达到 78 分。

表 8.4－1－2　数学成绩及英语成绩的 T 检验结果

	Test Value ＝ 78					
	t	df 自由度	Sig. (2－tailed) 显著性(双侧)	Mean Difference 均值差值	99% Confidence Interval of the Difference 差分的 99% 置信区间	
					Lower 下限	Upper 上限
数学成绩	－3.436	35	.002	－6.833	－10.87	－2.80
英语成绩	－1.697	35	.099	－2.889	－6.34	.57

（2）1 班和 3 班的数学的平均成绩是否具有显著差异？（$\alpha = 0.05$）

表 8.4－1－3 表明，1 班的数学的平均成绩为 69.4 分，3 班的数学的平均成绩为 73.8 分。

表 8.4－1－3　1 班和 3 班数学成绩的基本描述统计量

	班　级	N 样本量	Mean 均值	Std. Deviation 标准差	Std. Error Mean 均值的标准误
数学成绩	1	12	69.42	12.660	3.655
	3	12	73.75	10.472	3.023

由表 8.4－1－4 可知，方差齐性检验的 F 值为 0.014，其 Sig. ＝0.907 ＞0.05，接受原假设，即方差齐性条件成立。T 检验的统计量 $t = -0.914$，其 Sig. ＝0.371 ＞0.05，接受原假设，认为两个总体的均值相等，即 1 班和 3 班的数学的平均成绩无显著差异。

表 8.4－1－4　独立样本 T 检验的结果

		Levene's Test for Equality of Variances 方差方程的 Levene 检验		t－test for Equality of Means 均值方程的 t 检验						
		F	Sig. 显著性	t	df 自由度	Sig. (2－tailed) 显著性(双侧)	Mean Difference 均值差值	Std. Error Difference 标准误差值	95% Confidence Interval of the Difference 差分的 95% 置信区间	
									Lower 下限	Upper 上限
数学成绩	Equal Variances Assumed 假设方差相等	.014	.907	－.914	22	.371	－4.333	4.743	－14.169	5.503
	Equal Variances Not Assumed 假设方差不相等			－.914	21.253	.371	－4.333	4.743	－14.189	5.523

（3）1 班和 2 班的英语的平均成绩是否具有显著差异？（$\alpha = 0.05$）

表 8.4－1－5 表明，1 班的英语的平均成绩为 72.3 分，2 班的英语的平均成绩为 76.8 分。

表 8.4－1－5　2 班和 3 班英语成绩的基本描述统计量

	班级	N 样本量	Mean 均值	Std. Deviation 标准差	Std. Error Mean 均值的标准误
英语成绩	1	12	72.33	10.030	2.895
	2	12	76.83	10.607	3.062

由表 8.4－1－6 可知，方差齐性检验的 F 值为 0.119，其 Sig. ＝0.733＞0.05，接受原假设，即方差齐性条件成立。T 检验的统计量 $t = -1.068$，其 Sig. ＝0.297＞0.05，接受原假设，认为两个总体的均值相等，即 1 班和 2 班的英语的平均成绩无显著差异。

表 8.4－1－6　独立样本 T 检验的结果

		Levene's Test for Equality of Variances 方差方程的 Levene 检验		T－test for Equality of Means 均值方程的 t 检验						
		F	Sig. 显著性	t	df 自由度	Sig. (2－tailed) 显著性 （双侧）	Mean Difference 均值差值	Std. Error Difference 标准误差值	95% Confidence Interval of the Difference 差分的 95% 置信区间	
									Lower 下限	Upper 上限
英语成绩	Equal variances Assumed 假设方差相等	.119	.733	－1.068	22	.297	－4.500	4.214	－13.240	4.240
	Equal variances not assumed 假设方差不相等			－1.068	21.932	.297	－4.500	4.214	－13.241	4.241

（4）全体同学的数学和英语的平均成绩是否具有显著差异？（$\alpha=0.05$）

表 8.4－1－7 表明，全体同学的数学平均成绩为 71.17 分，英语的平均成绩为 75.11 分。

表 8.4－1－7　数学成绩及英语成绩的基本描述统计量

		Mean 均值	N 样本量	Std. Deviation 标值差	Std. Error Mean 均值的标准误
Pair 1	数学成绩	71.17	36	11.932	1.989
	英语成绩	75.11	36	10.214	1.702

由表 8.4－1－8 可知，T 检验的统计量 $t=-2.51$，其 Sig. $=0.017<0.05$，拒绝原假设，即数学和英语的平均成绩有显著差异。

表 8.4－1－8　数学成绩及英语成绩的基本描述统计量

	Paired Differences 成对差分					t	df 自由度	Sig.（2－tailed）显著性（双侧）
	Mean 均值	Std. Deviation 标准差	Std. Error Mean 均值的标准误	95% Confidence Interval of the Difference 差分的 95% 置信区间				
				Lower 下限	Upper 上限			
Pair 1 数学成绩－英语成绩	－3.944	9.429	1.572	－7.135	－.754	－2.510	35	.017

2. 问是否应支持该市老年人口的比重为 15.2% 的看法？（$\alpha=0.01$）

解：H_0：$p=15.2\%$　　H_1：$p\neq15.2\%$

$$u=\frac{\hat{p}-p}{\sqrt{\frac{p(1-p)}{n}}}\quad \text{近似服从 } N(0,1)$$

对给定的显著性水平 $\alpha=0.01$，确定临界值 $u_{\frac{\alpha}{2}}=2.58$

其中，$u_{\frac{\alpha}{2}}$可由 SPSS 的函数“IDF. NORMAL（0.995，0，1）”获得，

$$u=\frac{0.155-0.152}{\sqrt{\frac{0.152\times0.848}{400}}}=0.167$$

$$|u|=0.167<u_{\frac{\alpha}{2}}=2.58 \qquad \text{接受 } H_0$$

即应支持该市老年人口的比重为15.2%的看法。

第九章

1. 在显著性水平 $\alpha=0.05$ 下，分析本学期的英语考试成绩与高考成绩有无显著关系。

表 9.5-2-1　三个高考成绩组英语考试成绩的描述统计量

	N 样本量	Mean 均值	Std. Deviation 标准差	Std. Error 标准误	95% Confidence Interval for Mean 均值的 95% 置信区间		Minimum 极小值	Maximum 极大值
					Lower Bound 下限	Upper Bound 上限		
1	10	71.00	10.371	3.280	63.58	78.42	60	90
2	9	73.00	9.179	3.060	65.94	80.06	56	83
3	8	79.12	11.470	4.055	69.54	88.71	60	92
Total	27	74.07	10.510	2.023	69.92	78.23	56	92

由表 9.5-2-2 可知，Levene 统计量对应的显著性 Sig. =0.778 >0.05，说明三个高考成绩组英语考试成绩的方差相等。因此，在下面的多重比较的检验中，应该以方差齐性成立的条件下的 Scheffe 检验结果为准。

表 9.5-2-2　方差齐性的检验结果

Levene Statistic Levene 统计量	df1 第一自由度	df2 第二自由度	Sig. 显著性
.253	2	24	.778

表 9.5-2-3 表明，单因素方差分析统计量 F=1.447，对应的显著性 Sig. =0.255 >0.05，所以接受原假设，认为三组学生的英语成绩无显著差异，即英语考试成绩与高考成绩无显著关系。

表 9.5-2-3　单因素方差分析结果

	Sum of Squares 平方和	df 自由度	Mean Square 均方	F	Sig. 显著性
Between Groups 组间	308.977	2	154.488	1.447	.255
Within Groups 组内	2562.875	24	106.786		
Total 总数	2871.852	26			

从表 9.5-2-4 中 Scheffe 检验的结果可以看出，所有的显著性 Sig. 均大于 0.05，表明每两组之间的英语考试成绩都无显著差异。

表 9.5-2-4　多重比较检验结果

Dependent Variable 因变量：英语考试成绩

	(I) 高考等级	(J) 高考等级	Mean Difference (I-J) 均值差(I-J)	Std. Error 标准误	Sig. 显著性	95% Confidence Interval 95% 置信区间	
						Lower Bound 下限	Upper Bound 上限
Scheffe	1	2	-2.000	4.748	.915	-14.39	10.39
		3	-8.125	4.902	.272	-20.91	4.66
	2	1	2.000	4.748	.915	-10.39	14.39
		3	-6.125	5.021	.486	-19.22	6.97
	3	1	8.125	4.902	.272	-4.66	20.91
		2	6.125	5.021	.486	-6.97	19.22
Tamhane	1	2	-2.000	4.485	.961	-13.87	9.87
		3	-8.125	5.215	.366	-22.21	5.96
	2	1	2.000	4.485	.961	-9.87	13.87
		3	-6.125	5.080	.576	-19.96	7.71
	3	1	8.125	5.215	.366	-5.96	22.21
		2	6.125	5.080	.576	-7.71	19.96

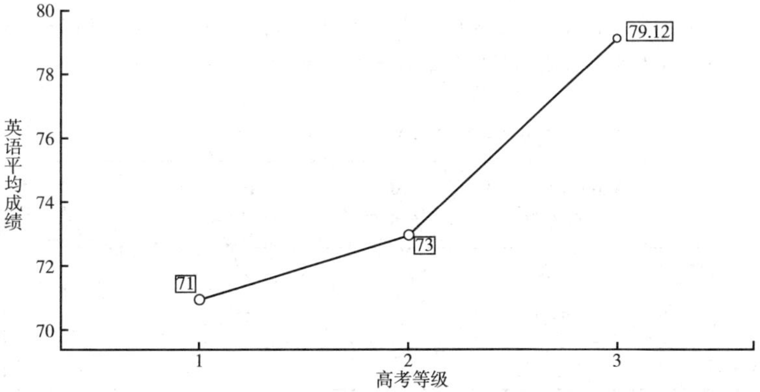

图 9.5-2-1　三个高考成绩组英语考试成绩的均值折线图

2. 试在显著性水平 $\alpha=0.05$ 下，分析四个饭店的服务质量有无显著差异。

表 9.5－3－1　四个饭店考核分数的描述统计量

	N 样本量	Mean 均值	Std. Deviation 标准差	Std. Error 标准误	95% Confidence Interval for Mean 均值的 95% 置信区间		Minimum 极小值	Maximum 极大值
					Lower Bound 下限	Upper Bound 上限		
A	6	79.50	6.892	2.814	72.27	86.73	71	89
B	6	73.83	9.496	3.877	63.87	83.80	62	87
C	6	72.67	7.118	2.906	65.20	80.14	63	81
D	6	66.00	6.387	2.608	59.30	72.70	59	75
Total	24	73.00	8.592	1.754	69.37	76.63	59	89

由表 9.5－3－2 可知，Levene 统计量对应的显著性 Sig. =0.704 >0.05，说明四个饭店考核分数的方差相等。因此，在下面的多重比较的检验中，应该以方差齐性成立的条件下的 LSD 检验结果为准。

表 9.5－3－2　方差齐性的检验结果

Levene Statistic Levene 统计量	df1 第一自由度	df2 第二自由度	Sig. 显著性
.473	3	20	.704

表 9.5－3－3 表明，单因素方差分析统计量 F =3.214，对应的显著性 Sig. =0.045 <0.05，所以拒绝原假设，认为四个饭店的考核分数有显著差异。

表 9.5－3－3　单因素方差分析结果

	Sum of Squares 平方和	df 自由度	Mean Square 均方	F	Sig. 显著性
Between Groups 组间	552.333	3	184.111	3.214	.045
Within Groups 组内	1145.667	20	57.283		
Total 总数	1698.000	23			

从表 9.5－3－4 中 LSD 检验的结果可以看出，A 与 D 之间的均值差以“*”标注，其显著性 Sig. =0.006 <0.05，表示饭店 A 与 D 的考核分数有显著差异。从表 9－5－3－1 可知，饭店 A 的考核分数最高为 79.5 分，饭店 D 的考核分数最低为 66 分。

表 9.5-3-4　多重比较检验结果

Dependent Variable 因变量：考核分数

	(I) 饭店	(J) 饭店	Mean Difference (I-J) 均值差(I-J)	Std. Error 标准误	Sig. 显著性	95% Confidence Interval 95% 置信区间	
						Lower Bound 下限	Upper Bound 上限
LSD	A	B	5.667	4.370	.209	-3.45	14.78
		C	6.833	4.370	.134	-2.28	15.95
		D	13.500*	4.370	.006	4.38	22.62
	B	A	-5.667	4.370	.209	-14.78	3.45
		C	1.167	4.370	.792	-7.95	10.28
		D	7.833	4.370	.088	-1.28	16.95
	C	A	-6.833	4.370	.134	-15.95	2.28
		B	-1.167	4.370	.792	-10.28	7.95
		D	6.667	4.370	.143	-2.45	15.78
	D	A	-13.500*	4.370	.006	-22.62	-4.38
		B	-7.833	4.370	.088	-16.95	1.28
		C	-6.667	4.370	.143	-15.78	2.45

*. The mean difference is significant at the 0.05 level. 在 .05 水平上均值差显著。

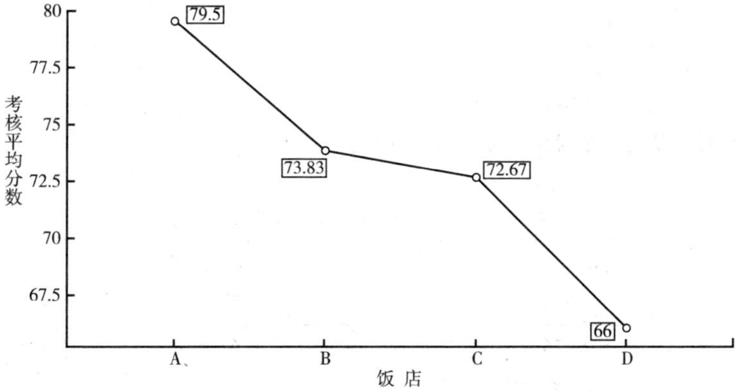

图 9.5-3-1　四个饭店考核分数的均值折线图

3. 在显著性水平 $\alpha=0.05$ 下，分析香烟广告禁止令前、中和后三个时间段，香烟的消费是否存在明显不同，禁止香烟广告的措施有没有取得实际效果。

从表 9.5-4-1 可知，"广告前"的香烟销售量为 585 千件，"广告中"的香烟销售量为 530.25 千件，"广告后"的香烟销售量为 485.67 千件。

表 9.5－4－1　香烟销售量的描述统计量

单位：千件

	N 样本量	Mean 均值	Std. Deviation 标准差	Std. Error 标准误	95% Confidence Interval for Mean 均值的 95% 置信区间		Minimum 极小值	Maximum 极大值
					Lower Bound 下限	Upper Bound 上限		
广告前	6	585.00	60.087	24.530	521.94	648.06	489	654
广告中	8	530.25	67.411	23.833	473.89	586.61	423	623
广告后	6	485.67	47.500	19.392	435.82	535.52	433	564
Total	20	533.30	69.156	15.464	500.93	565.67	423	654

由表 9.5－4－2 可知，Levene 统计量对应的显著性 Sig. ＝0.549＞0.05，说明三个时期香烟销售量的方差相等。因此，在下面的多重比较的检验中，应该以方差齐性成立的条件下的 Scheffe 检验的结果为准。

表 9.5－4－2　方差齐性的检验结果

Levene Statistic Levene 统计量	df1 第一自由度	df2 第二自由度	Sig. 显著性
.621	2	17	.549

表 9.5－4－3 表明，单因素方差分析统计量 F＝4.132，对应的显著性 Sig. ＝0.034＜0.05，所以拒绝原假设，认为三个时期的香烟销售量有显著差异。

表 9.5－4－3　单因素方差分析结果

	Sum of Squares 平方和	df 自由度	Mean Square 均方	F	Sig. 显著性
Between Groups 组间	29725.367	2	14862.683	4.132	.034
Within Groups 组内	61142.833	17	3596.637		
Total 总数	90868.200	19			

从表 9.5－4－4 中 Scheffe 检验的结果可以看出，“广告前”与“广告后”之间的均值差以“*”标注，其显著性 Sig. ＝0.035＜0.05，表示“广告前”与“广告后”的香烟销售量有显著差异。

禁止香烟广告的措施取得了实际效果。

表 9.5-4-4 多重比较检验结果

Dependent Variable 因变量:香烟销售量

	(I) 不同时期	(J) 不同时期	Mean Difference (I-J) 均值差(I-J)	Std. Error 标准误	Sig. 显著性	95% Confidence Interval 95% 置信区间	
						Lower Bound 下限	Upper Bound 上限
Scheffe	广告前	广告中	54.750	32.389	.267	-32.06	141.56
		广告后	99.333*	34.625	.035	6.53	192.13
	广告中	广告前	-54.750	32.389	.267	-141.56	32.06
		广告后	44.583	32.389	.407	-42.22	131.39
	广告后	广告前	-99.333*	34.625	.035	-192.13	-6.53
		广告中	-44.583	32.389	.407	-131.39	42.22
Tamhane	广告前	广告中	54.750	34.202	.356	-40.59	150.09
		广告后	99.333*	31.269	.031	8.97	189.70
	广告中	广告前	-54.750	34.202	.356	-150.09	40.59
		广告后	44.583	30.726	.433	-40.55	129.72
	广告后	广告前	-99.333*	31.269	.031	-189.70	-8.97
		广告中	-44.583	30.726	.433	-129.72	40.55

*. The mean difference is significant at the 0.05 level. 在.05 水平上均值差显著.

第十章

1. 试建立广告支出对销售额的回归模型，在显著性水平 $\alpha=0.05$ 下，对回归模型的显著性进行讨论，并描绘出散点图。

在表 10.6-1-1 中，决定系数 $R^2=0.955$，表示在销售额的变异中有 95.5% 是由广告支出所引起的。相关系数 R=0.977。二者都说明解释变量广告支出与被解释变量销售额的线性相关关系显著。

表 10.6-1-1 回归统计表

Model 模型	R	R Square R 方	Adjusted R Square 调整的 R 方	Std. Error of the Estimate 估计的标准差
1	.977[a]	.955	.944	148.33802

a. Predictors: (Constant), 预测变量: (常量), 广告支出

在表 10.6-1-2 中，其方差分析的结果为 Sig. =0.001<0.05，拒绝原假设，说明回归系数 $b\neq0$，即解释变量对被解释变量的影响显著。

表 10.6 -1 -2　方差分析表

Model 模型		Sum of Squares 平方和	df 自由度	Mean Square 均方	F	Sig. 显著性
1	Regression 回归	1868442.574	1	1868442.574	84.913	.001[a]
	Residual 残差	88016.667	4	22004.167		
	Total 合计	1956459.241	5			

a. Predictors：(Constant)，预测变量：(常量)，广告支出

b. Dependent Variable 因变量：销售额

在表 10.6 -1 -3 中，回归系数 T 检验的结果为 Sig. =0.001 <0.05，拒绝原假设，说明广告支出的回归系数 $b\neq0$，即解释变量广告支出对被解释变量销售额的影响显著。

表 10.6 -1 -3　回归系数表

Model 模型		Unstandardized Coefficients 非标准化系数		Standardized Coefficients 标准化系数	t	Sig. 显著性
		B	Std. Error 标准误	Beta		
1	(Constant)(常量)	-97.074	124.460		-.780	.479
	广告支出	15.136	1.643	.977	9.215	.001

a. Dependent Variable 因变量：销售额

从表 10.6 -1 -3 中可知，$a=-97.074$，$b=15.136$，其回归模型为：

$$\hat{y}=-97.074+15.136x$$

回归模型可以说明，广告支出每增加 1 个单位，销售额就增加 15 个单位。

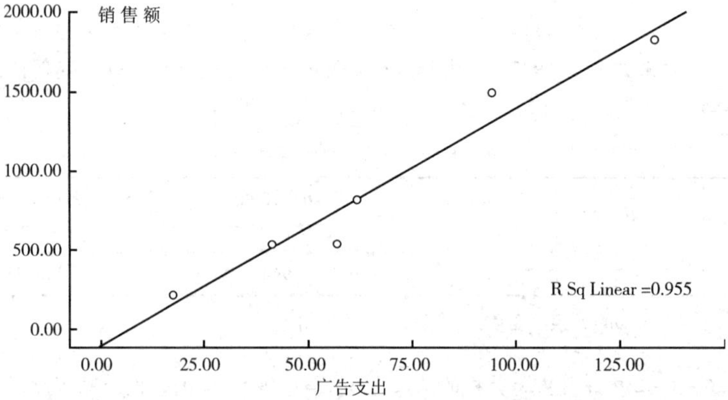

图 10.6 -1 -1　“广告支出”与“销售额”的散点图

2.（1）控制“婚姻状况”变量，分析“娱乐花费”和“月薪”之间的相关关系。

表 10.6-2-1 表明，在排除“婚姻状况”影响的条件下，“娱乐花费”和“月薪”之间的偏相关系数 $R=0.822$，Sig. $=0.000<0.01$，在 0.01 的水平下线性关系显著。

表 10.6-2-1 “娱乐花费”与“月薪”的偏相关分析

Control Variables 控制变量			月　薪	娱乐花费/月
婚　姻	月　薪	Correlation 相关性	1.000	.822
		Significance (2-tailed) 显著性(双侧)	.	.000
		df	0	21
	娱乐花费/月	Correlation 相关性	.822	1.000
		Significance (2-tailed) 显著性(双侧)	.000	.
		df	21	0

（2）在显著性水平 $\alpha=0.05$ 下，建立多元回归模型，分析“月薪”和“婚姻状况”对“娱乐花费”的影响。

从表 10.6-2-2 中可知，相关系数 $R=0.885$，决定系数 $R^2=0.783$，即“娱乐花费”变异中的 78.3% 都是由解释变量“月薪”和“婚姻状况”引起的。因此回归方程高度显著。

表 10.6-2-2 回归统计表

Model 模型	R	R Square R 方	Adjusted R Square 调整的 R 方	Std. Error of the Estimate 估计的标准差
1	.885[a]	.783	.762	448.904

a. Predictors:(Constant)，预测变量:(常量)，婚姻，月薪

在表 10.6-2-3 中，其方差分析的结果为 Sig. $=0.000<0.05$，拒绝原假设，即认为偏回归系数不同时为零。说明全体解释变量对被解释变量的影响显著，可以用线性模型描述它们之间的关系。

表 10.6-2-3 方差分析表

Model 模型		Sum of Squares 平方和	df 自由度	Mean Square 均方	F	Sig. 显著性
1	Regression 回归	1.526E7	2	7629692.802	37.862	.000[a]
	Residual 残差	4231810.229	21	201514.773		
	Total 合计	1.949E7	23			

a. Predictors:(Constant)，预测变量:(常量)，婚姻，月薪

b. Dependent Variable 因变量：娱乐花费/月

在表 10.6-2-4 中，解释变量“月薪”T 检验的显著性 Sig. $=0.000<0.05$，解释变量“婚姻状况”T 检验的显著性 Sig. $=0.001<0.05$，即两个偏回归系数都与零有显著差异，说明“婚姻状况”和“月薪”对“娱乐花费”的影响都显著。

表 10.6－2－4　回归系数表

Model 模型		Unstandardized Coefficients 非标准化系数		Standardized Coefficients 标准化系数	t	Sig. 显著性
		B	Std. Error 标准误	Beta		
1	(Constant)(常量)	707.837	216.080		3.276	.004
	月　薪	.114	.017	.689	6.614	.000
	婚　姻	－843.471	206.519	－.425	－4.084	.001

a. Dependent Variable 因变量：娱乐花费/月

从表 10.6－2－4 中可知，$a=707.837$，$b_1=0.114$，$b_2=-843.471$，其回归模型为：

$$\hat{y} = 707.837 + 0.114x_1 - 843.471x_2$$

说明已婚人群的娱乐花费比未婚人群要低 843 元。

3. 在显著性水平 $\alpha=0.05$ 下，以学历和工龄为解释变量，月薪为被解释变量，建立多元回归模型，分析学历和工龄对月薪的影响。

从表 10.6－3－1 中可知，相关系数 $R=0.960$，决定系数 $R^2=0.922$，即“月薪”变异中的 92.2% 都是由解释变量“工龄”和“学历”引起的。因此回归方程高度显著。

表 10.6－3－1　回归统计表

Model 模型	R	R Square R 方	Adjusted R Square 调整的 R 方	Std. Error of the Estimate 估计的标准差
1	.960[a]	.922	.907	106.488

a. Predictors：(Constant)，预测变量：(常量)，工龄，学历

在表 10.6－3－2 中，其方差分析的结果为 Sig. $=0.000<0.05$，拒绝原假设，即认为偏回归系数不同时为零。说明全体解释变量对被解释变量的影响显著。

表 10.6－3－2　方差分析表

Model 模型		Sum of Squares 平方和	df 自由度	Mean Square 均方	F	Sig. 显著性
1	Regression 回归	1467403.152	2	733701.576	64.703	.000[a]
	Residual 残差	124735.705	11	11339.610		
	Total 合计	1592138.857	13			

a. Predictors：(Constant)，预测变量：(常量)，工龄，学历

b. Dependent Variable 因变量：月薪

在表 10.6－3－3 中，解释变量“学历”和“工龄”T 检验的显著性 Sig. $=0.000<0.05$，说明两个偏回归系数都与零有显著差异，即“学历”和“工龄”对“月薪”的影响都显著。

表 10.6－3－3　回归系数表

Model 模型		Unstandardized Coefficients 非标准化系数		Standardized Coefficients 标准化系数	t	Sig. 显著性
		B	Std. Error 标准误	Beta		
1	(Constant)	714.179	74.737		9.556	.000
	学　历	301.937	58.253	.448	5.183	.000
	工　龄	63.537	7.226	.759	8.792	.000

a. Dependent Variable 因变量：月薪

从表 10.6－3－3 中可知，$a=714.179$，$b_1=301.937$，$b_2=63.537$，其回归模型为：

$$\hat{y} = 714.179 + 301.937x_1 + 63.537x_2$$

从回归方程中我们还可以看到，“是大专及以上学历”比“不是大专以上学历”工人的平均月薪要高出 301.9 元，工龄每增加 1 年，月薪就增加 63.5 元。

第十一章

1. SPSS 操作步骤略去（请读者参考本章第五节操作步骤）。

选择休闲度假地点的原因＊性别 Crosstabulation

			性别		Total
			男	女	
选择休闲度假地点的原因	价格和距离	Count	3	15	18
		Expected Count	11.4	6.6	18.0
		% within 选择休闲度假地点的原因	16.7%	83.3%	100.0%
		% within 性别	9.1%	78.9%	34.6%
		% of Total	5.8%	28.8%	34.6%
	风光景色	Count	30	4	34
		Expected Count	21.6	12.4	34.0
		% within 选择休闲度假地点的原因	88.2%	11.8%	100.0%
		% within 性别	90.9%	21.1%	65.4%
		% of Total	57.7%	7.7%	65.4%
Total		Count	33	19	52
		Expected Count	33.0	19.0	52.0
		% within 选择休闲度假地点的原因	63.5%	36.5%	100.0%
		% within 性别	100.0%	100.0%	100.0%
		% of Total	63.5%	36.5%	100.0%

分别给出了交叉列联表的基本信息：条件频数分布、期望值分布、行百分比、列百分比、总百分比等。

Chi - Square Tests

	Value	df	Asymp. Sig. (2 - sided)	Exact Sig. (2 - sided)	Exact Sig. (1 - sided)
Pearson Chi - Square	25.998[b]	1	.000		
Continuity Correction[a]	23.003	1	.000		
Likelihood Ratio	27.421	1	.000		
Fisher's Exact Test				.000	.000
Linear - by - Linear Association	25.498	1	.000		
N of Valid Cases	52				

a. Computed only for a 2 × 2 table

b. 0 cells (.0%) have expected count less than 5. The minimum expected count is 6.58.

各类χ^2检验分析的结果，其中，Pearson 卡方统计量和似然比卡方（Lilelihood Ratio）统计量检验结果显著（0 < 0.05），Fisher 精确检验统计量（单尾和双尾）检验结果显著（0 < 0.05）。表明性别和选择休闲度假地点原因之间关系显著。需要注意的是，该表频数期望值都大于 5，最小值为 6.58。

Symmetric Measures

		Value	Approx. Sig.
Nominal by Nominal	Phi	-.707	.000
	Cramer's V	.707	.000
	Contingency Coefficient	.577	.000
N of Valid Cases		52	

a. Not assuming the null hypothesis.

b. Using the asymptotic standard error assuming the null hypothesis.

给出

Directional Measures

			Value	Asymp. Std. Error[a]	Approx. T[b]	Approx. Sig.
Nominal by Nominal	Lambda	Symmetric	.622	.140	3.051	.002
		选择休闲度假地点的原因 Dependent	.611	.151	2.694	.007
		性别 Dependent	.632	.136	3.075	.002
	Goodman and Kruskal tau	选择休闲度假地点的原因 Dependent	.500	.145		.000[c]
		性别 Dependent	.500	.144		.000[c]

a. Not assuming the null hypothesis.

b. Using the asymptotis standard error assuming the null hypothesis.

c. Based on chi - square approximation

给出了两个变量之间相关测量的各种系数值和检验结果，从各个结果看，表明两个变量之间具有很高的相关性。

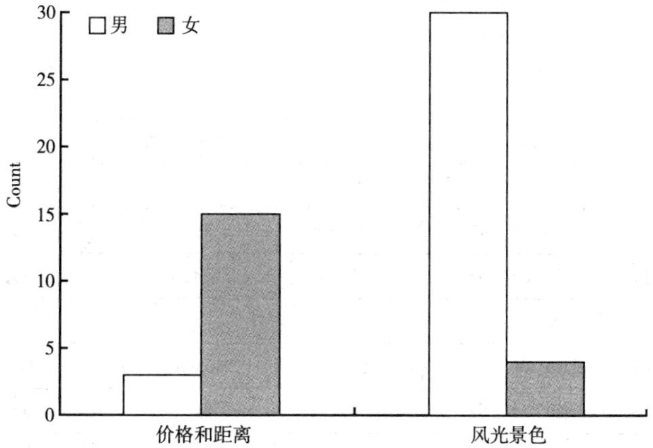

选择休闲度假地点的原因

给出了性别和选择休闲度假地点原因两个变量的条形图，从图中我们可以看出女性在选择度假地点时更注重价格和距离因素，而男性在选择度假地点时更注重风光景色因素。通过行百分比和列百分比也能看出这种关系。

2. SPSS 操作步骤略去（请读者参考本章第五节操作步骤）。需要注意的是为 SPSS 录入数据的过程。录入数据如下表所示：

度假原因	性　别	收　入	频　数
1	1	1	1
1	1	2	1
1	1	3	1
1	2	1	11
1	2	2	3
1	2	3	1
2	1	1	13
2	1	2	4
2	1	3	13
2	2	1	4
2	2	2	0
2	2	3	0

其中："度假原因"变量"1"表示"价格和距离"，"2"表示"风光景色"；

"性别"变量"1"表示"男"，"2"表示"女"；

"收入"变量"1"表示"4000 元以下"，"2"表示"6000～10000 元"，"3"表示"10000 元以上"；

Tests that K – way and higher order effects are zero.

K	DF	L. R. Chisq	Prob	Pearson Chisq	Prob	Iteration
3	2	.917	.6323	.553	.7586	6
2	7	40.442	.0000	39.766	.0000	2
1	11	62.404	.0000	64.308	.0000	0

Tests that K – way effects are zero.

K	DF	L. R. Chisq	Prob	Pearson Chisq	Prob	Iteration
1	4	21.962	.0002	24.541	.0001	0
2	5	39.526	.0000	39.214	.0000	0
3	2	.917	.6323	.553	.7586	0

Note：For saturated models . 500 has been added to all observed cells.

This value may be changed by using the CRITERIA = DELTA subcommand.

Estimates for Parameters.

度假原因 * 性别 * 收入

Parameter	**Coeff.**	**Std. Err.**	**Z – Value**	**Lower 95 CI**	**Upper 95 CI**
1	.0057809060	.27363	.02113	–.53053	.54209
2	.0285238505	.34516	.08264	–.64799	.70504

表中给出了各阶交互效应的检验情况。可以看出，1 阶和 2 阶交互效应显著，3 阶交互效应不显著。再给出了 3 阶交互效应各参数的情况，从 Z 值检验结果可以看出，各参数不显著。依据模型中每一项效应的各类参数之和等于 0 的限制条件，我们可以推算出各个参数值：

价格和距离 * 男 * 4000 元以下 = 0.0057809060

风光景色 * 男 * 4000 元以下 = –0.0057809060

价格和距离 * 女 * 4000 元以下 = –0.0057809060

风光景色 * 女 * 4000 元以下 = 0.0057809060

价格和距离 * 男 * 6000 元 – 10000 元 = 0.0285238505

风光景色 * 男 * 6000 元 – 10000 元 = –0.0285238505

价格和距离 * 女 * 6000 元 – 10000 元 = –0.0285238505

风光景色 * 女 * 6000 元 – 10000 元 = 0.0285238505

价格和距离 * 男 * 10000 元以上 = 0 - 0.0057809060 - 0.0285238505 = -0.2913

风光景色 * 男 * 10000 元以上 = 0.2913

价格和距离 * 女 * 10000 元以上 = 0.2913

风光景色 * 女 * 10000 元以上 = -0.2913

从各个参数值可以看出，4000 元以下收入人群男性在选择度假地点时更倾向价格和距离。而 4000 元以下收入人群女性在选择度假地点时更倾向风光景色。6000 ~ 10000 元收入人群男性在选择度假地点时更倾向价格和距离。而 6000 ~ 10000 元收入人群女性在选择度假地点时更倾向风光景色，而且从数据上看，6000 ~ 10000 元收入人群女性比 4000 元以下收入人群女性更加倾向风光景色（0.0285238505 > 0.0057809060）。10000 元以上收入人群男性在选择度假地点时更倾向风光景色。而 10000 元以上收入人群女性在选择度假地点时更倾向价格和距离，而且从数值上看，10000 元以上收入人群男性比 6000 ~ 10000 元收入人群女性更加倾向风光景色（0.2913 > 0.0285238505）。

表 12.6-2-4 Estimates for Parameters.（Cont.）（参数估计）

度假原因 * 收入					
Parameter	**Coeff.**	**Std. Err.**	**Z - Value**	**Lower 95 CI**	**Upper 95 CI**
1	-.1888829541	.27363	-.69029	-.72520	.34743
2	.3376802457	.34516	.97832	-.33884	1.01420

度假原因 * 性别					
Parameter	**Coeff.**	**Std. Err.**	**Z - Value**	**Lower 95 CI**	**Upper 95 CI**
1	-.7896544600	.23022	-3.43006	-1.24088	-.33843

表中给出了度假原因 * 收入及度假原因 * 性别两个 2 阶交互效应的参数值。我们依据模型中每一项效应的各类参数之和等于 0 的限制条件，可以推算出各个参数值。推算过程与 3 阶参数值推算过程一样。

第十二章

请读者参考本章第三节步骤操作。

表 12.4-1-1 现实 KMO 值为 0.971，表示适合进行因子分析，可以对量表的结构效度进行测量。

表 12.4-1-1 KMO 和 Bartlett 的检验

取样足够度的 Kaiser - Meyer - Olkin 度量。		.917
Bartlett 的球形度检验	近似卡方	26198.351
	df	78
	Sig.	.000

表 12.4－1－2　解释的总方差

成份	初始特征值			提取平方和载入			旋转平方和载入		
	合计	方差的%	累积%	合计	方差的%	累积%	合计	方差的%	累积%
1	7.389	56.836	56.836	7.389	56.836	56.836	2.838	21.834	21.834
2	1.205	9.267	66.103	1.205	9.267	66.103	2.577	19.820	41.654
3	1.010	7.767	73.870	1.010	7.767	73.870	1.878	14.443	56.097
4	.772	5.940	79.809						
5	.598	4.598	84.407						
6	.445	3.420	87.828						
7	.364	2.797	90.625						
8	.298	2.292	92.917						
9	.251	1.933	94.850						
10	.243	1.870	96.720						
11	.177	1.359	98.079						
12	.147	1.129	99.208						
13	.103	.792	100.000						

提取方法：主成分分析。

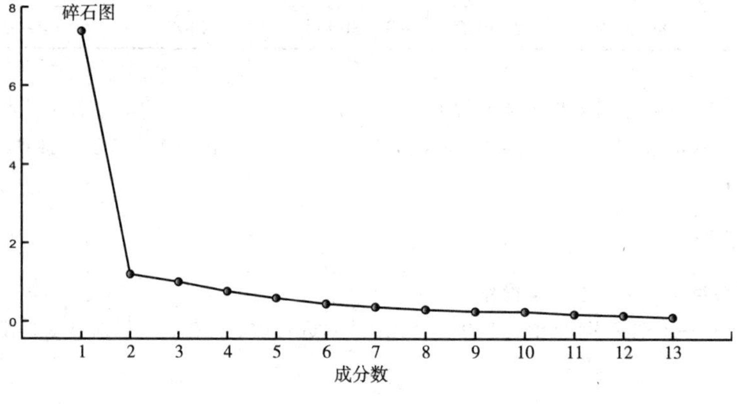

图 12.4－1－1　城市老年人主观健康感觉因子分析碎石图

从特征根大于 1 的值、碎石图，以及理论假设结构判断，应该取 3 个因子（当然，也可以取两个，可以判断一下哪个更合适）。旋转后的成分矩阵如表 12.5－3 所示，我们可以对三个成分以此命名为“体力感觉”、“脑力感觉” 和 “沟通力感觉”。

通过与图 12.4－1 进行对比，说明量表的结构效度比较高。

表 12.4－1－3　旋转成分矩阵[a]

	成　分		
	体力感觉	脑力感觉	沟通力感觉
购物能力	.782		
做饭能力	.765		
访问亲友能力	.759		
乘坐公交地铁能力	.728		
外出能力	.716		
交水电费能力	.672		
护理病人能力	.584		
读报刊杂志能力		.812	
医疗费手续能力		.731	
存储钱能力		.713	
关心健康信息能力		.690	
咨询能力			.793
和年轻人交谈能力			.727

提取方法:主成分分析法。
旋转法:具有 Kaiser 标准化的正交旋转法。

a. 旋转在 12 次迭代后收敛。

第十三章

SPSS 操作步骤略去（请读者参考本章第二节操作步骤）。

表 13.3－1－1 和表 13.3－1－3 分别给出了性别自变量和因变量的虚拟变量编码情况。性别以女性作为参照水平，因变量以自行车上下班作为参照水平。

表 13.3－1－1　因变量编码

初始值	内部值	初始值	内部值
自行车上下班	0	乘坐公共汽车上下班	1

表 13.3－1－2　分类变量编码

		频率	参数编码
			(1)
性别	女性	13	1.000
	男性	15	.000

表 13.3－1－3 给出了模型的整体检验结果，对数似然比统计量值明显大于 1，且显著性检验结果显著，表明模型整体可以推论到总体。

表 13.3－1－3　模型系数的综合检验

		卡方	df	Sig.
步骤 1	步骤	12.703	3	.005
	块	12.703	3	.005
	模型	12.703	3	.005

表 13.3－1－4 给出了模型预测的准确率情况，从表中可以看出，有 13 个数据预测“自行车上下班”是正确的，10 个数据预测为“乘坐公共汽车下班”是正确的。从整体上看，预测的准确率为 82.1%。

表 13.3－1－4　模型预测结果概率表[a]

已观测			已预测		
			是乘坐公共汽车上下班，还是骑自行车上下班		百分比校正
			自行车上下班	乘坐公共汽车上下班	
步骤 1	是乘坐公共汽车上下班，还是骑自行车上下班	自行车上下班	13	2	86.7
		乘坐公共汽车上下班	3	10	76.9
	总计百分比				82.1

a. 切割值为 .500

表 13.3－1－4 给出了模型变量系数值，Wald 检验结果，和回归系数转化成发生比率（Odds ratio）的形式。从回归系数检验结果看，女性相对于男性来说更容易乘坐公共汽车上下班，而年龄和月收入的增加对乘坐公共交通则没有统计上的显著影响。最终，Logistic 回归方程为：

$$LogitP = 0.002 + 2.502 \text{ 性别}(1)$$

表 13.3－1－5　方程中的变量

		B	S. E,	Wals	df	Sig.	Exp(B)
步骤 1[a]	性别(1)	2.502	1.158	4.669	1	.031	12.205
	年龄	.082	.052	2.486	1	.115	1.086
	月收入	.002	.002	.661	1	.416	1.002
	常量	-6.157	2.687	5.251	1	.022	.002

a. 在步骤 1 中输入的变量：性别，年龄，月收入

参考文献

1. 易丹辉编著. 结构方程模型—方法与应用［M］. 北京：中国人民大学出版社，2008
2. 宇传华. SPSS 与统计分析［M］. 北京：电子工业出版社，2007
3. 何晓群编著. 现代统计分析方法与应用（第2版）［M］. 北京：中国人民大学出版社，2007
4. 贾俊平，何晓群，金勇进编著. 统计学［M］. 北京：中国人民大学出版社，2000
5. 朱建平. 应用多元统计分析［M］. 北京：清华大学出版社，2006
6. 李沛良著. 社会研究的统计应用（第2版）［M］. 北京：社会科学文献出版社，2002
7. 薛薇编著. SPSS 统计分析方法及应用［M］. 北京：电子工业出版社，2005
8. 张文彤主编. SPSS 统计分析高级教程［M］. 北京：高等教育出版社，2004
9. 候文超编. 经济预测——理论、方法与应用［M］. 北京：商务印书馆，1993
10. 易丹辉等编著. 统计预测——方法与应用［M］. 北京：中国人民大学出版社，1990
11. 卢淑华编著. 社会统计学［M］. 北京：北京大学出版社，1989
12. 郭志刚主编. 社会统计分析方法——SPSS 软件应用［M］. 北京：中国人民大学出版社，1999
13. 卢纹岱. SPSS for Windows 统计分析［M］. 北京：电子工业出版社，2006
14. 范云峰. 营销调研策划［M］. 北京：机械工业出版社，2004
15. 广西壮族自治区旅游局等编. 旅游业对国民经济贡献率研究［M］. 北京：中国旅游出版社，2004
16. 国家发展和改革委员会. 国家旅游局课题组编. 中国旅游就业目标体系与战略措施研究［M］. 北京：中国旅游出版社，2004
17. 罗明义. 旅游经济分析——理论·方法·案例［M］. 昆明：云南大学出版社，2001
18. 马耀峰，李天顺，刘新平等著. 旅华游客流动模式系统研究［M］. 北京：高等教育出版社，2001
19. 王玉荣. 商务预测方法［M］. 北京：对外经济贸易出版社，2003
20. 徐国祥主编. 统计预测和决策［M］. 上海：上海财经大学出版社，1998
21. 严武等编著. 风险统计与决策分析［M］. 北京：经济管理出版社，1999
22. 林震岩著. 多变量分析 SPSS 的操作与应用［M］. 北京：北京大学出版社，2007
23. 吴明隆. SPSS 统计应用实务［M］. 北京：科学出版社，2003
24. 温碧燕，梁明珠. 基于因素分析的区域旅游竞争力评价模型研究［J］. 旅游学刊，2007（2）18－22.
25. 沈华玉，倪外. 酒店选择自建网络分销渠道的关键因素研究［J］. 旅游学刊，2007

(2) 71 - 78.
26. 张纯，吕斌，孙莉．游客体验的模糊综合评价方法——基于宜昌市景区的问卷调查 [J]．旅游学刊，2007 (4) 58 - 61
27. 刘改芳，董观志．基于生态位的区域旅游业稳定度研究 [J]．旅游学刊，2007 (5) 19 - 23.
28. 卢小丽，肖贵蓉．居民旅游影响感知测量量表开发的实证研究 [J]．旅游学刊，2008 (6) 86 - 89.
29. 王兴琼．酒店实习生工作满意度及其影响因素研究 [J]．旅游学刊，2008 (7) 48 - 55.
30. 蔡晓梅，赖正均．广州市餐饮企业竞争要素实证研究 [J]．旅游学刊，2008 (8) 63 - 68.
31. 唐代剑，翟媛．乡村旅游选择行为的年龄分异研究 [J]．旅游学刊，2008 (10) 68 - 70.
32. 卢政营，张威，唐静．乡村节事旅游活动品牌形象的实证研究——以罗平油菜花节为例 [J]．旅游学刊，2009 (5) 61 - 66.
33. 汪侠，梅虎．旅游地顾客忠诚模型及实证研究 [J]．旅游学刊，2006 (10) 33 - 38.
34. 王玉梅，丛庆．饭店知识型员工离职意图的成因分析——基于员工心理契约视角的实证研究 [J]．旅游学刊，2007 (11) 41 - 46.
35. 唐文跃，张捷，罗浩，卢松，杨效忠．古村落居民地方依恋与资源保护态度的关系——以西递、宏村、南屏为例 [J]．旅游学刊，2008 (10) 87 - 92.
36. 宝贡敏，胡抚生，旅游目的地形象对游客购后行为的影响研究——基于来杭日韩游客视角的分析 [J]．旅游学刊，2008 (10) 40 - 46.
37. 杨杰，胡平，苑炳慧．熟悉度对旅游形象感知行为影响研究——以重庆市民对上海旅游形象感知为例 [J]．旅游学刊，2009 (4) 56 - 60.
38. 彭润华，阳震青，熊励．旅游移动商务游客接受实证研究——基于对桂林游客的调查 [J]．旅游学刊，2009 (4) 67 - 72.
39. 罗秋菊．参展商参展决策研究——以东莞展览会为例 [J]．旅游学刊，2007 (5) 85 - 90.
40. 陈钢华，黄远水．旅游者重游决策的影响因素实证研究——基于网络调查 [J]．旅游学刊，2008 (11) 69 - 74.
41. 宋振春，陈方英．两种类型旅游节事居民感知的比较研究——对泰安泰山国际登山节和东岳庙会的问卷调查 [J]．旅游学刊，2008 (12) 63 - 69.
42. 白凯，李天顺．国际旅游者出游的隐性相关因素分析——以我国主要入境客源国为例 [J]．旅游学刊，2007 (5) 34 - 39.
43. 赖斌，杨丽娟．基于 Website 的旅行社电子商务运营绩效影响因素研究——以四川省为例 [J]．旅游学刊，2007 (6) 86 - 90.
44. 周勇，John Ap．北京居民对 2008 奥运会影响的态度和看法 [J]．旅游学刊，2008 (7) 40 - 47.
45. 苗学玲．旅行社品牌忠诚度细分研究 [J]．旅游学刊，2009 (5) 85 - 89.

46. 闻新，周路等．MATLAB 神经网络仿真与应用［M］．科学出版社，2003
47. 涂玮，刘庆友，金丽娇．基于自组织神经网络的居民区域旅游影响感知研究——以安徽省灵璧县为例［J］．旅游学刊，2008（9）28－33.
48. 李爽，杨旸，张捷，赵宁曦，魏敏．计量经济分析方法在国外旅游研究中的应用——基于 ATR 和 TM 所载文献的统计分析［J］，旅游科学，2006（5）1－7.
49. 杨旸，张捷，赵宁曦．旅游地游客游憩体验与重游意愿作用机制研究——以宜兴为例［J］．旅游学刊，2008（5）42－48.
50. 张宏磊，张捷，曹靖，刘传华，史春云，杨旸．基于出游动机的游客目的地选择的离散选择模型研究［J］．旅游学刊，2008（6）43－47.
51. 初小军．网上调查方法的运用．［J］．企业改革与管理．2007
52. 王怡菁，施慧珉，张国振．影响休闲活动因素之研究——以自行车环岛运动为例［A］．张孝铭．运动休闲产业管理学术研讨会论文集第 2 期 2008［C］．台北县中和市：新文京开发出版股份有限公司，2008：530－539.
53. 刘思敏．黄金周能否被替代［J］．旅游学刊，2008，（6）：6－7.
54. 国家统计局官方网站 www. stats. gov. cn
55. 中国经济景气监测中心官方网站 www. cemac. org. cn
56. 国家旅游局官方网站 www. cnta. gov. cn
57. 查理德·P·鲁尼恩．行为统计学基础（第 9 版）［M］．北京：中国人民大学出版社，2007
58. 德克·格莱泽．旅游业危机管理［M］．北京：中国旅游出版社，2004
59. Alastair Morrison．旅游服务营销（第 3 版）［M］．北京：电子工业出版社，2004
60. 哈罗德．L．瓦格尔．旅游经济学——金融分析指南［M］．北京：中信出版社，2003
61. 约翰·斯沃布鲁克，苏珊·霍纳．旅游消费者行为［M］．北京：电子工业出版社，2004
62. 约翰·W·克雷斯威尔．研究设计与写作指导：定性、定量与混合研究的路径［M］．重庆：重庆大学出版社，2007
63. 初小军．网上调查方法的运用［J］．企业改革与管理，2007
64. 余建华．从定量到定性：网络调查的人文转向［J］．电化教育研究，2012
65. 黄鸣刚．从媒体角度看网络调查方法［J］．中国传媒科技，2004
66. 杜婷．发展我国网络调查的对策［J］．统计与决策，2007
67. 浦国华，徐金强．各种市场网络调查方法的比较研究［J］．商业经济与管理，2003
68. 张家文．关于网络调查研究方法的思考［J］．鄂州大学学报，2010
69. 方国斌，陈年红．基于网络技术的抽样调查设计与实施研究［J］．统计与决策，2009
70. 郑文标．基于在线数据的网络调查研究方法［J］．重庆邮电大学学报（社会科学版），2010
71. 郭继志等．网络调查方法的优势与局限［J］．中国社会医学杂志，2006
72. 浦国华等．网络调查方法的质量评价及减少调查误差的措施研究［J］．浙江统计，2004
73. 许飞等．网络调查研究法及其特性分析［J］．软件导刊，2008

74. A. J. VEAL. Research Methods for Leisure and Tourism A Practical Guide. Third edition Prentice Hall Jan, 2006
75. Douglas C. Frechtling Forecasting Tourism Demand-methods and strategies Butterworth Heinemann, 2001
76. Kevin Greenidge. FORECASTING TOURISM DEMAND An STApproach [J]. Annals of Tourism Research , 2001 , 28 (1) : 98 - 1121
77. Palmer, A. L, Ses, A. , Monta, J. J. . TourismandStatistics: BibliometricStudy 1998 - 2002 [J] Annals of Tourism Research, 2005, 32 (1): 167 - 178
78. 中华人民共和国国家旅游局. 中国旅游统计年鉴2017 [M]. 北京: 中国旅游出版社, 2017
79. 中华人民共和国国家旅游局. 中国旅游统计年鉴 (副本) 2017 [M]. 北京: 中国旅游出版社, 2017
80. 中华人民共和国国家旅游局. 旅游抽样调查资料2017 [M]. 北京: 中国旅游出版社, 2017
81. 郭为, 厉新建, 许珂. 被忽视的真实力量: 旅游非正规就业及其拉动效应 [J]. 旅游学刊, 2018
82. 北京市统计局官方网站 www. bjstats. gov. cn
83. 中国旅游研究院官方微信

责任编辑：李冉冉
责任印制：冯冬青
封面设计：中文天地

图书在版编目（CIP）数据

旅游调查研究的方法与实践 / 李享等编著 . --4 版
-- 北京 : 中国旅游出版社 , 2018.10（2023.8 重印）
ISBN 978-7-5032-6112-1

Ⅰ. ①旅… Ⅱ. ①李… Ⅲ. ①旅游业 - 调查研究
Ⅳ. ① F590

中国版本图书馆 CIP 数据核字（2018）第 229168 号

书　　名：旅游调查研究的方法与实践

作　　者：李享等编著
出版发行：中国旅游出版社
（北京静安东里 6 号　邮编：100028）
http://www.cttp.net.cn　E-mail: cttp@mct.gov.cn
营销中心电话：010-57377103，010-57377106
读者服务部电话：010-57377107
排　　版：北京中文天地文化艺术有限公司
经　　销：全国各地新华书店
印　　刷：北京明恒达印务有限公司
版　　次：2018 年 10 月第 4 版　2023 年 8 月第 3 次印刷
开　　本：720 毫米 ×970 毫米 1/16
印　　张：21
字　　数：460 千
印　　数：4001-6000 册
定　　价：42.00 元
I S B N　978-7-5032-6112-1
